USUFRUTUARISMO

A METAMORFOSE DO CAPITAL

Agenita Ameno

Usufrutuarismo

A METAMORFOSE DO CAPITAL

1ª Edição
POD

KBR
Petrópolis
2014

Coordenação editorial **Noga Sklar**
Revisão de texto **Noga Sklar**
Editoração **KBR**
Capa **KBR**

ISBN 978-85-8180-276-3

KBR Editora Digital Ltda.
www.kbrdigital.com.br
www.facebook.com/kbrdigital
atendimento@kbrdigital.com.br
55|24|2222.3491

BUS027000 - Economia e Finanças

Agenita Ameno é formada em Ciências Sociais pela Universidade Federal de Minas Gerais (UFMG) e pós-graduada em Administração Pública pela Pontifícia Universidade Católica de Minas Gerais (PUC/MG). É autora, entre outros, de *Crítica à Tolice Feminina*, (Record, 2000) e *A Função Social dos Amantes na Preservação do Casamento Monogâmico*, (Autêntica, 1999).

Sumário

Agradecimentos

Dedico sempre aos meus filhos, razão do meu viver.

Agradeço imensamente aos meus pais, por me mergulharem nos livros e nos estudos, desde a mais tenra idade.

Aos meus irmãos.

Ao meu marido, pelo apoio e companheirismo.

Pela paciência em aprofundar e discutir os temas, minha gratidão especial a André Levy.

E, finalmente, à minha professora e orientadora do curso de pós-graduação da PUC/MG, Antônia Maria da R. Montenegro.

Ofereço o presente trabalho aos meus amigos dos grupos de discussões políticas na internet, em especial aos do grupo Movimento Democracia Participativa, que mantiveram debates de forma educada e respeitosa.

Prefácio

Em um desses acontecimentos gratificantes que a vida às vezes nos proporciona, recebi a honrosa missão de prefaciar a obra *Usufrutuarismo – A Metamorfose do Capital*, da socióloga mineira Agenita Ameno, formada pela Universidade Federal de Minas Gerais e pós-graduada em Administração Pública pela PUC-MG, autora de diversos títulos, entre eles o *Usufrutuarismo – A Metamorfose do Capital*, obra respeitável sobre questões sociais e políticas que deveriam fazer parte da rotina da sociedade brasileira.

Para tanto, um questionamento se colocou logo de início: no que consiste a vida humana? Para onde caminha a humanidade? Como tem sido tratado o mais importante dos direitos, que é o direito à própria vida? A condição humana é digna?

Esta obra defende que a sociedade possui capacidade de se autogerir, de gerar, progressivamente, riquezas materiais e intelectuais para todos os seus integrantes. Para isso, no entanto, faz-se necessária a adoção de estratégias básicas, como as que são apontadas neste livro, um conjunto de projetos e ideias que compõe um sistema econômico denominado "usufrutuarismo", prometendo suplantar o capitalismo.

O tema estudado é de grande relevância, não só para os acadêmicos dos cursos de Ciências Sociais, como também para os profissionais da área jurídica, uma vez que o ponto de encontro, a intersecção entre os interesses particulares e a vida pública é denominado "Estado do Usufruto" ou "Sociedade Usufrutuária".

Esse espaço de intersecção deverá ser objeto de acordos, através dos quais será possível superar o modelo capitalista, corrigindo a desigualdade — e aqui não se refere apenas à condição social — por meio da oferta de meios para competir, tudo no intuito de privilegiar a própria dignidade da pessoa humana, corolário basilar da Constituição Federal Brasileira.

A socióloga Agenita, com brilhantismo, ensina como o usufrutuarismo preserva as diferenças, mas prepara todos para competir de maneira igualitária, com a devida preparação técnica. Assim, todos os que quiserem participar do mercado estarão aptos para tal, e, aqueles não o desejarem poderão continuar "correndo por fora", porém, com todo o necessário para viver dignamente.

E isso será possível mediante uma reforma política e tributária, bem como com a utilização dos recursos das redes sociais. A autora compara os movimentos assistidos nas redes sociais e na internet aos momentos que antecederam a Revolução Francesa, e os internautas aos pequenos burgueses e artesãos daquela época, pois tanto estes como aqueles anseiam por invadir os palácios e dividir as riquezas lá encontradas. Na atualidade, porém, os palácios seriam a esfera política, as casas dos poderes governamentais; e a riqueza, por sua vez, seria constituída pelos tributos e o desejo de lhes dar melhor aplicação.

O texto que ora se apresenta ao leitor, em linguagem técnica, porém simples, apresenta uma cartilha aos revolucionários de plantão, sejam jovens, adultos, idosos, deficientes ou desprivilegiados — todos que anseiam por melhorias efetivas na sociedade, enfim, uma existência digna, como preleciona a Constituição Federal de 1988.

O livro é dividido em duas partes. A primeira é teórica, com enfoque histórico para melhor compreensão da proposta revolucionária que se segue. A segunda é a parte objetiva, tratando das reformas uma a uma, de maneira pontual, para se alcançar um sistema econômico no mínimo oito vezes mais próspero que o atual.

Nesse passo, por meio de quadros, analisam-se os três

sistemas econômicos: Capitalismo, Socialismo e Usufrutuarismo, demonstrando ser este último o mais benéfico dos três por visar prosperidade e justiça social.

As principais reformas a serem efetivadas para a implementação da economia usufrutuarista são: reforma política; reforma tributária; reforma trabalhista; e reforma do Código Civil. Quanto às acessórias: reforma da gestão administrativa; reforma do ensino; sofisticação e investimentos na indústria do lixo e na gestão sustentável.

O público leitor irá encontrar soluções para múltiplos questionamentos de ordem prática, os quais irão, certamente, se avolumar futuramente, tornando a presente obra de fundamental leitura.

Por tudo isso, e muito mais que o leitor poderá encontrar nos capítulos que seguem, a obra que ora prefacio muito me orgulha, não só por sua qualidade científica e profundidade, como também pelo alcance didático e amplitude temática da autora, o que a torna obra de consulta obrigatória, merecendo lugar de destaque na literatura brasileira.

São Paulo, 25 de junho de 2014

Paula Marcilio Tonani de Carvalho
Doutora em Direito Econômico e Mestre em Direito Civil pela Pontifícia Universidade Católica de São Paulo - PUC. SP, autora do livro *O Lucro e a efetividade dos Direitos Humanos* (KBR, 2013).

Apresentação

Será a sociedade capaz de se autogerir? De criar riquezas materiais e intelectuais de forma progressiva para todos? Claro. Para isso, bastam estratégias práticas, e este trabalho pretende abordar todas elas.

É possível chegar a um modelo de democracia direta, plena? Poderá a máquina pública ser eficiente, funcionar como um banco moderno? Nada é impossível. Como nos transformar em donos, e, ao mesmo tempo, clientes do dinheiro público, fazendo dos governantes os nossos gerentes?

Não basta ter vontade, é preciso um plano de ações coordenadas e bem elaboradas. O modelo econômico, a espécie de sociedade que há de surgir após a aplicação do conjunto de reformas descritas neste trabalho, será outro completamente diferente de todos já experimentados, e que só conduziram à desigualdade social ou levaram ideais socialistas ao fracasso.

Ao sistema transcapitalista construído a partir destas reformas, daremos o nome de "usufrutuarismo". Chamaremos "Estado do Usufruto" ou "sociedade usufrutuária" ao ponto de encontro, a área de interseção entre os interesses particulares e a vida pública. Os acordos a serem efetuados para ocupar esse novo espaço permitirão superar o atual modelo capitalista na produção de riquezas e, ao mesmo tempo, corrigir a desigualdade, não apenas na condição social, mas muito mais que isso, na oferta de meios para competir, sem os vícios dos "socialismos" conhecidos. O usufrutuarismo preserva as diferenças, sim, pois é tedioso um mundo sem diversidade, mas, em compensação, prepara todos, sem exceção, para serem os melhores, e estarem em condições "técnicas" para adentrar o mercado de oportunidades se assim o desejarem. Quem não quiser entrar na raia, que continue correndo ou caminhando por fora, mas calçado, vestido, alimentado e equipado intelectualmente para quando decidir mudar de ideia. Não será por falta de concorrentes em potencial que o mercado se fechará, ou correrá o risco de ser dominado por poucos. O corretivo para as disparidades sociais encontradas no capitalismo moderno, incluindo uma fórmula para se chegar a uma sociedade de pleno direito e bem-estar social, é simples, e está diante de nossos olhos.

Sempre esteve, mas não percebíamos. Assim como um gene ou uma bactéria à espera de um ambiente propício para se multiplicar, o germe do usufrutuarismo agora encontrou o meio próprio para se desenvolver. O momento não poderia ser melhor. As redes sociais estão para o espaço político como os pequenos burgueses e artesãos estavam para os muros do Palácio de Versalhes, em 1789.[1] Escuta-se hoje, nas redes, aquele mesmo burburinho marginal ao Poder que existia nos primórdios da Revolução Francesa. Há uma movimentação de pessoas do "lado de fora", mais especificamente, numa outra esfera da realidade — o mundo virtual —, discutindo, "tramando", pensando em mil e uma formas de "invadir os palácios" e distribuir entre si a riqueza da qual apenas poucos compartilham (entenda-se "palácios", na atualidade, como a esfera política, as casas dos poderes governamentais. Quanto a "distribuir riqueza", compreenda-se apoderar-se dos montantes arrecadados através de tributos para os quais desejamos uma melhor aplicação).

No usufrutuarismo, o homem libertar-se-á da miséria; o Estado, do seu papel opressor; e a propriedade privada, das

---

1 Ano em que se iniciou a chamada Revolução Francesa, marcada pela tomada da Bastilha, pela Declaração Universal dos Direitos do Homem e do Cidadão e pela famosa marcha sobre Versalhes, onde residiam o rei francês Luis XVI, a rainha Maria Antonieta e sua corte.

bolhas da acumulação. O mercado manter-se-á longe da estagnação econômica.

Este livro é uma cartilha para os revolucionários de plantão, principalmente para a turba que espera ansiosa a hora de ver acontecerem mudanças reais. Destina-se aos jovens, adultos, idosos, deficientes, desprivilegiados, à classe média e ao povo que sonha morar nos palacetes e se fartar de brioches.[2] Contudo, também servirá aos "endinheirados", para os quais o céu não é o limite quando o tema é expandir fortunas. Os resultados das ações cuidadosamente elaboradas neste trabalho não excluem pobres nem ricos. Todos serão contemplados com as benesses da prosperidade.

Dividi o livro em dois. O primeiro é a parte teórica, um escopo histórico que nos possibilita entender a proposta revolucionária que se segue. O segundo é a parte objetiva, a cartilha propriamente dita; trata das reformas, uma a uma, de maneira pontual, para se alcançar um sistema econômico e social no mínimo oito vezes mais próspero que qualquer outro. Provo com argumentos e números que o usufrutuarismo é um modelo de prosperidade e justiça social, muito diferente do capitalismo e do socialismo, tanto em termos de produção de riquezas quanto de distribuição dos frutos. Por meio de quadros, analisando a estrutura genética dos três modelos de economia, consigo demonstrar ao leitor como o usufrutuarismo representa um salto gigantesco em relação aos modelos existentes — socialismo e capitalismo —, pobres de possibilidades.

Eis, portanto, um resumo do presente trabalho:

Livro I - A Teoria

O Livro I apresenta uma discussão sociológica sobre as mudanças ocorridas no sistema capitalista nos últimos anos.

---

2 "Se não têm pão, comam brioches", frase supostamente atribuída à rainha Maria Antonieta. Atualmente essa versão é desmentida. Cf. http://www1. folha.uol.com.br/livrariadafolha/1072068-conheca-a-historia-da-frase-se-nao-tem-pao-que-comam-brioches.shtml, acesso em 20/9/13.

Com base na reflexão de Hannah Arendt sobre "a condição humana",[3] apresenta uma releitura da visão marxista sobre o trabalho, capital, mercadoria e propriedade, com a reformulação desses conceitos. Tento demonstrar como essas mudanças criaram o meio ideal, dentro do capitalismo, para o nascimento do sistema usufrutuarista.

Livro II - A Cartilha

1) Introdução: um breve retrato da realidade brasileira, com dados concretos sobre corrupção, carga tributária, sonegação fiscal e dívida pública em face do PIB (Produto Interno Bruto), que é o nosso baú da fortuna;

2) Perguntas e Respostas: uma apresentação do usufrutuarismo, mostrando suas diferenças em relação ao capitalismo e socialismo;

3) Estruturas "genéticas" do usufrutuarismo, capitalismo e socialismo, onde faço uma comparação matemática entre as três vertentes econômicas para provar que o usufrutuarismo traz, na sua origem, a semente de uma riqueza capaz de crescer de maneira progressiva para todos;

4) Apresentação das quatro reformas básicas e mais três acessórias para a construção do "Estado do Usufruto", um Esta-

---

3 Filósofa política alemã, de origem judaica, Hanna Arendt (1906-1975) escreveu vários livros de destaque, entre eles *A Condição Humana* (1958). Vítima da perseguição nazista, opôs-se aos regimes totalitários; criticou a sociedade de consumo, que transforma tudo em objetos descartáveis, e discorreu sobre os males impostos à condição humana pela modernidade — condição, segundo ela, constantemente ameaçada em sua maior peculiaridade, que é a pluralidade: somos únicos, enquanto identidades, mas essa singularidade só pode ser vista, e só faz sentido, na interação com outros seres humanos. Ao evidenciar nossa singularidade, a rede de relações nos torna sujeitos plurais. Somos únicos, mas ao mesmo tempo iguais, porque essa condição é comum a todos os seres humanos. Arendt salienta a importância do amplo exercício da vida política, pois é na esfera pública, com a ação e interação livre de ideias e debates entre sujeitos singulares, que nossa condição humana floresce com mais vigor. Considero Hannah Arendt a grande teórica da democracia direta.

do não autoritário, não totalitário, não intervencionista, apenas mediador e "servidor" (no sentido tecnológico do termo). A economia usufrutuária, nascida da economia capitalista, é o melhor fruto que uma sociedade pode colher. Tais reformas constituem o mapa da mina, e apontam o *quantum* de energia que será necessário para ativar o "código genético" do novo sistema.

As principais mudanças a serem efetivadas para a implementação de uma economia usufrutuarista são:

— Reforma política;
— Reforma tributária;
— Reforma trabalhista;
— Reforma no Código Civil, com foco principal no Direito de Sucessão.

Quanto às acessórias:

— Reforma da gestão administrativa;
— Reforma do ensino;
— Sofisticação e investimentos na indústria do lixo e sustentável: uma nova revolução industrial.

Livro I

A teoria

1. Introdução

Existe um momento misterioso da gênese que escapa à compreensão humana. Chega um dia em que tudo parece voltar à origem, um dia do inevitável retorno. E assim, os frutos acabam se transformando em sementes, os filhos em pais, a criatura em criador, o produto em produtor... Como se o universo, cansado da própria ordem, resolvesse virar do avesso as coisas que já estavam postas e dispostas no mundo.

Ocorreu-me uma ideia, aparentemente singela, de que a História consiste no desabrochar incansável de uma semente condenada a cumprir eternamente sua sina. Mas que outro destino teria uma semente, senão o de tentar eclodir um broto novo de sua casca velha? O trabalho da História, assim como o das sementes, faz-me lembrar o suplício de Sísifo, personagem mítico que era obrigado a empurrar um rochedo, dia e noite, noite e dia, até o cume de uma montanha, de onde a pedra sempre tornava a rolar.

A diferença entre Sísifo e a História está na natureza do trabalho. O incansável florescer da segunda, aparentemente repetitivo, não é inútil nem desprovido de esperança como acontece no mito.[4] Ao contrário, é pela História que o homem se libera do peso dos acontecimentos.

A verdade é que toda espécie vivente sobre a face da Terra respira uma necessidade sôfrega de expurgar o velho e libertar o

---

4 Para ir além: ver a interpretação de Albert Camus sobre Sísifo.

novo. E por que com o homem seria diferente? Parece ser esta a maneira como se trabalha a vida no mundo: do maduro, nasce o novo.

No entanto, "para operar no mundo (...) é preciso entender como o mundo opera":[5] esta afirmação dá a dimensão exata do objeto deste trabalho. Procuro, aqui, compreender como e por que, a partir da modernidade, certas coisas postas no mundo tiveram o poder de revolucionar a perspectiva estabelecida, e como o que era fruto do trabalho do homem transformou-se na semente de uma nova ordem.

Muito se tem discutido, nos últimos anos, sobre as mudanças da ordem capitalista e da sociedade ocidental contemporânea. No decorrer do século XIX, a modernidade, consolidada pela Revolução Industrial, carregou nas entranhas um novo modelo de produção econômica, denominado Capitalismo.

Desde então, assistiu-se a um espetáculo de crescimento intenso de ideias e ações, como se o capitalismo tivesse instalado uma betoneira no coração do planeta. Porém, a estrutura do sistema, centrado na mercantilização da força de trabalho e na produção de lucros, sofreu grandes modificações ao longo do tempo. No século XX, especialmente depois da 2ª Guerra Mundial, uma tempestade de efeitos sociais, decorrente das inúmeras mudanças, desabou sobre a civilização ocidental.

Como consequência, a paisagem formada por uma relação peculiar entre Estado e sociedade, iluminada pelo pensamento racional e colorida com as tintas do desenvolvimento científico, tornou-se quase irreconhecível. A modernidade, útero do capitalismo, teve sua fisiologia alterada pelas transformações do capital ocorridas na segunda metade do século XX. As mudanças tiveram o condão de redesenhar a modernidade e torná-la um momento conjuntural complexo e especial, sobre o qual se debruçaram diversos autores.

Sem olvidar as inúmeras teorias acerca da dialética, e mesmo que não nos interesse saber "quem nasceu primeiro, o

5 BAUMANN, Zygmunt. *Modernidade Líquida*. Rio de Janeiro: Zahar, 2000, p. 242

ovo ou a galinha", o fato é que o capitalismo surgiu como fruto da modernidade. Esta, por sua vez, engloba um conjunto de ações e intenções diferenciadas das da antiga ordem feudal, que culminaram com o seu fim.

O capitalismo foi algo posto pela modernidade, isso é certo. Entretanto, por causa do capricho dialético da existência — que transforma os frutos em sementes, os filhos em pais, a criatura em criador, o objeto em sujeito, a coisa posta no mundo em "colocadora" das coisas do mundo —, ele também passou a alimentar a cultura moderna, a fornecer os subsídios materiais para sua manifesta exuberância. E mais que edificar os padrões éticos, estéticos e produtivos, incrustados no pensamento e na vida ocidental desses dois últimos séculos, o sistema capitalista acalentou, em sua teia, um terceiro elemento perturbador dessa mesma ordem.

Não se trata de um intruso ou de um corpo estranho ao sistema, visto que foi formado da própria proteína capitalista, e, certamente, foi parido, sim, na rede do capital. Pensar em teias inevitavelmente me remete à imagem de uma aranha, então, não vejo como deixar de associar ao capitalismo a figura do aracnídeo que tece sua rede. Lanço mão dessa imagem apenas como recurso linguístico, para comparar a chegada do "intruso" à de um inesperado filhote da aranha mãe.

Como é dado à natureza dos frutos, o novo elemento parecia trazer consigo a esperança de prosperidade infinita, e afirmou-se como dono de um potencial multiplicador dos inúmeros fios da teia capitalista. Encarnava um sentido diferente, destituído de qualquer instinto aparente ou função predatória do sistema. No entanto, cresceu sutilmente, enquanto anestesiava o mundo de maneira indolor e extremamente sedutora. E sem que ninguém percebesse, modificou o DNA do modo de produção capitalista, alterando-o em sua forma, substância e essência. Este elemento de potencial atômico chama-se *conhecimento*.

Não que o conhecimento seja uma novidade para a humanidade. Desde a pré-história os homens se utilizam do conhecimento como instrumento de mediação entre eles e a natureza no fabrico de seus meios de subsistência, o instrumento mais antigo do homem no seu trato com o ambiente. Podemos até afirmar que o *saber* — nossa capacidade de trabalhar o mundo material, fazendo uso do potencial intelectual — está para a humanidade assim como o oxigênio sempre esteve para a vida.

Os milênios que registram a passagem do homem pela Terra são também marcas inexoráveis da atuação do *saber* sobre ela: de como foi usado, adquirido, reproduzido e aprimorado pelo homem. Convém analisar, aqui, não o caráter revolucionário ou conservador do conhecimento, mesmo porque não podemos afirmar se ele possui esta ou aquela característica ou virtude especial. Não faremos uma análise ontológica do conhecimento. Ele é mais valioso e interessante na relação, na forma de existir e coexistir com seu detentor, o homem.

O que importa, neste ensaio, é ressaltar como, num certo momento, dentro do modo de produção capitalista, ao integrar determinado contexto histórico, com todos os condicionantes, atenuantes e estimulantes presentes no meio e nas circunstâncias em que os fatos acontecem — a ponto de a intelectualidade ser capitalizada — o conhecimento funcionou para a ordem social com um fermento de magnitude infinita.

A convulsão provocada pela mistura desse ingrediente à receita do bolo capitalista afetou de tal forma o sistema que as mutações desacomodaram toda a organização social. A capitalização do intelecto, o processo de transformar a capacidade de pensar em investimento e lucro, enfim, a exploração daquilo que havia de mais íntimo à condição humana (que é nossa capacidade de fazer abstrações) provocou uma espécie de cataclismo no mundo objetivo e material.

A tentativa de querer se *apropriar* da impressão digital invisível do ser humano, da identidade intangível de nossa existência — o intelecto — repercutiu como um estrondo sobre a civilização ocidental e sobre a modernidade. Ao investir na força de trabalho intelectual, o capitalismo descobriu o processo de acelerar partículas atômicas muito antes de os físicos construí-rem o Colisor de Hádrons.

Porém, no momento em que provou da árvore do co-nhecimento, o sistema parece haver despertado a fúria de al-gum deus que, no auge de sua irritação, resolveu condenar o transgressor à "queda" (no sentido bíblico mesmo) — castigo representado pelo exílio, pela expulsão do transgressor de seu lugar de origem, sólido e seguro, para um local completamen-te obscuro e desconhecido: o "fim" do sistema capitalista, in-sistentemente anunciado por seus mais ferozes inimigos, mas que prefiro entender como uma metamorfose, porque todas as mudanças são, no fundo, alterações, mas não necessariamente superações ou melhoramento dos modelos referenciais antigos — enfim, a transmutação do capitalismo não veio pelas mãos da classe operária, como queria Marx, nem das contradições in-ternas inerentes ao conflito entre os que possuem e os que não possuem a propriedade dos meios de produção.

Ao tocar no intelecto e transformá-lo em capital, o siste-ma econômico se condenou ao mesmo destino do Rei Midas,[6] que vivia atormentado pelo iminente perigo de morrer rico, mas faminto, pois lhe fora conferido pelos deuses o poder de transformar tudo em ouro com um simples toque, inclusive o próprio alimento. O capital intelectual, tão intangível quanto o pão e a água eram para o ambicioso rei, se tornou a grande ri-queza e também a "danação" do sistema(nos antigos moldes), conforme explicarei nos capítulos seguintes.

Ao ser acrescido ao motor propulsor da produção capi-talista, o conhecimento fez emergir um novo organismo, um ente diferente, uma nova célula, acabou extraindo de uma casca velha uma nova semente. O mundo passou, então, a se organi-

---

6 Personagem da Mitologia Grega. Credor de Dionísio, Midas formula ao deus um pedido: que seu toque transforme tudo em ouro. Mas a felicidade de ver o mundo se verter em ouro dura pouco. Midas descobre que não pode mais se alimentar, pois a água e os alimentos se convertem no cobiçado me-tal. Fonte: BRANDÃO, Junito de Souza. *Mitologia Grega*. Petrópolis: Vozes, 1986.

zar de maneira diferente, quase autônoma, e, por que não dizer, imprevisível.

A hecatombe, no entanto, ainda é recente. Tanto os cientistas sociais quanto o senso comum ainda se encontram atordoados. Muitos procuram adivinhar o que se passa, compreender as mudanças. Quais os reflexos dessa explosão silenciosa sobre a vida social?

Ao final desta análise, demonstro, por exemplo, como o Estado, ao sofrer o impacto das mudanças estruturais do capitalismo e se tornar um grande investidor do *capital intelectual*, acaba também se transfigurando, assumindo outra dimensão. Vai sendo construído e reconstruído, aos poucos, pelas mãos dos vários entes sociais com a expectativa de que se transforme numa máquina produtora de efeitos especiais para a vida das pessoas. O investimento e exploração do capital intelectual pelo aparelho estatal também tem o poder de transformá-lo em algo inusitado, e é muito importante identificar este *algo* para que saibamos operar nele, o que também me proponho a fazer neste ensaio.

A metodologia deste trabalho consistiu em vasculhar uma vasta literatura acadêmica sobre o assunto. Autores clássicos como Adam Smith, Marx e Weber foram fundamentais para a montagem da obra, baseada na desconstrução de muitos conceitos, principalmente os marxistas. Quanto às conclusões sobre a nova função ou funcionalidade da gestão pública, procurei beber nas fontes de Bordieu, Habermas, Hannah Arendt e Bobbio, principalmente no que tange à mudança do espaço público como esfera de debates; e aqui entra toda uma reflexão sobre a crescente importância do direito: o ordenamento jurídico, a Justiça e as leis não são mais meros instrumentos reguladores da ordem, de *coisa posta* no mundo pela razão, adquirem nova feição e se tornam os *colocadores das coisas* no mundo.

Algumas fundamentações teóricas deste ensaio partem da análise de autores importantes da "pós-modernidade", com destaque para Giddens, porque usou o termo "modernidade reflexiva" para caracterizar o movimento de "desencaixe" do homem de suas antigas estruturas, relações e referências espaciais e temporais. Não encontrei até agora nada mais apropriado para identificar nosso sentimento cotidiano que a palavra "desencaixe", usada no sentido que Giddens a utilizou. Na verdade, o que o sociólogo nos apresenta é uma espécie de roteiro ou descrição minuciosa da viagem empreendida pelo ser humano para a era pós-industrial.

Esse ser social — agora desvinculado de sua antiga existência, que era assentada em bases materiais, objetivas, regada pelo suor do trabalho físico — se vê em outra dimensão do real, mergulhado na própria subjetividade. Tudo isso o leva para um plano intangível, onde não existe mais congruência entre tempo e espaço. O novo homem do período pós-industrial habita um universo plasmado por abstrações e reflexões próprias e alheias, que se misturam e se reproduzem incessantemente, como num palácio de espelhos. Encerrado nesse palácio de espelhos, em vez de respostas, o homem obtém mais interrogações. Considero que Giddens forneceu às Ciências Sociais instrumentos mais afiados para "operar o mundo".

Detive-me também sobre as elaborações conceituais de Baumann, que trouxe à tona a expressão "modernidade líquida", e cuja obra ressoou para mim como um eco de algumas formulações pessoais acerca do caleidoscópico momento em que vivemos. Não encontrei ressonância apenas em Baumann, mas também na ofegante leitura do livro *A Terceira Onda*, de Toffler.

Contudo, vejo a "modernidade líquida" de forma ainda mais fluida que Baumann, e de maneira um pouco mais otimista (uso esta palavra com reservas, pois prefiro não adjetivar minha análise). Gostaria de situar as reflexões deste ensaio num espaço filosófico construído entre a crítica ácida tecida por Baudrillard em face da "pós-modernidade" e o colorido dado à era cibernética por Pierre Lévy[7] — "nem

---

7 Em seu livro *Ciberdemocracia* (2003) e outros, o sociólogo Pierre Lévy avalia de forma positiva o papel da comunicação e da informação nos tempos atuais, na contramão do sociólogo francês e teórico da "pós-modernidade", Jean Baudrillard, que fez críticas contundentes à sociedade de consumo e aos

tanto à terra nem tanto ao mar", já diziam os mais antigos...

De qualquer forma, a intenção do presente ensaio não é desmanchar os conceitos de "pós-modernidade" ou de "modernidade reflexiva", e tampouco o de "modernidade líquida". Procurei apenas avançar mais, neles e com eles. Por que não usar o termo "ultramodernidade" para designar essa fenda que se abriu na história humana e deu lugar à produção de uma vida menos "materializada", mais abstrata e por isso mesmo, mais densa?

Hoje, num mundo que vem sendo construído por *entidades*, penso que já não faz sentido procurarmos conhecer *identidades*. Estamos num universo onde é mais interessante ser e se entender como "entidade", termo que assume um sentido mais amplo e objetivo que "identidade". O que aparentemente se nos afigura no mundo ultramoderno como um processo de corrosão da identidade, daquilo que nos diferencia do outro, deveria na verdade ser entendido como construção de uma nova identidade, de caráter mais amplo: a entidade. Insisto na necessidade de substituirmos as cascas velhas por novos brotos... Será possível substituir um conceito por outro? Fica aqui o desafio.

Em relação às análises sobre o "fim da História" e o "fim do trabalho", tomei por base as análises de Castells e Domenico de Masi — Castells, porque analisou a sociedade de redes, formada a partir do uso sistemático da tecnologia para informação, e De Masi, por sua vez, por ter estudado as consequências de uma era onde o trabalho humano é substituído pela tecnologia.

Não creio que possamos nos referir ao destino da humanidade de forma assim tão categórica, principalmente quando o horizonte que avistamos é o de imprevisões, onde nada mais pode ser afirmado *a priori*. Habitamos numa constelação de probabilidades que faz do mundo uma caixa de surpresas, e transforma o homem, a sociedade e o Estado numa fábrica de infinitas possibilidades: um Colisor de Hádrons.

---

meios eletrônicos de comunicação. Baudrillard faleceu em 2007, aos 77 anos de idade; dentre suas inúmeras obras, destaca-se *A Sociedade de Consumo* (1970).

Acredito, como tentarei demonstrar aos leitores, que seria mais apropriado falarmos de uma reconfiguração dessas duas categorias, trabalho e História. A verdade é que o homem iniciou uma aventura pelo abstrato e ainda está difícil nos "desencaixarmos" de nossas antigas formas de ver o mundo.

Para chegar a estas e muitas outras conclusões e formular novos conceitos, a meu ver mais consistentes e aptos a dar conta dessas contínuas transformações, procurei, através de um breve passeio pela história do capitalismo, demonstrar como se efetuou a passagem de um sistema de produção material, corpóreo, para outro, imaterial ou incorpóreo. Quis acompanhar os passos do sistema capitalista, sua evolução, para ilustrar como ocorreu o processo de desmaterialização do capital.

Tentei montar a biografia do sistema sob uma perspectiva diferente. Primeiro, descrevendo seu nascimento, o período de crescimento, a época em que ganhou peso, para, em seguida, explicar como ocorreu o episódio, comparável a uma *mutação genética*, causado por dois acontecimentos históricos: a inserção da mulher no mercado de consumo e a introdução da informação no processo produtivo. Essa terceira fase, que chamo de mutação, foi percebida por Castells como um crescente processo de inversão da esfera produtiva. Em outras palavras, o gene *mutandis* se instalou quando o sistema, além de produzir informação para a tecnologia, começou a se concentrar na produção de tecnologia para informação. É nesse momento que o capitalismo inicia sua fase "leve" (usando aqui a terminologia de Baumann).

Nesse diapasão, o sistema produtivo vai se tornando cada vez mais imaterial, abstrato, intangível. E a desconfiguração do modelo que se segue é tão profunda que, sob as cinzas de sua condição material, instala-se um novo modo de produção, que ouso descortinar neste trabalho, tendo-o nomeado "sistema usufrutuarista" ou "sistema usufrutuário". Tal modelo define também a ordem social e a função da máquina pública que migram para o modelo incipiente: a sociedade usufrutuária e o Estado usufrutuário.

Vimos, na atualidade, o Estado abandonar seu caráter *provedor de recursos* (deteriorando-se, tornando-se muitas vezes espoliador dos mesmos) e assumir a função de "servidor". Em informática, o servidor é "uma máquina que realiza tarefas para outros computadores integrados em rede, e/ou aloja serviços para outras máquinas e utilizadores".[8] Acredito que o futuro do Estado seja realmente esse: deve se transformar numa máquina alojadora e distribuidora de serviços executados, não obrigatoriamente pelos entes públicos, mas também pelos privados, numa rede de interações. O conceito de cidadania, outro que merece uma substituição urgente, também se amplia: o público, o cidadão, passa a se relacionar com o Estado-servidor na condição de usuário. A exclusão social já não se restringe ao lugar que uma pessoa ocupa na classe ou estrato social, mas à sua exclusão, enquanto usuário, da área de abrangência dos serviços do Estado-servidor. Os incluídos, por consequência, são todos aqueles contemplados pelos serviços da máquina pública, que atuaria com a eficiência de gerente de contas. Quais contas? A conta pública, formada pelos impostos: o orçamento.

E como deveriam ser entendidos o orçamento e a arrecadação de impostos? Teoricamente, deveríamos vê-los como um fundo comum, uma soma de dinheiro de todos para todos, onde cada um contribui com um valor para que possa usufruir do maior número de serviços possível, desembolsando menos do que se cada cidadão pagasse por eles sozinho. O grande dever do Estado servidor e empreendedor, hoje, seria transformar o conjunto das relações e interações sociais numa condição de usufruto pleno de serviços e bens. Sua consistência pode até lembrar o *welfare state*, mas conforme demonstrarei adiante, o Estado de usufruto pleno possui características de formação bem diferentes. Portanto, gostaria que os leitores desmanchassem todas as concepções formuladas e experimentadas sobre um Estado até hoje. Nenhuma delas se aproxima do novo conceito de usufrutarismo.

---

8 Fonte: Infopédia.

Este ensaio pretende, portanto, instrumentalizar conceitualmente a nova estrutura social, dar-lhe um nome, mostrar-lhe o rosto. Para isto, foi necessário desconstruir conceitos que serviram de referência para caracterizar o modo de produção capitalista: precisei provar como a evolução desse sistema enferrujou certas categorias clássicas.

Além do mais, é fundamental clarear o horizonte povoado tanto pela névoa pessimista das incertezas existenciais quanto pelo lusco-fusco do deslumbramento humano diante de suas novas possibilidades. Particularmente, não costumo ser catastrófica quanto ao destino da humanidade; acho que não cabe ao cientista social se arriscar a fazer profecias, sejam messiânicas ou apocalípticas. Por outro lado, vejo com reservas as posições muito otimistas acerca dos caminhos do homem.

Estamos aqui para espanar a poeira da incompreensão sobre o todo, mostrar como as forças sociais se organizam, materialmente (ou abstratamente) vinculadas ao seu espaço e tempo. É necessário apontar as manobras da História, identificar os agentes e personagens do mundo político, investigar os perfis do Estado, enquanto contrato social, observar sua desintegração e/ou fortalecimento. Precisamos de um Estado forte? Ou nem carecemos dele? É possível criar um ambiente de convivência pacífica entre os interesses privados e os chamados interesses ou utilidades públicos? Estamos aqui para apontar os pontos fortes de uma ordem, e também os vulneráveis. Enfim, cabe ao cientista social decifrar a configuração visual dos sistemas.

Evidentemente, uma sinalização adequada das vias sociais pode ser muito útil no momento de fazer escolhas. A Sociologia não pode permitir, porém, que um novo sistema seja "operado" valendo-se de instrumentos conceituais inadequados. Continuar enxergando a ordem capitalista num organismo que possui outra morfologia, ou continuar usando conceitos que se tornaram ineficientes para a análise dos problemas atuais, configura a mesma imprestabilidade técnica contida na atitude de um biólogo que trata um vírus como se bactéria fosse. Devemos aprender a reconhecer e identificar o novo, sem medo de apresentá-lo aos demais.

Não é o conhecimento em si que nos interessa em termos de análise, mas o impacto provocado por sua conjunção ou fusão à estrutura capitalista antiga: é importante ver que a "descoberta" ou fabricação do capital intelectual foi similar à explosão da bomba atômica; ao se misturar ao capitalismo e ser produzido por ele, operou intensas mudanças no mundo social, nas instituições, na esfera pública e privada e no Poder.

Ao cair na rede capitalista, o intelecto produziu uma estrutura absolutamente estranha e autônoma, com braços, pernas e fios próprios — uma jovem aranha tecendo uma nova teia. Pela forma como se comporta, talvez este ser invisível, o capital intelectual, seja daquelas espécies capazes de realizar um fenômeno chamado "aerostação", que diz respeito ao momento de libertação do aracnídeo filhote, quando ele consegue subir pelos ramos de uma árvore, liberar um fio de seda e esperar até que um vento forte arraste seu filamento pelas correntes de ar. O filhote, então, se distancia dezenas, centenas de quilômetros da rede materna, libertando-se e tornando-se completamente independente.

Comparo, então, o capitalismo clássico a uma aranha mãe em franco processo de envelhecimento, mas que conseguiu libertar de suas entranhas um novo organismo capaz de formas teias mais poderosas e complexas. E esse organismo, hoje livre, graças a uma espécie de fenômeno social semelhante ao da aerostação, está em pleno vigor juvenil, tecendo suas teias incompreensíveis. Então, o principal objetivo deste trabalho é fornecer instrumentos epistemológicos e sociológicos mais adequados para interpretar, avaliar e enxergar a nova sociedade que está sendo tecida.

Não cabe mais à Sociologia referir-se ao modo de produção econômica e social emergente como se capitalismo fosse, caso em que incorremos num erro que leva ao obscurantismo e a especulações delirantes. A responsabilidade da Sociologia, enquanto ciência, é, no mínimo, construir ferramentas que possibilitem uma análise distanciada, filtrada de seu objeto, ou seja, sem juízos de valor, sem conceber prognósticos proféticos da realidade e seus desdobramentos.

Vamos dissecar esse novo organismo oriundo da rede de exploração do capital intelectual, pois algo em sua bagagem genética o diferencia da matriz capitalista e nos conduz a um universo diferente, a uma nova realidade que se transforma aos poucos numa outra estrutura uterina e que nos cabe investigar. A ultramodernidade, esse lugar-momento onde o capital intelectual se aloja, ao se modificar também altera o mundo, e produz novas maneiras de pensar, agir e produzir. Vamos sondar esta ultramodernidade como o berço de uma sociedade comandada pelo capital intelectual, uma sociedade onde a propriedade privada recebe outro tratamento: um arranjo especial que passa a privilegiar, ou melhor, a incorporar com vigor o direito de usufruto em face do direito de propriedade.

2. Do capitalismo corpóreo ao incorpóreo

2.1 Sobre as coisas e sobre os homens

Não sei o que faz a grandeza de uma época, e tampouco reconheço quem esteja autorizado a dizê-lo. Imagino que se fosse possível medir a estreiteza ou a vastidão de uma era, um bom termômetro seria o grau de inquietude humana. À primeira vista, parece-nos que há uma relação direta entre a insatisfação de um povo e a extensão geográfica de seu domínio, quero dizer, se os homens se conformassem com o que encontraram no mundo e se limitassem aos recursos oferecidos pela natureza, talvez milhares de páginas da História tivessem permanecido em branco ou teriam sido escritas com menos sangue e suor.

De alguma forma, o homem olhou para as coisas postas no mundo e não se contentou com elas. O que lhe foi dado, por mais abundante e perfeito, não lhe pareceu suficiente para saciar a fome e matar a sede da humanidade.

Temos duas hipóteses para tentar explicar o que ocorreu: ou os recursos eram realmente escassos (muitas vezes o homem se alojou em lugares tenebrosos para sua sobrevivência), ou a insatisfação humana sempre foi maior que o mundo, e não me refiro somente à obrigação de preencher as necessidades vitais. É verdade que existe no ser humano, como em todos os viventes, um ímpeto feroz de permanecer vivo. Por isso, a vida na natureza é luta, é busca constante de espaços, de segurança, de sustento.

O homem, no entanto, não nasceu com a incumbência

de se ocupar apenas com sua sobrevivência. Em relação às demais coisas postas no mundo, essa luta parece absurda, porque já são permanentes em si mesmas; e sua permanência não se deve a um querer ser, mas, principalmente, à incapacidade de se tornarem outra coisa senão o que são — não existe outra possibilidade para os objetos e entidades do mundo, não há como passarem da posição de meras coisas postas no mundo à de fabricantes das coisas do mundo.

Apesar disso, a vida da natureza é uma vida de guerras. Tudo é desejo de continuar permanecendo no mundo, que vai além do desejo de não morrer. O que toda forma existente sobre a face da Terra possui é sua própria condição, ou seja, a de continuar existindo como aquilo que foi predestinada a ser. Mesmo as coisas do mundo que não têm forma possuem o que denominamos condição.

Neste ensaio, entretanto, analiso somente a condição humana, que, ao contrário da condição das demais coisas no mundo, é dinâmica, eternamente mutante e ativa.

2.2 - Luzes de Arendt

Em sua investigação filosófica sobre o tema, Hannah Arendt (1981) define o que seria a *vita activa* caracterizando-a por "três atividades humanas fundamentais: o labor, o trabalho e a ação".[9] Ela faz uma distinção entre labor e trabalho, referindo-se ao primeiro como a atividade humana natural, voltada para a satisfação das necessidades vitais: "A condição humana do labor é a própria vida". O labor é todo o esforço físico, biológico, quase instintivo que os homens fazem para simplesmente se manterem vivos. Quanto ao trabalho, é definido como uma atividade mais elaborada, capaz de criar um mundo artificial, de coisas, ou seja, de tudo aquilo que existe além do

---

9 ARENDT, Hannah. *A Condição Humana*. São Paulo: Editora Universidade de São Paulo,1981, p. 15.

ambiente natural, "não necessariamente contida no eterno ciclo vital da espécie".[10] Com a fabricação de coisas, que não estão simplesmente destinadas ao uso e consumo imediato, ou seja, feitas apenas para satisfazer suas necessidades de sobrevivência, o homem cria o que parece supérfluo à existência puramente animal.

No entanto, tudo aquilo que foge à classificação de necessidade puramente biológica representa também um prolongamento do campo de atuação do homem, de forma a construir um mundo sobremundo, especialmente humano, distante da condição animal. Por criar coisas que não se esgotam instantaneamente com a satisfação das necessidades vitais, o trabalho, conforme Arendt, acaba dando maior durabilidade à existência.

Essas três atividades — o labor, o trabalho e a ação —, ligadas, respectivamente, ao que ela denominou *animal laborans*, *homo faber* e *homem político*, estão entranhadas no ser humano, são atividades em trânsito constante nas mais diversas esferas da vida. Creio que foi a esse conjunto dinâmico que Arendt denominou *condição humana* — que não significa natureza humana, conforme ela faz questão de esclarecer:

> A condição humana não é o mesmo que a natureza humana, nem a soma total das atividades e capacidades algo que se assemelhe à natureza humana. Pois nem aquelas que discutimos neste livro nem as que deixamos de mencionar, como o pensamento e a razão, e nem mesmo a mais meticulosa enumeração de todas elas, constituem características essenciais da existência humana no sentido de que, sem elas, essa existência deixaria de ser humana.[11]

Mais adiante, Arendt afirma que as condições da vida humana "a própria vida, a natalidade e a mortalidade, a mundanidade, a pluralidade e o planeta Terra" não têm o condão de

---

10 Idem.
11 Idem, pp. 17-18.

explicar "o que somos, ou responder a perguntas sobre o que somos, pela simples razão que jamais nos condicionam de modo absoluto".

Aqui, pela lente da autora, enxergamos a condição humana, ou o próprio homem, como uma entidade fluida, algo impossível de ser definido. Ela mesma declara que "as tentativas de definir a natureza humana levam quase invariavelmente à construção de alguma deidade". E por não estar condicionado de maneira absoluta nem à sua própria condição, podemos afirmar que o traço mais marcante daquilo que conhecemos como ser humano é seu caráter imprevisível e indomável.

2.3 - O homem e o tempo

De certa maneira, por não ser imortal em sua condição primária de coisa posta no mundo, o homem também luta pela imortalidade, que significa continuar existindo em sua própria condição de ser. E o que caracteriza a condição humana é exatamente aquilo que Hannah Arendt denominou *vita activa*, e que interpreto como o incansável ímpeto ou necessidade do ser humano de estar sempre construindo, sempre alternando sua ordem e seu lugar no mundo — um impulso tão próprio dos homens quanto voar é dos pássaros.

Somos incapazes de viver a permanência, de ser apenas uma coisa posta no mundo. Nisso consiste a luta da humanidade: permanecer no mundo como uma alternância. E exatamente por não existir possibilidade de fugir dessa realidade é que a condição humana torna-se indestrutível.

As coisas postas no mundo não podem refletir sobre o homem, mas o homem pode refletir sobre elas, delas fazer uso e usufruir, segundo critérios próprios. O ser humano é um ente capaz de atuar sobre si mesmo e sobre as demais coisas; é um transformador, uma espécie de tempo do mundo social, e atua sobre tudo com o mesmo poder que o tempo. Seja de forma corrosiva ou restauradora, o homem não é apenas o sofredor de seu tempo, mas igualmente o seu fazedor. Ele é o tempo de si mesmo.

Mas, em que consiste a vida humana? O que a distingue das demais coisas existentes no mundo? A resposta é simples: de todas as coisas postas no mundo, apenas o homem tem a possibilidade de alterar a própria condição ou o próprio destino. Temos o poder de escolher, ou melhor, como diz a linha existencialista, "somos condenados à escolha".[12]

As atividades dos demais seres vivos já vêm programadas, obedecem a um padrão de conduta previsto para a espécie ou para sua natureza. Qualquer desvio de conduta de um ente da natureza é visto como uma aberração, que a própria natureza trata logo de eliminar. As coisas existentes no mundo seguem rigorosamente à programação determinada para elas pela natureza que as criou. Dessa forma, podemos dizer que permanecem "imobilizadas", presas eternamente à condição de coisas postas no mundo, pois não conseguem processar a diferença, transcender a própria existência, escolher outro destino que não o de criaturas ou coisas criadas.

O homem é diferente. Mesmo preso à natureza como algo colocado no mundo, é capaz de agir sobre as demais coisas (neste sentido, até sobre si mesmo) e alterar sua ordem, segundo os critérios que seu julgamento ditar como mais convenien-

---

12 Cf. Jean Paul Sartre (1905-1980), filósofo francês, maior representante da linha filosófica existencialista, segundo a qual a existência precede a essência, sendo a própria existência a grande construtora do ser humano. Tal filosofia torna o homem responsável por seu destino, passado, presente e futuro. Entre suas obras, destaca-se *A Náusea*, romance publicado pela primeira vez em 1938. Em 1943, publica o tratado filosófico *O Ser e o Nada* em que diz: "Realmente, só pelo fato de ser consciente das causas que inspiram minhas ações, estas causas já são objetos transcendentes para minha consciência; elas estão fora. Em vão tentaria apreendê-las. Escapo delas pela minha própria existência. Estou condenado a existir para sempre além da minha essência, além das causas e motivos dos meus atos. Estou condenado a ser livre. Isso quer dizer que nenhum limite para minha liberdade pode ser estabelecido, exceto a própria liberdade, ou, se você preferir, que nós não somos livres para deixarmos de ser livres."

tes. E os julgamentos humanos não são estabelecidos *a priori*, como as regras da natureza, mas construídos pelo momento, no calor de seu relacionamento com o mundo e com os outros durante o ato de existir. Sua identidade é construída no embate, no confronto com outras identidades. Por isso, para Arendt, o fato de ser plural, de se desenvolver na presença de dois ou mais, é que torna o homem singular, único.

2.4 - Sobre a apropriação e a ação

Mais do que algo posto e disposto no mundo, o homem se tornou também o possuidor das coisas — um detalhe importante que não foi aprofundado por Arendt —, um animal capaz de se apropriar dos objetos do mundo e dos objetos criados por ele mesmo, e não só dos objetos, mas também de coisas subjetivas, como a sua própria condição. O ser humano é dono de sua própria condição, e, desta forma, potencialmente capaz de alterá-la se quiser. Nesse sentido, a condição humana também é algo vulnerável, em constante processo de construção. O movimento de pinça proporcionado pela mobilidade do dedo polegar, uma conquista fundamental para a evolução da espécie humana, é apenas a demonstração física de uma habilidade desenvolvida também no plano mental: a capacidade de pinçar, se apropriar, tomar para si.

Hannah Arendt ressalta o papel primordial da ação como característica mais elevada da condição humana. O agir é sempre plural, ou seja, só podemos nos referir a "homens", uma espécie cuja existência deve ser pensada apenas na relação e na inter-relação com o outro. Essa pluralidade, brilhantemente definida pela autora, "é a condição da ação humana pelo fato de sermos todos os mesmos, isto é, humanos, sem que ninguém seja exatamente igual a qualquer pessoa que tenha existido".[13] Isso nos diferencia de qualquer outra coisa ou qualquer outro

---

13 ARENDT, H. *Op. Cit.*, p. 19.

ser colocado no mundo. É a ação com os outros, no meio de todos, que iguala os humanos, e, ao mesmo tempo, os torna únicos. Arendt prezava a democracia direta, pois via nela o momento de maior florescimento e realce da condição humana: a troca de ideias e o debate entre sujeitos singulares contribuem para apurar e enriquecer ainda mais a forma peculiar (humana) de agir sobre o mundo.

Mas, de todas as ações, aquela que o homem mais praticou ao longo da história — nela se especializando a ponto de quase incorporá-la à sua suposta natureza — é a ação de se apropriar de algo, tornar-se não só o criador, mas também o possuidor das coisas. À primeira vista, apropriar-se parece uma ação solitária, um trabalho da consciência. Mas não é. Mesmo porque a consciência é fruto da experiência, o que cada um, em particular, pôde filtrar de sua relação com os outros, já que o homem não é um animal solitário, nunca foi, nunca será. Sem a presença do outro, sem a interferência do outro em nossa vida, não seríamos humanos. Se algo pudesse definir a natureza humana, este algo seria a inevitável influência e dependência da presença e do olhar do outro sobre nós.

Voltando à capacidade de se apropriar: apesar de ser uma habilidade, o fato de tomar ou não para si determinadas coisas não é uma imposição da condição humana, mas apenas uma questão de escolha. Somente os homens, em sociedade ou individualmente, podem decidir se vale a pena ou não se apossar de algo que colocaram ou que foi colocado no mundo. E a história das sociedades ocidentais é a de homens que decidiram se apoderar das coisas, e não só delas, mas de outros homens também.

2.5 - Sobre o trabalho e a permanência

Interessante também observar, em Arendt, uma preocupação em relacionar a condição humana à questão da temporalidade da existência, mais precisamente da permanência, ou daquilo que considero uma necessidade implícita de permanecer, aparentemente inerente a toda espécie de vida sobre o planeta. Por isso, ela insiste em afirmar que as três atividades humanas já mencionadas estão intimamente ligadas a dois fenômenos que marcam definitivamente a existência humana: o nascimento e a morte, o início e o fim. Percebe-se, na autora, que o real significado daquilo que ela identificou como *condição humana* está assentado no esforço, consciente ou não, produzido por essas três atividades, cuja finalidade, subentende-se, é garantir ao homem a continuidade de sua existência no tempo, e não apenas da existência física, enquanto espécie animal — trata-se, aqui, de assegurar a imortalidade, não ao homem, mas à própria condição humana. Arendt assim as classifica, usando como medida a capacidade ou força que cada uma possui de promover a sobrevivência da condição humana em face dos efeitos corrosivos do tempo:

> O labor assegura não apenas a sobrevivência do indivíduo, mas a vida da espécie. O trabalho e seu produto, o artefato humano, emprestam certa permanência e durabilidade à futilidade da vida mortal e ao caráter efêmero do tempo humano. A ação, na medida em que se empenha em fundar e preservar corpos políticos, cria a condição para a lembrança, ou seja, para a história. O labor e o trabalho, bem como a ação, têm também raízes na natalidade, na medida em que sua tarefa é produzir e preservar o mundo para o constante influxo de recém-chegados que vêm a este mundo na qualidade de estranhos, além de prevê-los e levá-los em conta.[14]

No entanto, fica clara, mais adiante, a importância que é conferida à ação como instância capaz de vencer o tempo:

> Não obstante, das três atividades, a ação é a mais intimamente relacionada com a condição humana da natalidade; o

---

14 Idem, pp. 17-18.

novo começo inerente a cada nascimento pode fazer-se sentir no mundo somente porque o recém-chegado possui a capacidade de iniciar algo novo, isto é, de agir.[15]

Somente a ação, substância formadora daquilo que a própria Arendt denominou "corpos políticos" pode conceder à condição humana o poder de vencer o tempo, recriando o novo infinitamente. O *corpo político* é uma espécie de ente incorpóreo, capaz de perpetuar a existência humana no corpo (também invisível) da história e comandar as outras atividades; nada mais é que a expressão metafísica desse homem plural, que atua numa esfera invisível (a vida social). A ação é, portanto, a atividade que distingue a condição humana por excelência; graças à ação, a condição humana também se torna permanente, e os homens permanecem no mundo. Logo, podemos deduzir a importância da liberdade para a sobrevivência da condição humana. Livres, interagimos. Interagindo, tornamo-nos cada vez mais humanos. Permanecemos. Reprimidos, "desumanizamo--nos", definhamos.

Mas estamos diante de um paradoxo, pois essa permanência só é obtida através da mudança, da capacidade humana de estar sempre criando e recriando o novo. O homem permanece, exatamente, porque não é constante. Somos seres em trânsito. Enquanto para todas as demais coisas postas no mundo a permanência se deve à constância delas em relação ao que são, a eternidade para o homem se constrói com a mudança. E se mudamos, é porque o outro atua sobre nós como o vento sobre as rochas.

O que nos faz lembrar Heráclito: "O mundo, a realidade, é um fluxo perpétuo, o escoamento contínuo dos seres em mudança perpétua".[16] Ainda conforme Heráclito, "não podemos banhar-nos duas vezes no rio porque as águas nunca são as mesmas", e o destino das coisas é se transformar em seu contrá-

---

15 Idem.
16 Cf. CHAUÍ, Marilena. *Filosofia*. São Paulo: Editora Ática, 2005, p. 62.

rio: "O dia se torna noite, o verão se torna outono, o novo fica velho, o quente esfria, o úmido seca".

Diferentemente dele, Parmênides dizia que é impossível pensar sobre coisas que são e não são, que ora são de um jeito, ora são de outro: "Só podemos pensar sobre aquilo que permanece sempre idêntico a si mesmo (...). Conhecer é alcançar o idêntico, o imutável".[17]

Os dois filósofos afirmavam que perceber e pensar são coisas distintas, mas, para Parmênides, "nós percebemos mudanças impensáveis e devemos pensar identidades imutáveis".[18] Parmênides é considerado o descobridor da identidade do ser, "o descobridor da identificação entre o ser e o pensar".[19] No entanto, penso que o dilema entre Parmênides e Heráclito se resolveria se considerássemos a teoria de Parmênides aplicável apenas às coisas postas no mundo, e a de Heráclito aos seres humanos. Isso, porque a condição dos outros objetos colocados no mundo é a de ser permanente, encerrados em si mesmos. É impossível, para todas as demais coisas postas no mundo, transcender sua própria condição. As coisas pertencentes ao mundo, com exceção do homem, permanecerão eternamente na condição de coisas colocadas no mundo. O mesmo não se pode afirmar em relação aos seres humanos, que, apesar de também terem sido colocados no mundo independentemente de sua vontade, distinguem-se pela própria condição: a necessidade de estar construindo para si a imortalidade.

Um dos maiores esforços que o ser humano empreende em sua vida é a construção do sentimento de pertencimento ao mundo no qual foi inserido. Algumas sociedades sentiram uma necessidade tão exacerbada de pertencer ao mundo que não lhes bastou reedificá-lo: foi preciso que se apropriassem dele, da terra, do chão, dos rios e das riquezas naturais, como se o sentimento de pertença se originasse da ação de possuir... O fato é

---

17 Idem, p. 63.
18 Idem.
19 MORENTE, Manuel Garcia. *Fundamentos da Filosofia – Lições Preliminares* (1930). São Paulo: Mestre Jou, 1980.

que somente o ser humano nasceu com a condição de alterar a própria situação no mundo. A permanência não foi um atributo que "ganhou" da natureza, mas uma imposição desta; o que ele "recebeu" foi a inconstância, a alternância, a capacidade de mudar, a condição de trocar sua posição na ordem do universo.

2.6 - O poder da condição humana

São dois os principais poderes do homem, que, segundo Arendt, caracterizam sua identidade: o primeiro, concedido pelo trabalho, é o de criar um mundo de coisas artificial; e o segundo, o de criar para si a imortalidade, na eterna natalidade da ação. O fato de sermos mutáveis, dinâmicos, não impede que tenhamos uma identidade, ou seja, não é obstáculo para ser. Porém, o que nos identifica, aquilo que pode ser tido como a impressão digital da espécie humana (o indivisível e imutável), é justamente nossa capacidade de estar sempre mudando.

O que Arendt chama de *homo faber* (ligado à atividade do trabalho), o fabricante das coisas do mundo, eu chamaria de "positivador de um novo universo". Ser positivador, fabricante das coisas do mundo, não é uma escolha, algo que se pode decidir ser ou não; pelo contrário, é um dado, faz parte da própria condição humana. Mas não somos apenas criadores de coisas materiais; a ação, terceira atividade humana, permite-nos também fabricar o mundo subjetivo.

Nascemos com a obrigação de criar e recriar, em todos os planos e esferas da existência. Criamos, inclusive, o outro, e essa tarefa de construir molda a nossa própria personalidade. Somos criaturas condicionadas ao papel de criadores, e é isso que torna a condição humana especial em relação à das demais coisas, colocadas no mundo pelas mãos da natureza. A nós não foi facultado o poder de permanecer na situação em que fomos gerados. Somos compelidos à mudança, migramos de uma situação existencial para outra. E esse movimento torna a condição humana única e permanente em si mesma.

Importante ressaltar que, se a necessidade de produzir e reproduzir coisas é uma imposição da natureza, a capacidade ou desejo de se apropriar dessas coisas não nasceu com o homem, não é algo imposto, mas elaborado ao longo da existência e conforme a necessidade: é fruto da decisão humana, e, portanto, escolha, deliberação. O poder de se apropriar de algo não é uma obrigação à qual devemos nos submeter, muito diferente, portanto, da aptidão para criar.

Para o ser humano, a imortalidade será uma conquista. Somos, de certa forma, empurrados para o trabalho de inventar e reinventar o mundo, porque não foi nos dada a condição de permanecemos apenas e tão-somente como criaturas nascidas da vontade de outrem. Nascemos criaturas, mas crescemos e morremos criadores. O ato de criar alimenta o sentimento de pertença.

Ao cumprir nossa tarefa de desenvolvedores da ordem do mundo, estamos, consequente e contraditoriamente, permanecendo no mundo, e fazendo com que o mundo também permaneça. Arendt enxergou o trabalho de objetivar a existência, produzir coisas concretas, não só para o consumo, mas para o próprio uso e usufruto da vida terrena, como uma atividade característica da *vita activa*, a atividade do trabalho, própria do *homo faber*. Todavia, a ação, terceira atividade humana e "única atividade que se exerce diretamente entre os homens, sem a mediação das coisas e da matéria",[20] é que torna o homem um ser plural, e por causa dessa pluralidade não podemos tratar a existência humana como algo solitário e nem falar de homem no singular, mas sim e sempre "homens": "Todos os aspectos da condição humana têm alguma relação com a política, mas esta pluralidade é especificamente a condição — não apenas a *conditio sine qua non*, mas a *conditio per quam* — de toda a vida política".[21]

Penso que, ao relacionar essas três esferas de atuação

---

20 ARENDT, H. *Op. Cit.*, p. 15.
21 Idem.

humana, Arendt acabou por visualizar o homem como um ser tridimensional: cada atividade corresponderia a uma dimensão diferente. O labor funciona como substrato da existência, um fio tênue que nos iguala aos outros animais e, em certo sentido, também aos demais objetos da natureza, algo que nos mantém presos à nossa condição natural primordial, a de coisas postas no mundo.

2.7 - O sentido filosófico do trabalho

Quando Arendt se refere ao que denomina *animal laborans*, diferente do *homo faber*, a imagem que me ocorre é a de Sísifo[22] e seu ingrato trabalho de rolar pedra morro acima. Para o *animal laborans,* o fardo das necessidades vitais é algo de que ele precisa se livrar sempre, dia e noite, noite e dia. À medida que as satisfaz — e esta é sua eterna labuta — delas se liberta. Todavia, o tempo em que permanece livre do "peso" de suas necessidades biológicas é extremamente curto, posto que elas sempre voltam a atormentar seu corpo. O trabalho do *homo faber* — ao contrário do labor do *animal laborans* — apresenta-se como a atividade capaz de, não somente dar concretude material à existência, mas também, de certa forma, fazer com que o homem transcenda a sua condição natural.

É com o trabalho que o ser humano gera um outro mundo, cria outras coisas que não servem apenas ao consumo imediato. Assim, por suas obras, ele artificializa a natureza e se afirma, não mais como algo posto no mundo, mas como o positivador, ou fabricante de coisas. Este homem, que na obra de Arendt entendi como sendo o *homo faber* distingue-se do *animal laborans* por criar coisas e realizar uma atividade cuja finalidade ultrapassa a satisfação das necessidades básicas. É o *homo faber* e não o *animal laborans* o grande criador de coisas feitas exclusivamente para o deleite humano.

---

22 CAMUS, A. *O mito de Sísifo* (1942). Rio de Janeiro: Record, 2004.

Se o *labor* traz o peso, e, em consequência, a angústia, consubstanciada no desejo ardente de se livrar dele, o trabalho, por sua vez, produz o capricho e a leveza, faz o homem transcender. Verificamos aí uma semelhança entre a atividade do *homo faber* e a do artista. A principal diferença repousa no fato de que o artista é absolutamente descompromissado com a finalidade de sua obra: a verdadeira obra de arte não é um artefato que o artista consegue visualizar e prever antes de sua execução ou materialização, como ocorre ao trabalho do *homo faber*. A obra de arte é sempre uma surpresa para seu criador. Na arte, é a obra que dirige o autor. No trabalho, é o artesão quem conduz a obra.

A arte é capaz de abrir a caixa preta de nossas emoções, revelá-las e nos deslocar do mundo material e objetivo para planos mais abstratos e subjetivos. O trabalho de um artesão, ao contrário, é feito para nos situar no mundo, dar uma resposta às nossas íntimas necessidades. A arte não precisa ter uma finalidade, não precisa representar nada, não precisa materializar nenhuma necessidade ou vontade. O ideal é que seja capaz de criar mais vontades e despertar desejos. A arte é, simplesmente, a expressão da liberdade.

2.8 - Sobre o útil e o fútil

Outra diferença entre labor e trabalho reside no fato de que o primeiro dificilmente deixa rastros da existência do homem sobre a Terra: todo fruto do labor se esgota com a morte de seu executante. O trabalho realizado pelo *homo faber*, porém, sobrevive à sua morte. Quanto à obra de arte, é indiferente ao tempo.

As marcas do *homo faber* estão gravadas desde a pré-história até hoje. Para ilustrar, pensemos o seguinte: em sua caverna, o *animal laborans* poderia simplesmente se utilizar de uma lasca de pedra para cortar seus alimentos. Porém, quando além de fabricar uma faca ele se esmerou em diferenciá-la, quando inventou para ela uma variedade de pontas e cortes, e caprichou no acabamento das pedras, debruçando-se sobre o trabalho de conferir aos instrumentos formas inusitadas e funções mais requintadas, não era mais o *animal laborans* que ali estava, em sua cansativa e rotineira tarefa de manter a própria vida.

As pedras brutas deixadas na caverna nunca poderiam retratar a passagem do homem sobre a Terra, mas os milhares de ferramentas feitas de pedra, nas mais diversificadas formas, cores e tamanhos, provam que habitou este planeta não apenas um animal faminto e sedento, mas um animal caprichoso, ocupado em se livrar do peso da vida, sim, mas também, e principalmente, preocupado em se deleitar com ela, gozá-la, fazer uso do fruto da natureza.

Por isso, concordo com Arendt: o trabalho do *homo faber*, gerador de frutos que não se extinguem com o consumo, conferiu à existência maior durabilidade. Interessante observar que foi o *homo faber* o responsável por trazer ao mundo o que poderia ser considerado supérfluo à vida. Ao produzir o útil, o homem inventou também o fútil. Entendo tal futilidade, porém, não no sentido pejorativo que o termo adquiriu ao longo do tempo: o fútil, aqui, representa tudo aquilo que não é imediatamente útil, ou seja, que não é estritamente necessário à satisfação das necessidades biológicas mais urgentes. A futilidade é um produto tipicamente humano, e extremamente especial, na medida em que nos diferencia e nos livra, temporariamente, da exaustão da vida animal.

Vale ressaltar que, para Arendt, a condição humana do trabalho está diretamente ligada ao sentimento de pertença ao mundo, uma vez que o *trabalho* (e não o *labor*) é capaz de produzir objetos que não serão consumidos instantaneamente, mas utilizados ao longo da vida e, talvez, por muitas e muitas gerações.

2.9 - As atividades da esfera pública e da esfera privada

O mais importante a ressaltar na análise de Arendt é que ela situa as atividades do labor e do trabalho na esfera da vida

privada: são atividades exercidas pelo *homem singular* para resolver as dificuldades ocorridas durante sua lida doméstica com
a natureza (grifo meu) — distintas, portanto, da ação, que é a
atividade do homem plural, exercida para dirimir os conflitos
surgidos do enfrentamento de homens com outros homens. Por
isso, se diz que a ação encerra a pluralidade.

No labor e no trabalho, temos o homem em luta com a
natureza. Na ação, o que existe é uma sociedade em combate,
homens em confrontos com seus pares. A ação é o instrumento de resolução social, necessária para decidir a vida da sociedade, enquanto o trabalho e o labor são instrumentos para
solucionar o problema particular do indivíduo com a natureza
— uma diferença fundamental para toda a reflexão de Arendt
sobre o espaço público e o privado. Ela acusa a modernidade — principalmente a economia industrial — de haver eclip-
sado a atividade do *homo faber*. Isso, porque, ao dar ênfase
aos interesses da vida privada e imprimir um ritmo acelerado
à produção de bens para consumo imediato, a modernidade
acabou por priorizar o trabalho automatizado do *animal laborans*. Elevou, assim, o *status quo* do "animal" à condição de
operário (e não mais de escravo, como era na antiguidade), em
prol da produção maciça de objetos de consumo destinados à
efemeridade.

Quanto maior e mais desenfreado o consumo da sociedade, tanto maior o lucro dos donos da produção. A sociedade
industrial, erigida pelas mãos incansáveis do *animal laborans*,
tornou a vida um paraíso de irrelevâncias, e remeteu ao ocaso o
homo faber e todo o seu potencial criador, fixador da existência
do homem no mundo.

Evidentemente, essa substituição do *homo faber* pelo
animal laborans, provocada pelo advento da industrialização,
trouxe consequências para a vida social. Uma delas, sob meu
ponto de vista, foi explorada por Giddens sem que ele mesmo
tivesse se dado conta de seu diálogo com Arendt. Trata-se daquilo que ele denominou "desencaixe", ou seja, o sentimento
que o homem pós-moderno possui de não mais pertencer a um

espaço e tempo definidos, perdendo suas referências objetivas no ritmo alucinado do dia a dia.[23]

A sensação de "desencaixe" a que Giddens se refere talvez seja consequência da substituição assinalada por Arendt, na qual a atividade de criar o mundo, executada pelo *homo faber*, perde espaço e glória para a atividade do labor. Isso, se considerarmos que a análise de Arendt faz realmente sentido, ou seja, que é o trabalho do *homo faber* e não o do *animal laborans* o grande responsável pelo sentimento de pertença ao mundo.

Arendt diz que o tormento do *homo faber* não é a escassez dos recursos, seu grande sonho não é a abundância. A necessidade de acumular e o medo de perder são típicos do *animal laborans* — pois somente um mundo farto, pródigo, exuberante em recursos naturais poderia aliviar seu esforço incessante de procurar meios para sobreviver. O que assola o *homo faber*, coisificador do próprio mundo, é a necessidade de produzir objetos que durem o tempo da existência humana.

2.10 - A vida de trabalho na economia capitalista

Dentro do modo de produção industrial capitalista — que entope o mercado de objetos efêmeros e bens de consumo e se preocupa com a acumulação — o trabalho é, na verdade, o trabalho realizado pelo *animal laborans*. Ainda conforme Arendt, o artesão, artífice do mundo, foi engolido há muito pelas linhas de montagem das fábricas. Sob essa ótica, a atividade do *animal laborans*, antes personificado na mão de obra escrava, é mais interessante para a sociedade industrial e de consumo, o que explica a sua relevância na modernidade e durante todo o período subsequente à Revolução Industrial.

O espaço público, por sua vez, explica Arendt, também foi tomado pelas preocupações do *animal laborans*, que são a

---

23 GIDDENS, Anthony. *As Consequências da Modernidade*. São Paulo: Editora UNESP, 1991.

escassez, a busca pela abundância, a necessidade de consumir o maior número de coisas possível no menor lapso de tempo, visto que da vertiginosa produção de efemeridades do *animal laborans* vem o lucro; com ele, a acumulação; e com a acumulação, o poder ou a vitória do homem sobre a natureza. A riqueza, nesse caso, funciona como uma grande arma contra a miséria e a privação que ameaçam a existência, e tudo isso é terrível para Arendt: o comportamento humano passa a ser conduzido pelas necessidades, o que significa eleger a labuta como condição primordial da vida em sociedade.

O problema é que, segundo Arendt, tanto o labor quanto o trabalho são incapazes de promover a sociabilidade; só a vida política, o confronto do homem plural na *polis,* permite o debate e o diálogo, elementos necessários para se chegar ao consenso de uma vida harmoniosa em sociedade. Somente a ação do homem *político* promove a troca de subjetividades, e pode produzir o tipo mais fundamental de enriquecimento: o enriquecimento interior. Essas atividades, e não as executadas pelo *animal laborans* e pelo *homo faber*, é que são essenciais para favorecer a verdadeira sociabilidade e a real humanização do ser.

Porém, em vez de seres políticos, plurais, que usam o diálogo e discutem para chegar a um melhor acordo sobre a convivência no mundo, a modernidade criou e colocou para reger a vida pública uma multidão de produtores e consumidores. O espaço público tornou-se, para Arendt, apenas o centro administrativo desse grande mercado mundial, onde a gestão pública se resume a funções de gerenciamento das atividades econômicas dos *animais laborans*. A supressão da vida política e do espaço destinado aos debates acarreta, por sua vez, o fim da liberdade de expressão, a redução do papel do Estado e a transformação dos homens em células automatizadas. Um dos reflexos mais maléficos da ausência de vida política foram os regimes totalitários no século XX.

Na visão de Arendt, uma sociedade que coloca em evidência os interesses da vida de trabalho e de labor, próprias do animal humano doméstico, em detrimento dos interesses do homem público, é uma sociedade perniciosa. Na esfera da vida privada (do labor), o que predomina são os interesses econômicos, enquanto na vida pública os homens se reúnem para compartilhar seus valores: aí reside a grande diferença entre o público e o privado. O que rege a esfera privada são os interesses, mas o que deve comandar o espaço público são os valores; o homem político é o homem imbuído de valores, o homem moral.

2.11 - Vida política: moral e interesses

Os interesses da vida privada, segundo Arendt, não podem dominar a esfera pública, com o risco de contaminá-la. O espaço público deve pertencer ao homem de ação, àquele guiado por seus valores, que são valores de juízo ou valores morais, o que acham bom ou ruim, certo ou errado.

Nesse espaço público constituído apenas por homens de ação, homens movidos por suas inclinações "espirituais", racionais, metafísicas e morais, e não por seus desejos de ordem material, acontece o debate entre subjetividades, o confronto de julgamentos, a troca de ideias sobre o que é melhor para o mundo. Pressupõe-se que as discussões, inevitavelmente, culminarão no consenso, num direcionamento moral — e não econômico — da vida social. O espaço público, portanto, é o lugar da própria atualização da vida, da renovação constante dos valores, da continuidade da subjetividade, da recriação mental do mundo.

A atividade exercida no espaço público pelos homens de ação é a tinta da História. A ascensão do *animal laborans* ao espaço público, portanto, macula uma esfera que deveria ser reservada à ação de homens plurais, regidos por interesses mais universais, mais transcendentes e menos tacanhos que os do *animal laborans* — esse é o principal argumento de Arendt contra a modernidade, que projetou o labor como a atividade mais proeminente da existência humana.

A modernidade desmanchou esse espaço idílico, eliminou o abismo que existia entre a esfera doméstica (econômica) e a esfera pública (política), entre o homem singular e o plural, homogeneizou o que deveria ser diferenciado. Fez o que Baumann traduziu como a liquidificação da condição humana; transformou a esfera pública num mercado central, regido por leis, medidas e decisões que visam, não ao aprimoramento da condição humana, mas à regulação entre demanda e oferta de produtos, enfim, à normatização da vida dentro do próprio mercado. Produtora da sociedade de consumo, a modernidade comete muitos equívocos também em relação ao tratamento que concede ao *homo faber* e ao *animal laborans*. Para Hannah Arendt, são igualmente nefastas as tentativas de livrar o homem de todo esforço, de todo labor:

> A condição humana é tal que a dor e o esforço não são meros sintomas que podem ser eliminados sem que se mude a própria vida; antes, são modos pelos quais a própria vida, juntamente com a necessidade à qual está vinculada, se faz sentir. Para os mortais, a "boa vida dos deuses" seria uma vida sem vida.[24]

Da mesma forma que eliminar a fadiga do *animal laborans* corrompe a condição humana, aposentar o *homo faber* gera desconforto existencial, pois é ele quem objetiva o mundo, fornece ao mundo referências concretas e espaciais e almeja a permanência. O peso de sua vida não é proveniente da natureza exigente, insaciável e insatisfeita de seu corpo. A "pedra" que o *homo faber* carrega, e da qual tenta se livrar, não é a mesma de Sísifo: seu fardo é o tempo, e seu trabalho consiste em reparar ou mesmo evitar os estragos que este pode ocasionar às suas obras e à sua própria vida.

Enquanto o *labor* é a atividade que obriga o homem a lutar contra seu espaço, contra as intempéries da natureza, para preservar a vida do corpo, o *trabalho* é o esforço humano em-

---

24 ARENDT, H. *Op. Cit.*, p. 132.

preendido para perpetuar o tempo, este inimigo invisível e intangível que a tudo consome. Arendt enfatiza, mais uma vez, o risco que corremos numa sociedade dominada pela mentalidade do *animal laborans*:

> Um dos óbvios sinais do perigo de que talvez estejamos a ponto de realizar o ideal do *animal laborans* é a medida em que toda a nossa economia já se tornou uma economia de desperdício, na qual todas as coisas devem ser devoradas e abandonadas quase tão rapidamente quanto surgem no mundo, a fim de que o processo não chegue a um fim repentino e catastrófico.[25]

Quanto ao equívoco cometido pela sociedade ao desprezar o *homo faber*, a autora adverte:

> O mundo, o lar feito pelo homem, construído na terra e fabricado com o material que a natureza terrena coloca à disposição de mãos humanas, consiste não de coisas que são consumidas, mas de coisas que são usadas. Se a natureza e a terra constituem, de modo geral, a condição da vida humana, então o mundo e as coisas do mundo constituem a condição na qual esta vida especificamente humana pode sentir-se à vontade na Terra.[26]

E assim continua sua defesa do *homo faber*:

> Essa mesma natureza, aos olhos do *homo faber*, construtor do mundo, "fornece apenas os materiais que, em si, são destituídos de valor", pois todo o seu valor reside no trabalho que é realizado sobre eles. Sem tomar as coisas das mãos da natureza e consumi-las, e sem se defender contra os processos

---

25 Idem, p. 147.
26 Idem.

naturais de crescimento e declínio, o *animal laborans* jamais poderia sobreviver. Mas, sem se sentir à vontade em meio a coisas cuja durabilidade as torna adequadas ao uso, e à construção de um mundo do qual a própria permanência está em contraste direto com a vida, essa vida jamais seria humana.[27]

2.12 - Os ideais liberais

O problema aqui não é considerar a atividade do *homo faber* mais importante que a do *animal laborans*, visto que a condição humana implica sua fusão e seu exercício concomitante. O perigo está, segundo Arendt, em construir uma sociedade que supervaloriza os ideais e angústias embutidos na atividade do *animal laborans*. A filósofa afirma que o papel do *animal laborans* foi tão exacerbado na modernidade que chegou-se ao ponto de as preocupações em torno de suas atividades invadirem todas as esferas da vida, fosse para aliviar seu penoso esforço, fosse para extrair dele mais riquezas. É contra o risco dessa estruturação social que ela nos alerta:

> Quanto mais fácil se tornar a vida numa sociedade de consumidores ou de operários, mais difícil será preservar a consciência da necessidade que a impele, mesmo quando a dor e o esforço — manifestações externas da necessidade — são quase imperceptíveis. O perigo é que tal sociedade, deslumbrada ante a abundância de sua crescente fertilidade e presa ao suave funcionamento de um processo interminável, já não seria capaz de reconhecer a própria futilidade — a futilidade de uma vida que "não se fixa nem se realiza em coisa alguma que seja permanente, que continue a existir após terminado o labor".[28]

---

27 Ibidem.
28 *Op. Cit.*, p. 148.

Vemos aqui uma Arendt desejosa de que cada atividade humana se manifeste livremente, com "as dores e as delícias de serem o que são"[29] em suas esferas específicas: que cada qual ocupe o lugar mais adequado, dentro do corpo da sociedade, para que a vida política possa florescer nos moldes da democracia da Grécia antiga. Se tanto o trabalho quanto o labor são atividades nascidas e executadas para satisfazer as necessidades domésticas e econômicas do animal biológico, então, que permaneçam na privacidade, que a sociedade permita ao homem plural, movido por seus valores, manifestar-se livremente com seus pares no espaço feito para ele, que é o espaço público, onde prevalecem os interesses de caráter geral. Uma sociedade ideal é aquela em que a importância e o lugar das três principais atividades da vida humana estão adequadamente definidos.

Ao tomar como referência o mundo helênico, Arendt enxerga na vida política do cidadão da pólis a plenitude da condição humana. Vê no *homo faber* um prolongamento do *animal laborans*, de forma que os dois deveriam trabalhar juntos, na mesma esfera da vida, que é a esfera privada, doméstica. O aniquilamento de qualquer uma das atividades é desconfortável para a existência humana, mas fazer com que o *animal laborans* ocupe o espaço público — especialmente destinado a ação humana do homem político, e não do homem-indivíduo, ocupado apenas com sua sobrevivência — traz consequências ainda mais funestas para a humanidade. O extermínio da principal atividade da *vida ativa,* que é a ação, representa a própria morte da condição humana, e contra ela é que Arendt se insurge.

Retornaremos à importância da dimensão da ação e do homem político mais adiante. Neste primeiro capítulo interessa-nos, porém, ressaltar a distinção entre labor e trabalho feita por Arendt para compreendermos a evolução do sistema capitalista, que nasceu pesado e volumoso em sua fase industrial, mas que hoje, por conta da exploração do chamado capital intelectual e da produção de informação para tecnologia, se apresenta

---

29 Ref. Caetano Veloso, "Dom de iludir". Álbum "Totalmente demais", 1986.

etéreo, quase intangível. Talvez nem a própria Arendt tenha se dado conta de quão corpórea é a atividade humana do labor e quão abstrata é a atividade do trabalho do *homo faber*. Talvez, por ser a natureza da atividade de *homo faber* ainda mais sutil do que supunha Arendt, ele seja hoje capaz de empreender outro tipo de trabalho, juntamente com o trabalho de suas mãos; e sua função, antes restrita à fabricação de objetos e de referências concretas, resplandece no alvorecer do século XXI com a inusitada força de subjetivar o mundo, em vez de apenas objetivá-lo.

2.13 - Do trabalho corpóreo ao abstrato: luzes de Marx

Karl Marx foi capaz de perceber a natureza abstrata do trabalho no capitalismo, quando quem movimentava as caldeiras da indústria ainda era o *animal laborans*. O capitalismo foi o primeiro modo de produção econômica a atribuir um valor para o trabalho, e este valor, segundo Marx, não é uma avaliação contábil do esforço do trabalhador nem está inscrito no ato de laborar: ele vem embutido nos produtos que o *animal laborans* fabrica, não no momento da execução do trabalho, mas na hora em que eles são trocados por outros equivalentes.[30]

O valor do trabalho não está no homem, mas em sua obra. Porém, este valor só é revelado quando o fruto do trabalho é transformado em mercadoria. Fabricasse o homem objetos apenas para uso próprio, ou para uso de seus próximos, e provavelmente o valor de seu trabalho se extinguiria juntamente com os objetos. O valor do trabalho humano, nesse caso, valeria enquanto durasse a vida útil de sua obra. Mas, ao fabricar objetos de troca (mercadorias), dentro do modo de produção específico que é o capitalismo, o valor do trabalho humano não termina com o uso dos produtos. Ao contrário, perpetua-se e sobrevive após o fim dessas mercadorias, ou seja, mesmo que elas tenham

---

30 MARX, K. *O Capital - Crítica da Economia Política, Livro Primeiro: O Processo de Produção do Capital* (1867). Rio de Janeiro: Civilização Brasileira, 2008.

se desgastado, sido descartadas ou totalmente consumidas. Aí reside o "feitiço" da mercadoria que Marx tanto salientou.

Depois que sai das mãos do operário e cai nas mãos dos outros (do mercado), a obra ou produto do trabalho possui dois valores: um de uso e outro de troca. Graças a esse duplo valor é que o capital pode se reproduzir. E sendo os dois valores da mercadoria extraídos da força de trabalho, o operário (ou *animal laborans*, segundo Arendt) também possui dois valores — para ser mais exata, usando a terminologia de Marx, da sua força de trabalho podem ser extraídas "duas valias", sendo a primeira a mais-valia absoluta, que se obtém com o prolongamento da jornada de trabalho. O capitalista, dono dos instrumentos e dos meios de produção, compra a força de trabalho do operário por uma quantia x e o coloca para trabalhar pelo período de tempo necessário para a fabricação de muitas mercadorias. Uma pequena parte do dinheiro arrecadado com a venda das mercadorias é suficiente para cobrir todos os gastos com máquinas, equipamentos, manutenção da indústria e pagamento de salários aos empregados. Para obter a mais-valia absoluta é preciso fazer com que o empregado trabalhe o maior espaço de tempo possível para fabricar o maior número de mercadorias. Quanto mais trabalha, mais fabrica, uma simples regra de três.

A apropriação da mais-valia relativa, em compensação, resulta de uma estratégia mais sutil: o tempo de trabalho e o salário do empregado permanecem inalterados, mas novas tecnologias são implementadas, fazendo com que ele produza o dobro de mercadorias no menor espaço de tempo. Esse mecanismo ocorre de tal forma que a venda de apenas algumas mercadorias é suficiente para pagar tudo o que foi investido na fabricação delas, inclusive o trabalho do operário. Tudo o mais que vier, é lucro: "À mais-valia, ou seja, àquela parte do valor total da mercadoria em que se incorpora o sobretrabalho, ou trabalho não remunerado, eu chamo lucro".[31]

O valor de troca é algo também abstrato, pois permite

---

31 MARX, Karl. *O Capital* (1867). In: *Manuscritos Econômico-Filosóficos e Outros Textos Escolhidos*. São Paulo: Abril Cultural, 1985.

que objetos diferentes sejam trocados entre si pelo mesmo valor. O que cria a mais-valia relativa, para Marx, é o trabalho executado para produzir mercadorias, objetos que ultrapassam a simples necessidade de uso. A mais-valia relativa está inserida não no objeto de uso produzido pelo trabalhador, mas nos objetos de troca: é a força de trabalho que o operário despende para fabricar uma quantidade de objetos que, quando vendidos no mercado, cobrem seu salário, as despesas do capitalista e ainda produzem lucro, uma sobra de caixa, ou seja, os "filhotes" do capital inicial.

Desse lucro, virão mais investimentos, mais produção, mais capitalismo. A "mais-valia" é, em suma, o fruto monetário de dois trabalhos simultâneos: um, que o operário realiza para si, na confecção do objeto em si; e o outro, que é executado para a reprodução do capital. Esse trabalho *a mais*, que não está incorporado ao objeto concreto destinado apenas ao uso, é o que Marx denominou "trabalho abstrato". Ele não se revela no ato da execução das tarefas, mas na obra do empregado; mesmo assim, somente quando o produto sai de suas mãos e é jogado nas mãos do mercado.

As mercadorias, frutos do trabalho no capitalismo, têm por este motivo um caráter "misterioso".[32] De certa forma, elas são a expressão material, o meio físico em que se encontram inscritos o processo, o tempo, a energia e as relações de trabalho estabelecidas entre executantes e mandantes, entre operários e proprietários.

As mercadorias são reveladoras. Funcionam como uma lente através da qual Karl Marx pôde enxergar toda a lógica do sistema capitalista. Para compreender o "espírito" do capitalismo, Marx precisou decifrar a mercadoria, ler nas entrelinhas a dinâmica do mercado; no corpo dos produtos de troca, foi capaz de ver a "alma" do trabalho, algo abstrato, como toda alma:

O corpo da mercadoria que serve de equivalente (*para*

---

32 MARX, K. *O Capital - Crítica da Economia Política, Op. Cit.*, p. 93.

troca, grifo meu) passa sempre por encarnação de trabalho humano abstrato e é sempre o produto de um determinado trabalho útil, concreto. Esse trabalho concreto torna-se, portanto, expressão de trabalho humano abstrato.[33]

O "mistério" da mercadoria existe na medida em que ela esconde os aspectos sociais do trabalho, "apresentando-os como características materiais e propriedades aos produtos do trabalho: por ocultar, portanto, a relação social entre os trabalhos individuais dos produtores e o trabalho total, ao refleti-la como relação social existente, à margem deles, entre os produtos de seu próprio trabalho".[34]

O que mais interessa à produção capitalista é sua alma, ou seja, o trabalho abstrato, pois somente este é capaz de criar uma produção excedente de objetos de troca e a "mais-valia" necessária à reprodução do capital.

Para Marx, o trabalho cria valores, mas não é um valor. É o excedente, o *quantum* a mais de trabalho, que permitirá a acumulação e a reprodução do capital. A sobra do caixa, o famoso "lucro", será investido para alimentar mais indústrias, comprar mais mão de obra, produzir mais mercadorias, e assim garantir mais lucro. Portanto, o trabalho abstrato é esse *quantum*, a mola do sistema de produção, a terra fértil, o útero onde o capital se multiplica. A fonte da riqueza capitalista está no trabalho abstrato.

Vale ressaltar, porém, que somente dentro do modo de produção capitalista esse *quantum* cria um valor diferente, pois o que vale nesse sistema não é tanto o valor de uso de um objeto, mas seu poder de troca no mercado. A mercadoria é apenas a materialização do *quantum* e, segundo Marx, a evidência de que ele existe e de que é explorado. Ao pensamento marxista talvez não interessasse muito definir quem afinal estava na linha de produção, se o *animal laborans* ou se o *homo faber*, pois, de

---

33 Idem, p. 80.
34 Idem, p. 94.

qualquer forma, importa ao sistema apenas o que se pode extrair da força de trabalho de modo geral.

Fora do capitalismo, o labor seria simplesmente labuta — atividade necessária para a fabricação de objetos cujo valor estaria restrito ao uso. É no capitalismo que o esforço do trabalho se transforma em lucro, e os objetos de uso adquirem outra função.

O fato é que todo processo de produção de mercadorias tem um componente intangível, que torna difícil sua mensuração: o trabalho abstrato, que ultrapassa o esforço meramente físico do trabalhador e transpõe também a relação individual entre autor e obra, entre o fabricante e suas ferramentas. Ao cair no mercado, o fruto do trabalho abstrato individual se socializa, é dividido, de uma forma ou de outra. Ao ser socializado, mesmo que num mercado de capitais, o trabalho deixa de pertencer à esfera do particular. Abandona, assim, a prerrogativa de ser um embate do homem com suas necessidades naturais.

A fabricação de mercadorias representa também, neste sentido, o ingresso do *animal laborans* no espaço público. A principal diferença entre o *animal laborans,* enquanto provedor de necessidades na esfera de sua vida privada, e o *animal laborans*, enquanto produtor do mercado (ou seja, da esfera social pública), consiste na execução do trabalho abstrato e, portanto, na criação da mais-valia. Portanto, a passagem de *provedor da esfera privada* para *produtor de um espaço público,* impulsionada pelo modo de produção capitalista, promoveu o *animal laborans* à condição de também "criador" da esfera pública.

Concluindo: o que permitiu ao *animal laborans* ultrapassar a linha da economia privada para participar do espaço público foi a exploração ou a potencialização pelo sistema capitalista daquele *quantum* "mágico", o trabalho abstrato. O trabalho abstrato, que obriga o homem a criar para si e para o outro, torna-se na história das civilizações ocidentais um elemento socializante das atividades ligadas ao labor, mas apenas dentro do modo de produção capitalista.

Neste contexto, o trabalho abstrato, ao ser explorado por esse sistema específico, promove uma *ressignificação* do *animal laborans*, projetando-o para dentro da perspectiva do homem plural, não mais do homem solitário. E isso não ocorreu devido a um acesso de bondade ou crise de compaixão dos capitalistas, mas somente porque, dentro desse modo específico de produção, o trabalho abstrato cria valor, produz lucros.

Ora, se o *animal laborans* ocupou a esfera da vida pública no sistema capitalista, conforme afirmou Arendt, e se esse sistema decidiu colocá-lo para trabalhar para si e para os outros, é porque descobriu nisso uma forma de auferir lucros. O capitalismo se apropriou do trabalho oculto (abstrato), o domesticou, incorporou-o ao seu modo de produção e dele tirou proveito.

Bottomore assim define o trabalho abstrato em Marx: "O dispêndio do trabalho humano considerado sob esse aspecto cria valor e é chamado de 'trabalho abstrato'. O trabalho concreto e o trabalho abstrato não são atividades diferentes, mas sim a mesma atividade considerada em seus aspectos diferentes".[35]

2.14 – O conhecimento como mercadoria e a metamorfose do sistema

Tendo em vista a introdução da tecnologia de informação no mundo atual, o que terá acontecido ao antigo operário, à exploração do trabalho abstrato? Hoje, a riqueza já não é produzida pelo esforço físico, mas pela tecnologia, ciência. O trabalho consiste no intercâmbio, na comunicação de saberes.

Thereza Antunes analisa a sociedade com base no conhecimento e retoma os estudos de Crawford, que agrupou as características de quatro sociedades consideradas as principais

---

35 BOTTOMORE, Tom. *Dicionário do Pensamento Marxista*. Rio de Janeiro: Jorge Zahar, 2001, p. 383.

da história das civilizações: a Sociedade Primitiva, a Sociedade Agrícola, a Sociedade Industrial, e a de nosso tempo, a chamada Sociedade do Conhecimento.[36]

A modernidade trouxe o fim do predomínio da economia agrícola, marcada pela exploração da terra com principal fonte de sustento e riquezas. Uma nova etapa, que teve seu início com a Revolução Industrial, introduziu o capitalismo como forma econômica de extrair riquezas do trabalho dos homens, dos recursos naturais e do funcionamento das máquinas. Com o tempo, no decorrer dos séculos XIX e XX, o desenvolvimento do processo capitalista de geração de riquezas, e a consequente acumulação do capital financeiro propiciada pelos lucros, possibilitou investimentos maiores em tecnologia. O resultado foi o aumento de produtividade do empregado, nos moldes da Administração Científica de Taylor,[37] que inspirou a maior divisão do trabalho fragmentando o processo produtivo por tarefas. Esta foi a fase pesada e corpórea do capitalismo. O empregado, que antes não precisava de qualificação, pois "seu trabalho era desenvolvido com base na habilidade que possuía nas mãos, passou a tê-la (...)".[38]

Segundo Antunes, a melhoria exigida para a realização do trabalho "aumentou a expectativa de vida útil do trabalhador".[39] Este se viu livre para adquirir mais conhecimentos, e assim aprimorar seu grau de qualificação dentro da empresa. Desde então, surgiu uma nova classe de trabalhadores, "aqueles que aplicam o conhecimento adquirido e não mais apenas sua força de trabalho".[40]

---

36 ANTUNES, Maria Thereza Pompa. *Capital Intelectual*. São Paulo: Editora Atlas, 2000, p. 30.
37 Cf. ANTUNES, T. *Op. Cit.*, p. 28: Frederick Taylor utilizou-se do método científico para verificar a melhor maneira de executar uma tarefa; aumentando a produtividade de seus operários, estava ampliando seus conhecimentos e transmitindo-os a seus operários, por meio de procedimentos averiguados a serem seguidos. Estes foram aplicados na produção em busca da eficiência.
38 Idem, p. 32.
39 Idem.
40 Ibidem.

A organização do capital também sofreu alterações sob a perspectiva do capitalista, que, além de proprietário do capital material (máquinas, bens duráveis, instalações físicas) se tornou também detentor de capitais imateriais (softwares, marcas, patentes etc.) e de tudo aquilo que um empregado qualificado poderia criar. Essas mudanças marcam a passagem da economia industrial, ou da fase pesada e corpórea do capitalismo, para a sociedade do conhecimento ou do capitalismo leve e incorpóreo.

O conhecimento passa a ter outra conotação: é utilizado como base para o desenvolvimento de novas habilidades, sem as quais passa a ser improdutivo. As empresas percebem que podem se manter eficientes com menos recursos físicos e mão de obra especializada. Entram em cena atributos como a criatividade, a versatilidade e a capacidade de pensar, mas não apenas racionalmente.

A proliferação de centros de ensino possibilitou o trabalho interdisciplinar, organizando e direcionando o conhecimento e sua busca em torno de áreas de aplicação. De um fim em si mesmo, o conhecimento passa a ser um recurso, ou um meio para obtenção de um objetivo.

Conforme Peter Drucker, em seu livro *A Sociedade Pós-Capitalista* (1993), "hoje o recurso realmente controlador, o fator de produção absolutamente decisivo, não é o capital, a terra ou a mão de obra. É o conhecimento. Ao invés de capitalistas e proletariados, as classes da sociedade pós-capitalista são os trabalhadores do conhecimento e os trabalhadores em serviços".[41]

Na atualidade, a reprodução do capital não está mais baseada na troca de mercadorias, enquanto objetos concretos. Tudo acontece num ambiente abstrato. Em vez de revelar o caráter abstrato do trabalho, a mercadoria se tornou ela mesma abstrata; não esconde mais a relação entre trabalho e tempo de execução, ela é a própria relação. O capital financeiro e as bolsas de valores são os melhores exemplos da

---

41 Ibidem.

abstração da mercadoria e do trabalho. O valor da mercadoria mais preciosa, o intelecto, tornou-se imensurável. Até o dinheiro comercializado em transações financeiras deixou de ser palpável: nesse caso, o valor das mercadorias — informação e conhecimento — não é medido, mas inventado a toda hora.

A mais-valia não é mais resultado da aplicação de uma fórmula que considera tempo de trabalho e esforço produtivo. Aqui o processo de trabalho, aliás, dispensa o tempo e o espaço, e muitas vezes até recursos materiais para ser executado. O processo de trabalho não está mais encerrado e oculto nas mercadorias. Ele está visível, aberto à nossa investigação, pois é empreendido na interação (ação entre homens) e depende da intensificação desta.

O produto que atualmente é comercializado no mercado, e que se tornou a célula reprodutora da riqueza, não é mais fruto do esforço solitário do *animal laborans* com suas ferramentas; não é apenas esforço, força de trabalho, mas uma espécie de DNA do sistema, uma vez que engloba todas as informações do processo produtivo. O conhecimento é ao mesmo tempo recurso, fonte, matéria-prima, trabalho abstrato, ferramenta e produto. Maria Thereza Antunes assim define as especificidades do conhecimento:

> (...) a capacidade de adquirir e desenvolver o recurso do Conhecimento é inerente ao ser humano, e isto diferencia o recurso do conhecimento dos demais recursos, nos seguintes aspectos:
> — é um recurso ilimitado;
> — está contribuindo para minimizar o consumo de outros recursos;
> — é propagável e utilizado para gerar progresso e materializado sob a forma de produto, serviço ou tecnologia;
> — está distribuído pelo mundo, descentralizando a riqueza, pois estará em mãos daqueles que souberem como criar, mobilizar, e organizar o conhecimento, diferentemente da

época industrial, quando a riqueza pertencia a quem detivesse, regionalmente, os recursos naturais e o capital.[42]

O principal desafio numa sociedade formada por operários do conhecimento é atribuir um valor a esse estranho objeto. "Se à terra, ao capital e ao trabalho é possível determinar um valor, com relação ao conhecimento, devidamente já classificado como um recurso econômico (...) torna-se um verdadeiro desafio técnico e científico, dadas suas características mormente subjetivas. O conhecimento agrega valor. Como mensurar este valor?",[43] pergunta Antunes.

2.15 - A caminho de uma nova realidade

Quem é, portanto, esse novo homem que movimenta a máquina capitalista? Um novo *homo faber*, uma vez que, de acordo com as definições de Arendt, seu produto é destinado ao uso e não ao consumo? Quem é o operário do conhecimento? Uma metamorfose do *animal laborans*? Quais as mudanças ocorridas ao sistema, depois que o capitalismo resolveu explorar o capital intelectual?

Conforme vimos acima, mais do que uma apropriação da força bruta de trabalho, a extração da mais-valia relativa é, na verdade, uma apropriação do tempo do trabalhador, uma corrida para transformar seu tempo em mercadorias, em produtos. Vencer essa corrida só foi possível graças à aplicação da tecnologia ao processo produtivo, que possibilitou ao operário trabalhar menos tempo e produzir muito mais.

O sucesso dessa apropriação resultou na fase de produção capitalista ocorrida no início do século XX, conhecida também por fase fordista ou taylorista. Foi o período em que houve a maximização da produção com a segmentação e otimização

---

42 ANTUNES, T. *Op. Cit.*, p. 33.
43 Idem.

da divisão do trabalho, que culminou com o abarrotamento do mercado de bens duráveis, pesados e de consumo.

O capitalismo industrial se sustenta na reprodução do capital material, que produz mercadorias cujo valor reflete a quantidade de trabalho abstrato. O valor, que é o valor de troca, é medido pela equivalência entre os valores de uso dos objetos.

No período que sucedeu ao fordismo, já na segunda metade do século XX, o mercado de bens estava consolidado. Era preciso encontrar não mais trabalhadores, operários, mas também consumidores. A estratégia foi transformar os próprios operários em consumidores potenciais. Com isso, melhorou-se muito o salário do trabalhador e o grau de conforto das condições de trabalho. A inserção da mulher nesse mercado foi também fundamental para dar fôlego à economia. Eu mesma analisei esse viés da chamada emancipação feminina, procurando alertar o movimento feminista e as mulheres para os interesses do sistema capitalista sobre a força de trabalho e o poder de consumo feminino.[44]

Aquele modelo de mulher dependente financeira e emocionalmente de pais e maridos não cabia mais nos novos moldes econômicos: o sistema capitalista percebeu a importância da mulher antes que ela mesma o fizesse. Tudo que diz respeito à mulher nos dias modernos tornou-se muito importante, porque lucrativo: seus salários, sua saúde, suas vaidades, seus orgasmos, seus filhos, maridos, amantes, vontades. O lucro vem da extração da alma e corpo femininos, da exploração de seu universo. A economia esbarrou nas saias femininas e deixou que de lá saísse um gênio provedor. Mais do que a galinha dos ovos de ouro, a mulher é para o sistema capitalista aquele rei que transforma em preciosidades tudo que toca. Isso porque, social e biologicamente, somos condicionadas a pensar em nós e nos outros, a fazer para nós e para os outros. O aproveitamento do "trabalho abstrato" feminino já ocorria há milênios e não sabíamos... O fato é que a presença da mulher no mercado de

---

44 AMENO, Agenita. *Crítica à tolice feminina*. Rio de Janeiro: Record, 2001.

trabalho e de consumo turbinou o caixa capitalista, e por isso é preciso compreender a emancipação feminina de forma mais crítica: a liberdade da mulher acarretou lucros absurdos para a economia.

Não incito uma volta à domesticação do gênero, mas pode ser que estejamos diante de novas Amélias.[45] Precisamos apenas estar mais atentas, menos deslumbradas diante de nossas conquistas, avaliarmos se não estamos sendo tão ou mais submissas, servis e exaustas que nossas avós. Teríamos ampliado o diâmetro da nossa antiga esfera de trabalho, colocando o tanque e o fogão nas ruas?

Na presente análise, o essencial é observar que, além da presença feminina no mercado, também a fabricação do conhecimento modificou a paisagem da economia. Com o fim da 2ª Guerra Mundial e início da chamada Guerra Fria, que dividiu o mundo em dois blocos (o socialista e o capitalista), novas técnicas de espionagem foram desenvolvidas, aprimorou-se a tecnologia de segurança e informação. A habilidade mental e a inteligência começaram a ter mais importância que o uso da força física.

As indústrias mais lucrativas do mundo estão associadas à exploração e à aplicação do conhecimento, e também à inserção da mulher no mercado. Podemos citar como exemplos a indústria farmacêutica, a de moda e a de cosméticos. Além dessas, a indústria bélica rendeu mais lucros do que qualquer produção industrial, mesmo porque o esteio para a sua sofisticação dependia da produção de conhecimentos. O processo de produção de conhecimento para informação ganhou mais poder, e a fabricação de armas de guerra ainda hoje absorve os melhores cérebros, sem contar que a indústria química petrolífera, cuja rentabilidade corresponde a um terço da economia mundial, busca mais no capital intelectual do que no petróleo, sua grande matéria-prima. A solução para os problemas mo-

---

45 Uma alusão à música do compositor brasileiro Ataulfo Alves, que, na voz de Mário Lago, se tornou o hino da mulher dedicada ao lar, às tarefas da vida doméstica e ao marido.

dernos relacionados à ecologia, como superaquecimento, falta de combustíveis e toda a questão da sustentabilidade do desenvolvimento humano, virá da energia intelectual, da capacidade de pensar.

2.16 - Capital intelectual: o adubo de uma nova era

É certo que podemos chamar a fase do pós-guerra de período de adubação do capital intelectual. Outro detalhe importante, que evidencia a preponderância do capital intelectual no processo de produção, é a aplicação da inteligência voltada para as necessidades de consumo, não só para criar mais necessidades, mas também para atrair e seduzir consumidores. A mercadoria de maior valor hoje não é mais um objeto concreto, palpável. Um pote de margarina é também um pote de inteligência.

O conhecimento não é usado apenas para a fabricação de produtos, para manipular as pessoas e o mercado. Tudo está se transformando: as relações de trabalho, as mercadorias e o modo de produzi-las. Se Marx se referiu, naquela época, ao fetiche das mercadorias e ao seu poder de ocultar relações de trabalho, imagine o que não diria hoje da mercadoria conhecimento, que não reflete o trabalho abstrato, mas é a própria abstração do trabalho — como se o corpo do trabalho tivesse desencarnado e agora se manifestasse apenas em espírito, como se o fantasma escondido nas mercadorias, o trabalho abstrato, resolvesse se apresentar ao mundo, em plena luz do dia, da forma que realmente é: imaterial, intangível.

A troca no mercado atual não é realizada somente entre objetos concretos: é no mundo imaterial que o capital se reproduz. Vivemos a época das aplicações: de recursos financeiros, de conhecimento. Mais do que vender mercadorias, o mercado vende ilusões, e os sonhos se tornaram mais lucrativos do que a realidade. O capitalismo passou a erguer seu império sobre as areias movediças dos ideais das pessoas, mais especificamente, dos desejos do *animal laborans,* que, conforme Arendt, são a abundância e a prosperidade infinita.

Vale a pena ressaltar que a introdução do conhecimento no processo produtivo e a inserção da mulher no mercado de trabalho e, em consequência, no de consumo, foram essenciais para fazer prosperar a economia e fortalecer o bloco capitalista. Esses dois ingredientes permitiram a expansão capitalista consubstanciada no processo de globalização. Como escrevi em *Crítica à Tolice Feminina* (2001), a primeira providência da globalização, ao atingir nações de costumes que aprisionam a mulher, é procurar libertá-las.

Vejo nesses dois recursos, a exploração do capital intelectual e a libertação feminina, um potencial extremamente revolucionário, capaz de provocar mudanças profundas no próprio sistema que os incorporou. E essas transformações já estão ocorrendo. A verdade é que, na entrada do terceiro milênio, estamos diante de um novo mercado, de um novo mundo. No nosso tempo, não interessam tanto os produtos em si, mas os meios para transportá-los e os locais aonde irão — não um destino físico, mas o mais íntimo das pessoas: estamos transportando e sendo transportados à subjetividade. Basta reconhecer o papel essencial das comunicações, das relações públicas, do marketing, dos consultores, enfim, de uma gama de operários que não suam camisas, nem trabalham outra matéria-prima a não ser a massa cinzenta, os próprios neurônios.

Se antes estávamos, segundo Marx, num mercado que ocultava as relações sociais, hoje estas se transformaram em interações transparentes. São visíveis, acessíveis, quase palpáveis. As relações de trabalho tornaram-se relações sociais. Parece que houve uma inversão das coisas no sistema: o que era abstrato tornou-se concreto, e o que era concreto ficou intangível — o que corrobora ainda mais a minha teoria de que o espaço privado do terceiro milênio procura, por todos os meios, incorporar a dinâmica do espaço público.

Os trabalhadores privados querem ter as prerrogativas dos trabalhadores públicos; a esfera privada deseja ser um lugar de compartilhamento e interação, antes reservado ao espaço público, e é muito bom que isso aconteça, que a esfera da vida econômica comece a requerer a "leveza" da vida pública. Somente dessa forma o *animal laborans* conseguirá suportar o peso de sua vida de necessidades com mais dignidade.

Estou certa de que o intelecto, a capacidade de criar soluções, a capacidade de seduzir, a capacidade de diminuir distâncias e barreiras físicas, a inteligência capaz de se comunicar com outras inteligências, são as principais mercadorias do mundo pós-industrial. A característica mais marcante dessas novas mercadorias — é bom frisar, pois aqui jaz toda a diferença entre o atual sistema e o antigo capitalismo — é que com o uso não se destroem, mas ampliam seu valor, sua dimensão. O conhecimento não é objeto de consumo, mas tão somente de usufruto. E o que define o usufruto é o uso da coisa sem que se altere sua substância ou propriedade.

2.17 - A emergência da sociedade usufrutuarista

Chegamos ao ponto crucial desta análise: a sociedade do conhecimento é essencialmente, inexoravelmente, uma sociedade usufrutuarista. O lucro do novo sistema não está na produção de mercadorias para consumo e uso, mas para usufruto. O capital mais essencial atualmente não se reproduz na comercialização do conhecimento, mas na sua distribuição. O "lucro", o ponto de reprodução do capital, está no usufruto da forças produtivas, no usufruto do produto, das "ferramentas" de trabalho, no usufruto do conhecimento, e não na sua apropriação.

Se até o final do segundo milênio a maioria das civilizações ocidentais optou pela apropriação das coisas do mundo, a sociedade que inaugura o terceiro milênio está escolhendo outra forma que não apropriar: usufruir. Na definição do dicionário Aurélio, usufruir significa: 1) "Ter a posse e o gozo de (algo que não se pode alienar ou destruir); 2) Colher os frutos de; gozar, desfrutar, fruir". Na definição jurídica, fornecida pelo mesmo dicionário, o usufruto é o "direito que se confere a alguém para, por certo tempo, retirar de coisa alheia todos os frutos e utilidades que lhe são próprios, desde que não lhe altere a substância ou o destino". O sistema que emerge da velha ordem capitalista não extingue a propriedade e nem o direito de propriedade, mas transforma radicalmente seu uso. Nesse sentido, socializa o uso, sem necessariamente desapropriar.

E isso não é possível no antigo sistema capitalista, nem no socialista, mas somente no usufrutuarista, o sistema incipiente que vem despontando no século XXI. Portanto, todas as políticas sociais e econômicas que forem adotadas devem contemplar esta nova face. Estão condenadas ao fracasso quaisquer políticas que usem as fórmulas socialistas e liberais clássicas para resolver e apaziguar conflitos sociais e de ordem econômica. A intenção primeira deste ensaio é identificar o novo modelo, para que os gestores e homens públicos saibam operar melhor e com mais eficiência a realidade.

A atividade do labor intelectual detona as relações de trabalho compreendidas até então, e a mais valia relativa. O conceito de força de trabalho também foi modificado, uma vez que a produção do conhecimento esgota o trabalhador apenas momentaneamente. O uso da força de trabalho intelectual mais lubrifica do que corrói a condição humana, sendo esse tipo de atividade, além de tudo, explicitamente coletivo, social, formador de redes, construtivo e articulado. A produção não é mais organizada sobre linhas de montagem, especificidades técnicas, capital material, mas nasce da pluralidade, da interseção de intelectos. A nova produção exige competência, para se tornar cada vez mais complexa.

A relação de trabalho é construída com o hyperlink, um conhecimento que se abre e se incorpora a novos conhecimentos, num túnel infinito de possibilidades.

Outra mudança interessante diz respeito à organização do trabalho. A esfera privada, principalmente a do trabalho, e, de certa forma, até a da família, não é mais organizada pela esfera pública. A tendência é que cada um modele seu próprio horário de trabalho, providencie o local ideal, ajuste melhor suas tarefas, estabeleça acordos com chefias conforme suas próprias necessidades. O novo trabalhador é um homem interligado, mas, ao mesmo tempo, independente de regras gerais. O que está havendo é um movimento no sentido contrário, ou seja, a vida privada está construindo e reorganizando a esfera pública. Isso é salutar, na medida em que muda o ângulo da análise.

O homem das últimas décadas, o trabalhador do conhecimento, não é mais o operário alienado. A injeção do conhecimento e do capital intelectual no processo produtivo criou uma nova sociedade, que, por estar conectada a tudo e possuir o poder de acessar o mundo, é capaz de comparar, avaliar e investigar. O novo trabalhador adquiriu a aptidão para construir seus próprios juízos do mundo, e passou a exigir melhorias em sua vida privada. Esta sociedade se torna a condutora das ações dos poderes constituídos, em vez de se deixar conduzir por estes. O acesso à esfera pública possibilitou aos homens se auto-organizarem e também concedeu instrumentos para arranjar a vida pública.

O principal artifício do homem doméstico para tentar modificar a paisagem de sua vida privada e tornar confortável seu trânsito no espaço público é exigir, tentar impor ao Estado o dever de cumprir sua vontade (a do indivíduo). Se antes o *animal laborans* e o *homo faber* andavam no cabresto do homem público, como queria Arendt, hoje é o homem público que está sob as rédeas deles, e isso ocorre à medida que a esfera privada vai solicitando da pública as condições para melhor se estabelecer. A *vida ativa* tornou-se um espaço da ação, da popularização, das ações populares, da formulação, dos requerimentos para acionar a ação do Estado, para organizar o Estado, para obrigar a administração pública a fornecer serviços que facilitem a existência do privado.

Para ilustrar, posso citar a enorme importância que o Judiciário vem adquirindo como esfera de decisões que só podem ser tomadas diante da provocação das partes. Está aí o grande detalhe que caracteriza uma sociedade usufrutuária: as iniciativas de ação são tomadas de baixo para cima, ou melhor, de dentro para fora, do privado para o público. Não é à toa que o Judiciário é hoje o poder em maior evidência, pois sua ação é completamente condicionada ao interesse das partes em agir. A iniciativa de acesso à Justiça cabe a quem está de fora, à sociedade, ou, no máximo, aos órgãos públicos, que foram criados com o dever expresso de ser a voz social, como é o caso do Ministério Público, por exemplo. Dessa forma, o Judiciário tornou-se, sem perceber, o poder mais consonante com a ordem atual, e por isso mesmo deverá ser o mais cobrado. As cobranças e exigências feitas pela população estão obrigando o Judiciário a se modernizar e desencastelar. Mesmo que a lentidão ainda seja um problema gravíssimo, não podemos negar o visível avanço e esforço de modernização empreendido pelos órgãos da Justiça.

O exemplo do Judiciário serve, aqui, apenas para ilustrar o perfil do homem atual, que é um homem de ações, que inicia milhares de processos, que faz demandas, sondagens e questionamentos sobre o próprio destino. Qualquer dor, desconforto ou dúvida em relação à sua vida são resolvidos através de ajuizamentos de ações, de acionamentos aos prontos-socorros do cidadão, como associações de defesa ao consumidor, delegacias etc. Hoje, demanda-se à Justiça a resolução de problemas que variam de picuinhas domésticas (uma geladeira que não funciona, um mau atendimento, uma comida mal servida, uma estrada esburacada) a problemas de ordem mais transcendental à existência humana, como é o caso do uso ou não de embriões e células-tronco pela ciência.

Mas as exigências, as reclamações, a condição de pedir se tornaram rotina, porque o homem que ocupa todos os espaços é esse novo homem imerso no trabalho de pensar e pesquisar. O mundo político, nesse sentido, não é mais um lugar de manipulação, dos mais espertos, iluminados, dos "sábios", ou do homem de adjetivos que, de alguma forma, tenta aplicar seus preceitos, princípios e expertises à vida privada. Muito pelo contrário, a esfera política do futuro será um local de servidores, prestadores de serviço, de trabalhadores para o capital intelectual. O espaço público será manipulado e conduzido pelos novos operários do saber. Se antes era a elite que dominava a esfera da vida pública, agora, será o novo trabalhador o responsável por transformar em domínio público o mundo ao redor.

Como na antiga Grécia, o espaço público não será mais dirigido por pessoas desconectadas do trabalho, mas sim pelas que estão imersas nele: no novo trabalho, o trabalho de interação promovido pelo capital intelectual. Ao contrário do que Hannah Arendt previu, o espaço público está se tornando um lugar de ação, porque o *animal laborans*, além de ocupá-lo, transformou-se num homem de interação.

Assim como o mercado de consumo se antecipa às necessidades do consumidor e procura conquistá-los, o Estado usufrutuário deverá transformar em ordens os desejos do novo *homo faber* do conhecimento, porque, na medida em que tem acesso às informações e às prerrogativas de vida que antes pertenciam às elites (sejam elas a nobreza, a burguesia, os aristocratas ou os "políticos interesseiros" do sistema capitalista que expira), o novo *homo faber* do conhecimento começa a requerer para si as mesmas delícias antes reservadas aos antigos ocupantes dos espaços públicos.

Um traço marcante da sociedade usufrutuarista é, justamente, o fato de as regalias da vida das elites poderem ser usufruídas por pessoas de condições econômicas não tão privilegiadas. A popularização, ou melhor, a socialização do uso, é sentida, principalmente, quando percebemos essas camadas da população acessarem serviços e lugares antes destinados às elites, e um bom exemplo são as viagens de lazer e os pacotes turísticos acessíveis aos bolsos dos assalariados.

As constantes promoções de agências de turismo têm tornado a vida da classe média, e até da classe média baixa, um paraíso de usufruto das delícias milionárias. Os cruzeiros marítimos, os passeios em iates luxuosos, a hospedagem em hotéis sofisticados (resorts), as excursões ao exterior e muitas outras coisas, que antes eram tidas como programa dos mais abastados, hoje podem ser feitas com facilidade pelas camadas populares. Interessante observar que este tipo de turista não recebe tratamento diferenciado por ser menos favorecido financeiramente. E é isso que vem seduzindo um número maior de frequentadores populares, e, consequentemente, gerando lucros para as todas as empresas envolvidas.

O mercado, e essa é uma virtude pouco percebida, não é movido a preconceitos. Não é reacionário, pelo contrário, está aberto ao gozo de qualquer um que contribua para sua existência e florescimento. Não faz distinção de raça, credo, sexualidade, idade, nada. E, se possível, até se especializa no atendimento às diferenças, mesmo que, para isso, seja preciso criar nichos, "pacotes diferenciados de ofertas para clientes diferenciados". Quem já não ouviu esse mote e já não se sentiu à vontade, justamente por não ser igual aos demais? Só um detalhe: toda essa atenção será oferecida desde que você possa pagar por ela, é claro. Então, existe um grande interesse (monetário) de inclusão social no capitalismo que pensadores da linha marxista ou desprezaram ou criticaram ferozmente.

Esse interesse, sob meu ponto de vista, é mais benéfico do que maléfico. A saída não é reprimir o mercado, mas fortalecer a demanda. O problema é fazer com que bilhões de pessoas façam parte da "carteira de clientes preferenciais" e tenham muito dinheiro no bolso para usufruírem das benesses do mercado, que a produção seja contínua, ininterrupta e ágil, e a demanda capaz de absorver e aprimorar a produção. Não se trata aqui de abarrotar o mercado de produtos supérfluos, e nem de estimular o consumo de banalidades, futilidades e inutilidades. O ideal é calçar o consumidor para que ele tenha sempre um "fundo de reserva" para escolher o que mais lhe agrada e se tornar mais seletivo, um consumidor seletivo com chances de se tornar, ele mesmo, um produtor de riquezas e bens.

Hoje, o que existe é um desvario. Criaram o cartão de crédito, é verdade. Inventaram um exército de consumidores com rendas fictícias (mais uma faceta do capital abstrato). O capitalismo se tornou uma "ilha da fantasia". A classe média passou a viver nas nuvens, num espaço etéreo de investimentos e gastos, usufruindo de uma renda igualmente etérea. Poucos produzem, muitos consomem. E se me perguntarem qual a maior invenção capitalista, direi: o cartão de crédito. Porém, como as lâmpadas de nossa casa, esse invento tem prazo de validade, tempo de duração. Chega o dia em que ninguém tem mais o que gastar e nem como pagar pela vida nas nuvens e é arremessado do céu, como o sapo que voava escondido na viola do urubu. O tiro sai pela culatra. O mercado se retrai, o Estado interfere mais do que devia, atrapalhando mais que ajudando, e a economia vive do efeito sanfona: ora gorda, generosa e próspera; ora magra, tacanha e tímida.

É interessante observar a sede que as pessoas têm de estarem incluídas, de fazerem parte da "carteira de serviços do mercado". No entanto, essa inclusão não se converte em homogeneização, mistura de identidades e nem no desejo de se apropriar de um estilo de vida que não lhes é comum. Os turistas de classe média, por exemplo, realmente gozam por uma semana, quinzena ou mês os prazeres rotineiros dos mais ricos, e esse fato não enseja uma perda de identidade das pessoas dessas classes — o efeito costuma até ser no sentido contrário. É comum ouvir-se, depois de um cruzeiro ou uma viagem à Europa, as pessoas dizerem: "Gostei de tudo, tudo bom, mas nada como minha cama, meu travesseiro e a cervejinha do bar do fulano..." Ou, então: "Valeu a pena a experiência, mas também não era aquela coisa de outro mundo!"

É verdade que sempre existe o deslumbramento inicial. No entanto, à medida que vão vivenciando o passeio, as pessoas começam a formar seus próprios juízos e formular suas críticas. Mesmo quem volta com a intenção de repetir o programa ou fazer outros parecidos (o que quase sempre acontece), a sensação que temos é de que se contentaram apenas com o usufruto de um mundo que não lhes pertence: ainda não encontrei nesses programas alguém que saísse com grande amargura no coração por não ser o dono do iate, por não morar num resort. Ao contrário, quem gosta, volta mais revigorado e disposto a cumprir sua rotina e a continuar usufruindo, sem se preocupar ou pensar em morrer de tanto trabalhar para ser também, um ida quem sabe, o dono daquelas riquezas. A grande maioria retorna de suas excursões com sua identidade mais reforçada, com o amor próprio e o amor à sua condição mais estruturado e até com um sentido mais crítico da vida.

Dificilmente algum turista assalariado volta de uma viagem de avião querendo ser dono da empresa aérea, ou de um cruzeiro, querendo ser o dono do estaleiro, ou de um hotel sofisticado desejando ser James Bond. Se esses desejos existem, eles ficam bem acomodados no plano da fantasia. O direito de usufruir funciona como um passaporte para esse mundo de "sonhos" daqueles que não podem tê-lo em seu cotidiano. Na verdade, na sociedade usufrutuarista, o que importa mesmo é poder aproveitar, gozar, fazer uso. A chance de usufruir funciona como uma ponte entre o homem comum e o mundo da elite. O usufruto é uma oportunidade de penetrar no desconhecido, no alheio, sem invadi-lo, sem destruí-lo, sem dele querer se apropriar. De certa forma, é o que já está acontecendo por aí...

Esse "passeio" ao mundo do outro, na identidade do outro, num estilo de vida que não é o seu, por terras que não são suas, saberes que não são seus, por conhecimentos construídos por outro, permite ao homem reafirmar seus valores, estabelecer seus próprios conceitos, avaliar, para escolher melhor depois.

É preciso que os poderes públicos também estejam atentos a essa nova demanda social. O novo *homo faber* do conhecimento está preparado para o usufruto, contenta-se mais com o gozo do que com a propriedade da coisa. O Estado deve, portanto, ser capaz de tornar suave o caminho que permitirá ao mercado produzir bens de usufruto e facilitar às pessoas o acesso a esses bens, garantir-lhes o direito de usufruir. Para as gerações futuras, importará mais o usufruto do que a posse, o direito de possuir. A própria economia já descobriu isso. É no usufruto que o capital dos tempos atuais se reproduz; o capital intelectual, que é o capital essencial da atualidade, é única e puramente objeto de usufruto.

Assim, os tijolos retirados dos serviços oferecidos pelo Estado, os fornecidos pela esfera pública e facilitados pela iniciativa privada servirão para construir uma sociedade plenamente usufrutuarista. O grito do *animal laborans* metamorfoseado, ou desse *homo faber* do conhecimento, não é mais pela propriedade privada, mas pelo direito de usufruir, tanto a propriedade privada quanto a pública, o que não deixa de ser um grande grito de liberdade, um desejo de trafegar pelas duas esferas sem medo ou peias. Com a intensificação da vida usufrutuarista, a tendência é que os limites entre privado e público se tornem mais abstratos, algo que englobe os dois mundos sem fazer com que eles percam suas peculiaridades e identidades próprias.

O trânsito dos homens na sociedade usufrutuarista será feito num lugar diferente. Não falaremos mais em espaço público, mas em domínio público: um local de pertença do homem de ação. A solicitação do homem será no sentido de poder acessar, de ser usuário, de poder escolher ou não estar no domínio. As pessoas estão inclinadas a preferir a leveza, o gozo. As mulheres passam a requerer mudanças no sistema, nas leis, para tentar aliviar o peso que colocaram nos ombros ao incorporar as funções do *animal laborans*. Por outro lado, com trabalhadores mais exigentes, mais intelectualizados, menos alienados, o serviço público também precisará se atualizar, ou seja, precisará acompanhar o ciclo de vida do *homo faber* do conhecimento. O Estado que ficar à margem dessas transformações estará condenado ao apodrecimento e ao desmoronamento.

Se adotarmos os conceitos de Arendt, compreenderemos que este novo homem, este artesão do conhecimento, é também um homem de ação, tendo em vista que a ação "é a única atividade que se exerce diretamente entre os homens sem a mediação das coisas e da matéria".[46] E o conhecimento é a mais pura ação.

E como fica, na atualidade, a grande função do *homo faber*, que é conferir durabilidade à existência através da fabrica-

---

46 ARENDT, H. *A condição humana. Op. Cit.*, p. 15.

ção de coisas concretas e da construção do mundo material? Ou será que no exercício de sua atividade, que é aprofundar o conhecimento, o novo *homo faber* estará, na verdade, conferindo à existência uma durabilidade muito maior, antes impensável, tão intangível quanto as coisas mais intangíveis? Não acredito que o mundo esteja se dissolvendo; estamos, sim, ingressando num inusitado sistema, que prescinde do esforço e da necessidade de materializar e objetivar o mundo, porque a matéria e o concreto talvez não sejam mais tão necessários para perpetuar a existência e torná-la real.

Afinal, que transformações sofreu o processo de trabalho durante a evolução da economia capitalista, de modo a possibilitar a emergência desse novo homem, dessa nova realidade? Enfim, o que aconteceu ao sistema produtivo quando o pensar virou trabalho e labor ao mesmo tempo? Ainda mais se considerarmos que "a vida humana só conhece uma atividade que, embora relacionada com o mundo exterior de muitas maneiras, não se manifesta nele necessariamente, nem precisa ser ouvida nem vista nem usada nem consumida para ser real: a atividade de pensar".[47]

Embora seja essencial para fabricá-los, o pensar dispensa a fabricação de objetos materiais. Dispensa igualmente o suor do *animal laborans*, a manifestação verbal; e não requer o espaço físico de discussões do homem de ação, embora esteja presente em todas as demais atividades da vida humana. Podemos afirmar que todas as atividades humanas, mesmo o labor, são frutos do pensar. Mesmo o *animal laborans*, por mais instintivo que seja seu trabalho, utiliza-se do pensar. O homem pensa. No entanto, se antes o pensar do operário era livre, um exercício silencioso de dialogar consigo mesmo, agora é dirigido, atrelado aos fins produtivos.

Antes, pensava-se para produzir, hoje, produzimos para pensar. A um sistema que não levar em consideração o lucro que o pensar fornece, desprezando as exigências do novo *homo*

---

47 Idem, p. 106.

faber, está reservada a miséria, porque é do novo *homo faber* que provém a riqueza. É nele, em seu trabalho, que ela se reproduz.

O conhecimento é a mais misteriosa mercadoria que uma economia já ousou produzir. E quanto mais nos esforçarmos para decifrá-la, quanto mais tentarmos dissecá-la para compreender a nova ordem, quanto mais procurarmos conhecê-la, mais misteriosa, mais complexa e mais fugidia ao nosso entendimento ela se tornará. É daí que vem o seu poder, porque aquilo que é facilmente decifrável é também rapidamente dominado e consumido.

Castells analisa o impacto das transformações da sociedade da informação e do conhecimento. Segundo ele, uma nova economia surgiu no final do século XX, a que ele chamou de "informacional, global e em rede". Para ele, não restam dúvidas de que tanto a informação quanto a tecnologia "foram elementos cruciais no crescimento econômico, e a evolução da tecnologia determinou em grande parte a capacidade produtiva da sociedade".[48]

Porém, a partir da década de 1980, o sistema econômico tem invertido a sequência da relação conhecimento/ trabalho/ tecnologia. Ainda conforme Castells, "a emergência de um novo paradigma tecnológico organizado em torno de novas tecnologias da informação (...) possibilita que a própria informação se torne o produto do processo produtivo".[49] O autor declara que as tecnologias da informação são capazes de expandir o mundo em redes, ou seja, o conhecimento, ao invadir "todos os domínios da atividade humana", consegue se autonutrir infinitamente.

Estamos certos de que o operário, dentro dessa sociedade que produz conhecimentos e informação, não é mais um homem que labora, que sua a camisa ou cansa as mãos no fabrico de objetos. Temos agora um homem que é pago para pensar, para consumir seu pensamento. Ao contrário das forças físicas,

---

48 CASTELLS, Manuel. *A Sociedade em Rede: a era da informação – economia, sociedade e cultura*. São Paulo: Paz e Terra, 2008, vol. 1, p. 119.
49 Idem.

que se esgotam com o labor, o pensar não se acaba com o uso e nem com seu exercício, mas multiplica-se, perpetua-se, alimenta-se e é alimentado por mais conhecimentos.

Hoje, não são mais os braços de Sísifo que sustentam o fardo das necessidades, mas a sua cabeça. E isso está revolucionando o sistema. Para entender o que acontece atualmente ao capitalismo, é essencial resgatar a teoria marxista, compreender o sentido do trabalho abstrato e seu real valor. Vamos analisar, sob a ótica Marx, como funcionava o processo produtivo industrial desde o século XIX até metade do século XX, para acompanhar as mudanças que ocorreram já nas últimas décadas.

Afirmo, tendo em vista todos os argumentos de Arendt, que o labor cria trabalho denso para alimentar as densas necessidades humanas. Mas, e quanto à natureza do trabalho empreendido no final do século do XX? Não seriam seus frutos algo abstrato, intangível, invisível aos sentidos, visto que o trabalho também se ocupa com questões subjetivas, como a permanência e a durabilidade da vida? Poderíamos deduzir da obra de Arendt que o labor está confinado à dimensão material, quase carnal (para usar a expressão mais adequada), e que o trabalho pertence à dimensão abstrata (quase contemplativa) da existência, embora seja este também provedor da sobrevivência?

Com base em tudo que já foi dito até agora neste ensaio, acredito que a pior política econômica é aquela que coloca para trabalhar o antigo *animal laborans*. Planos de socorro econômico que decidem distribuir empregos próprios aos trabalhadores braçais estão, sob meu ponto de vista, condenados ao fracasso. A era das formiguinhas está terminando. Agora é a vez de as cigarras encantarem o mundo. O que os planos econômicos precisam fazer para salvar países de crises futuras é colocar o *homo faber* do conhecimento para produzir: é dele que virá toda a riqueza social. Devem investir em pesquisas, incentivar os estudos, formar parcerias entre público e privado para fazer funcionar o cérebro humano; quanto mais se investir no capital intelectual, mais lucro terá a economia.

2.18 - As mudanças da esfera das necessidades

Sinceramente, não via até agora por que enfatizar tanto a distinção entre as duas atividades — labor e trabalho —, já que o homem é essencialmente um animal trabalhador, dotado de capacidade de fabricar coisas tanto para seu deleite, quanto para sua mantença. Se fosse um animal ocupado unicamente em sobreviver, poderia ser uma barata, um rato, qualquer outra coisa, menos um homem. O *animal laborans* e o *homo faber* convivem em dimensões diferentes, mas dentro do mesmo conjunto denominado humano.

O que vale a pena observar é o papel e o valor que cada sociedade confere a essas dimensões. Mesmo numa sociedade de homens que privilegiavam a ação e colocavam o homem plural em evidência no espaço público, num tempo em que a democracia parecia reinar, como era o caso da Grécia de Sócrates, o *animal laborans* viveu acorrentado e o *homo faber* foi tratado com desprezo.

Uma sociedade que se pretende realmente civilizada precisa, primeiramente, humanizar as atividades do labor e do trabalho, no sentido de torná-las mais próximas do homem e o mais distantes possível do mundo animal. E o que distingue a condição humana, segundo Arendt, é a ação. Portanto, o labor e o trabalho precisam se aproximar da ação, isto é, do homem político e plural, para serem considerados humanos no sentido estrito da palavra, ou seja, aquilo que é próprio dos homens e não dos animais.

Se a ação pressupõe troca de subjetividades, diálogo entre sujeitos, logo, o trabalho que melhor se ajusta à condição humana é o que também provoca esse tipo de intercâmbio, trocas de informação, de pensar, de conhecimentos — coisas que só podem ser realizadas por homens, nunca por animais ou máquinas.

Deduzo disso que o sistema que se iniciou no final do século XX, baseado na produção de informação, é o que se mostra mais capaz de "humanizar" o labor, de construir um novo espaço de ação, e assim libertar o homem da animalidade. Estamos diante do novo *homo faber* da sociedade de conhecimento, o produtor e fabricante de informações, o grande responsável por realizar a costura, ou seja, harmonizar, no mesmo espaço, as várias atividades que caracterizam a *vita activa*, transformando o homem do futuro em um ser que não vive em conflito com sua condição.

Cabe ao *homo faber* do presente, a este homem que trabalha em rede, a missão de humanizar o labor e criar condições propícias à ação humana. Estamos assistindo à criação de um novo espaço público, uma nova Ágora, mais sutil, mais subjetiva, e por isso, mais próxima da verdadeira condição humana.

Não será mais possível à humanidade, no futuro, insistir na dominação do homem pelo homem. O espaço de ação será um espaço de compartilhamento, de convivência de diferenças, não um lugar de opressão, e muito menos de imposição de valores: uma esfera de debates distinta e mais sutil que a da Grécia clássica.

Arendt, sem deixar de alfinetar a modernidade, tentou encontrar uma explicação razoável para que um povo intelectualmente sofisticado, como os gregos antigos, recorresse à escravidão:

> Ao contrário do que ocorreu nos tempos modernos, a instituição da escravidão na antiguidade não foi uma forma de obter mão de obra barata nem instrumento de exploração para fins de lucro, mas sim a tentativa de excluir o labor das condições da vida humana. Tudo o que os homens tinham em comum com as outras formas de vida animal era considerado inumano (...). O *animal laborans* é, realmente, apenas uma das espécies que vivem na Terra — na melhor das hipóteses a mais desenvolvida.[50]

Pelo visto, os gregos falharam por não enxergarem a ati-

---

50 ARENDT, H. *Op. Cit.*, p. 95.

vidade do *animal laborans* como integrante da condição humana, por desconhecerem o fato de que não há como se livrar do labor sem com isso se livrar do próprio homem. A modernidade tampouco lidou com o *animal laborans* de forma satisfatória. O sistema capitalista imaginou que a melhor forma de aceitar a condição humana do labor seria pagando um preço por ela: de escravos a assalariados... Foi um progresso, é claro, mas ainda longe de ser o ideal. Assalariar o *animal laborans* significa dar um torrão de açúcar em vez de chicotadas para fazer o cavalo andar.

O homem, de qualquer forma, ainda está aprendendo o que fazer e como fazer para aplacar as necessidades de sua natureza insaciável. Como ajustar o *animal laborans* à condição humana? Qual a melhor maneira de colocá-lo para trabalhar, ou utilizá-lo sem com isso degradar, colocar em risco nossa condição e torná-la ainda mais miserável? Este sempre foi um desafio para a humanidade.

Cabe a nós perguntar: se a condição humana é única, por que a glorificação de uma atividade muitas vezes representou rebaixamento de outras? Para Arendt, por exemplo, a sociedade industrial e de consumo sacrificou os ideais do *homo faber*, "que são a permanência, a estabilidade e a durabilidade", para beneficiar o sonho do *animal laborans*, que é a abundância.[51] De que forma, então, privilegiar o homem plural e a atividade da ação humana, se nenhuma civilização ocidental até agora resolveu a contento o lugar e o verdadeiro valor do labor e do trabalho?

2.19 - A mudança da esfera pública

Assistimos, na antiga pólis grega, considerada por Arendt o modelo da supremacia do homem plural, à dimensão do *animal laborans* ser escravizada, confinada a uma parcela da

---

51 Idem, p. 138.

população nascida e criada unicamente para evitar que o *homo rationale*[52] suasse suas vestes.

Creio que o espaço público reflete o lugar do trabalho e do labor no mundo, e sua configuração está diretamente relacionada à configuração do trabalho. Diga-me quem é, onde está e o que faz o *animal laborans* dentro de uma sociedade, e eu lhe direi como é o espaço público.

Arendt, é verdade, critica a era moderna por ignorar a diferença entre essas duas instâncias de atividades humanas relacionadas ao esforço de obter as coisas. E alerta também para o perigo que representa o aniquilamento do homem plural, mas não é muito clara quanto ao que uma sociedade deve fazer para confinar a dimensão do labor e do trabalho à esfera privada, sem, com isso, permitir que surjam desigualdade sociais.

O reflexo mais tenebroso dessa falta de distinção, para ela, é a troca de significado entre espaço público e espaço privado. Antes da Idade Moderna, tudo que se referia aos meios de garantir a sobrevivência — a fabricação de utensílios, ferramentas, o *trabalho* e o *labor,* os meios de prover a família — era considerado assunto da esfera doméstica. O espaço privado, portanto, era o lugar do trabalho, onde o homem sempre tentou resolver seu embate com a vida. Por isso, Arendt declara que, no âmbito privado, prevalece o homem-indivíduo, singular, em sua infindável luta pela sobrevivência. E esta luta não depende do concurso de outras pessoas, é uma guerra solitária, de cada um com a natureza, e cuja vitória depende somente da capacidade de trabalhar e de se esforçar do animal humano.

As ideias liberais da Revolução Francesa de 1789, que constituíram as mantas do capitalismo, declararam a validade e universalidade dos interesses do *animal laborans* e colocaram como objetivo da vida a garantia da própria vida e de suas necessidades privadas. O pensamento liberal afirma que as preferências, as necessidades, ou seja, as vontades humanas, são mui-

---

52 Cf. Arendt.

tas, mas os recursos são escassos.[53] Por isso, a estratégia para resolver essa luta entre vontades e recursos foi colocá-los para conflitar. O espaço público se tornou então o palco dos confrontos, um mercado de competições onde vencem os mais capazes.

Evidentemente, o liberalismo pressupõe que todos são iguais, visto que são todos humanos e partem para o enfrentamento no mercado com as mesmas armas e condições. Mas o marxismo derrubou essa afirmativa ao apontar que a arena dos *animais laborans* no mercado capitalista é um palco de homens desiguais, onde uns estão mais bem "armados" que outros. Portanto, o resultado da luta já é previsível: vencerão, não os que demonstrarem mais competência, mas sim aqueles que já nasceram em melhores condições de vida, "os mais favorecidos".

O espaço público do liberalismo, na visão de Karl Marx, não passa de um cenário de sangria, um espetáculo de luta entre os gigantes Golias e os pequenos Davis,[54] onde os Golias saem vencedores. Para Marx, a realidade do mundo burguês, construído pela Revolução Francesa, contradizia os ideais de liberdade, igualdade e fraternidade pregados pelos revolucionários.

O que procuro defender aqui, no entanto, é a necessidade de os homens encontrarem a melhor forma de manifestarem sua condição humana, sem, com isso, sacrificar outros homens. Em todas as sociedades ocidentais em que o *animal laborans* precisou lutar pela sobrevivência de alguma forma a esfera do trabalho foi uma esfera de domínio do homem sobre outros. Por isso, o grande desafio humano não é se libertar do jugo da natureza, nem lutar contra ou a favor de suas necessidades. O principal obstáculo que a condição humana encontra para se expressar em toda a sua plenitude e pureza, enfim, a tarefa mais árdua e complicada para o ser humano, não é o labor, nem o

---

53 Interessante observar como essa mentalidade permeia a gestão pública brasileira das últimas décadas.

54 Davi e Golias são personagens bíblicos que se enfrentaram num duelo. Golias era um gigante, mas, na Bíblia, o menino Davi o venceu com uma atiradeira. Primeiro Livro de Samuel, capítulo XVII. In: *A Bíblia*. Tradução ecumênica. São Paulo: Edições Loyola, 1996.

trabalho, mas o convívio com seus pares, seus iguais (e ao mesmo tempo tão diferentes).

Penso que a História tem caminhado para esse fim, para libertação do homem do domínio de outros homens. Muita gente tem entendido — e realmente, ao que tudo indica, parece que sempre foi assim — que a história humana se constitui do esforço do homem para se livrar das imposições da natureza e afirmar seu domínio sobre ela. Contudo, de um ângulo mais otimista, eu vejo que nos últimos séculos o destino do homem é se tornar cada vez mais livre e, portanto, mais humano.

2.20 - O fim do domínio do homem pelo homem

Interessante que essa busca pela liberdade e pela humanização não é fruto de um pensamento racional dirigido a esse fim, mas consequência dos rumos que o *animal laborans* tomou no sistema capitalista — um rumo imprevisível para ele e para os donos de seu trabalho, os feitores. Até hoje se enxergou a formação das sociedades como uma guerra entre homem e os recursos naturais, o que propiciou a guerra dos homens contra seus semelhantes. No entanto, a vitória da condição humana não é representada pela supremacia do homem sobre a natureza e nem sobre seus iguais, mas sim pela total "humanização" da humanidade.

A verdadeira humanidade e a verdadeira expressão da condição humana virão à tona no dia em que terminar o domínio do homem pelo homem. De nada adianta, como quer Arendt, confinar o trabalho à esfera da vida privada. É preciso, primeiro, transmutar essa zona de conflito em um espaço casado com a verdadeira condição humana. A chave da cadeia talvez esteja, isso sim, no exercício da ação do homem na esfera pública. Não tenho a menor dúvida de que a resolução dos problemas de ordem econômica partirá da efetiva participação dos homens na vida pública. Ou seja, o contrário do que ocorre atualmente, essa incômoda interferência do público na esfera privada.

Arendt não pôde assistir às mudanças efetuadas no sistema nas últimas décadas, quando o capital intelectual foi adicionado ao modo de produção — transformações que conferem à esfera do labor e do trabalho uma dimensão puramente política. A principal delas, que estou tentando demonstrar, é justamente esta: o capitalismo pós-industrial, baseado mais na troca de informações do que de produtos, acabou costurando (sem querer) as três atividades humanas essenciais elencadas por Arendt. O trabalho hoje é ação. O espaço público, portanto, é também o do trabalho e do labor, e deve funcionar segundo os interesses do novo *homo faber*, não mais do *animal laborans*, conforme Arendt previu, porque este último sofreu uma profunda metamorfose.

A esfera privada e a esfera pública estão casadas. O padrão e as características da esfera pública, que são o compartilhamento, o debate e a troca de subjetividades, foram assimilados pelo privado — mas não é o público que está se tornando privado, é o privado que se torna cada vez mais publicado. Numa sociedade em que a vida privada está exposta à luz, em que há certo prazer de se viver na vitrine, as iniciativas de privatização do Estado liberal não serão mais bem-vindas, pelo menos da forma como se efetivam comumente. Por outro lado, a gordura de um Estado-paquiderme é completamente indigesta para o homem multidimensional, com ânsias de trafegar por caminhos próprios e diferentes.

Será preciso remodelar o tratamento que se concede à propriedade. Por quê? Porque o desenho dela agora é outro. Existe um novo modelo, uma arquitetura diferente, que as mentes viciadas muitas vezes não conseguem ver. Para ilustrar as mudanças, cito os softwares — produtos criados pela inteligência, não por ferramentas e linhas de montagem. São propriedade, meio de produção e mercadoria ao mesmo tempo; todavia, rapidamente caem no domínio público, tornam-se objeto de usufruto. Você pode comprar um software, é verdade, e enriquecer o cérebro pensante que o criou. No entanto, essa propriedade torna-se objeto de compartilhamento, de gozo público. E quanto mais os aplicativos gratuitos são disponibilizados para o usufruto, mais sucesso o empreendimento atrai. Os lucros vêm por meios indiretos, pela visibilidade do produto, pela divulgação e adesão espontânea. E muitos e muitos criadores desses programinhas são surpreendidos pelo sucesso de algo que inventaram para o simples e puro compartilhamento.

Outra característica fundamental dos objetos de usufruto é sua vida intensa, mas fluida. O que isso significa? Significa que as coisas só têm valor enquanto estiverem acessíveis para o deleite. Assim como uma carcaça, um corpo morto, uma peça imprestável para o uso, os softwares perdem a vida, não fazem mais sentido quando deixam de circular nas mãos de milhões de pessoas. O que não pode ser amplamente compartilhado e facilmente usado é abandonado, para dar lugar ao novo. É exatamente essa a tônica da sociedade usufrutuária incipiente.

Por isso, tudo precisa ser reformulado, não só os conceitos, a maneira de olhar o mundo, mas também as leis. Tudo deve acompanhar a mudança dos ventos. De que adiantam novas tecnologias, se as ideologias permanecem arcaicas, ultrapassadas, e a legislação emperrada em cimento duro? Sob esse ponto de vista, tampouco as políticas socialistas terão eficácia e valia. O novo sistema não comporta a extinção da propriedade, mas exige uma mudança quanto à forma de utilizá-la. A saída é preservar a propriedade, mas abrir mais o leque do direito ao seu usufruto. O mais importante a ressaltar é que essa mudança não exclui o direito à propriedade privada, que permanece intocável, mas apenas o expande.

Em muitos casos, como na reforma agrária ou distribuição de terras aos indígenas, a aplicação do direito do usufruto deve substituir, por exemplo, a desapropriação. Em outro exemplo, quando se quiser provocar o desenvolvimento econômico numa região mais carente, o ideal é não apenas dar renda às pessoas excluídas dos serviços públicos e das benesses do mercado (embora essa tática seja louvável em termos emergenciais: melhor acudir a quem precisa do que deixá-lo minguando ao léu). Uma proposta seria, além de socorrê-las imediatamente, também propiciar condições para que esses donos de uma renda fictícia ou forjada, nas engrenagens da máquina pública, se tornem produtores de riquezas.

Logo, o que a administração pode antecipar, além de uma renda de caráter emergencial e fugaz, é o desenvolvimento econômico, com a instalação de indústrias e comércio, trabalho que atribuo à administração pública, pois uma população carente e faminta não pode esperar 10, 20 anos para que uma estrada ou ferrovia sejam concluídas ou que o capital se interesse por ela, lá nos cafundós. O capital gosta de trânsito livre, de estradas bem cuidadas para escoar a produção, de tecnologias para facilitar e baratear os custos de produção e também de um mercado potencial de bons consumidores. Daí que, dificilmente, algum empreendedor vá se arriscar num lugar "sem rádio e sem notícias das terras civilizadas", onde as pessoas não têm dinheiro sequer para comprar um pão e nem estão capacitadas para trabalhar em algo estranho às atividades de sua vida cotidiana. Nesse caso, o papel do Estado do usufruto seria realmente o de ir à frente do mercado (e não na contramão).

Como? A administração pública tornar-se-ia a proprietária das empresas que fosse instalar ou, simplesmente, financiaria o projeto de uma organização da sociedade civil de interesse público (OSCIP), cujo objetivo fosse implantar indústrias sustentáveis em determinadas regiões carentes. A verba, ou seja, o patrocínio para legalizar, formalizar o empreendimento, para equipar com maquinários, treinar as pessoas, enfim, para tudo o que fosse necessário, sairia dos cofres públicos. As iniciativas, compras e contratos com a iniciativa privada seriam feitos pela OSCIP. No entanto, a exploração da atividade econômica ficaria a cargo dos usufrutuários. E quem seriam esses usufrutuários? As pessoas de baixa renda ou sem renda alguma. Elas entrariam com o trabalho; gozariam do direito de produzir riquezas, trabalhar e auferir renda própria, como sócias usufrutuárias dessas indústrias.

Os lucros seriam divididos da seguinte forma: metade para os usufrutuários e a outra metade para manter a empresa em funcionamento. Com o passar do tempo, o "capital" investido pela administração pública teria retorno, e as indústrias andariam por conta própria. A medida, além de proporcionar renda a quem não a tinha e que dificilmente a teria, é capaz de transformar pessoas, antes dependentes da ação do Estado, em empreendedores com fins lucrativos. Esses sócios-usufrutuários, depois de intenso treinamento, tornar-se-iam produtores e gerentes de produção.

Eu mesma elaborei um projeto de desenvolvimento sustentável para a região da Chapada dos Veadeiros, nos moldes do usufrutuarismo. Com a implantação de apenas 10 indústrias, espalhadas pelos oito municípios que compõem a região, todas absolutamente sustentáveis, sem impactos ambientais e com baixo investimento do setor público, substituiria o programa Bolsa Família (ainda necessário na região), elevando consideravelmente o PIB regional e levando desenvolvimento econômico para todos. O retorno do "capital" a ser investido pelo Estado aconteceria no período máximo de três anos, resultando em melhora considerável no IDH e renda per capita da população.

Não considero problemático privatizar serviços públicos e nem tornar a administração pública um setor empreendedor e produtivo; a questão é a forma como isso deve ser feito. Os serviços podem passar para a iniciativa privada, desde que o Estado gerencie a prestação destes à sociedade. O ideal é que, em vez de privatizar, pura e simplesmente, ou buscar, no sentido oposto, comprar empresas e serviços da iniciativa privada, o Estado atue sempre como parceiro, como um sócio, para ser mais exata — dessa forma, os serviços poderão ser disponibilizados às pessoas sob a tutela de todos. Reafirmo a importância de nos desvencilharmos de todas as conceituações feitas até hoje sobre Estado. No usufrutuarismo, ele seria apenas o ponto de encontro, onde as pessoas se sentiriam livres para requerer a proteção e guarda de seus interesses frente a possíveis abusos e danos causados por outros.

Para que isso funcione de maneira ideal, é essencial que a administração pública, além da participação na distribuição do orçamento, ofereça ao cidadão ferramentas de controle e avaliação dos serviços prestados pela iniciativa privada e administrados pelo Estado: ouvir o usuário é primordial para o sucesso do usufrutuarismo. É preciso fornecer-lhe informações claras, legislação eficaz e formas de controle dos serviços.

Que efeitos isso trará? Teremos novamente um Estado-elefante? Não. O interessante é que essa mudança não nos remeterá novamente ao Estado provedor, burocrático e pesado mas sim a um espaço abstrato, um *Estado servidor e empreendedor*. Isso representa uma nova forma de gerir os interesses coletivos, da comunidade, não porque o Estado se vê na obrigação de atender esses interesses, mas porque tais interesses se tornaram públicos e de todos. A propriedade poderá ser compartilhada, sem deixar de ser propriedade. Tampouco o Estado será dono do alheio. O Estado, capaz de se manter, será aquele que não expropriará a propriedade privada, nem a socializará, mas apenas a disponibilizará para o usufruto da sociedade, quando for o caso. Além do mais, o trabalho do gestor público não será o de um interventor na ordem econômica, mas sim de um concorrente no mercado. Os interesses econômicos não estarão mais na contramão dos interesses públicos, mas emparelhados com eles. O Estado abandonará seu perfil provedor e interventor e assumirá um novo papel: o de empreendedor.

O trabalhador pós-moderno é essencialmente um homem de ação, e, portanto, o gestor de seus negócios e da própria vida ativa, que não está mais condicionada às atividades materiais do trabalho e do labor. O espaço público é o espaço do trabalho e vice-versa. E não me refiro ao trabalho robotizado ou instintivo, mas ao trabalho do pensar, da interação. Nesse sentido, o operário do mundo pós-moderno é um homem de ação, substancialmente político e cada vez mais exigente. Quanto mais se mostrar exigente, mais melhorias provocará no mundo.

2.21 - A nova gestão pública: o Estado-servidor-empreendedor

O sentido de "político" e "ação" também se alterou profundamente. A esfera privada não pode mais estar desvinculada da vida pública, não porque a vida pública tenha tomado as dores da vida privada, embora isso tenha ocorrido nas primeiras fases do capitalismo, conforme analisou Hannah Arendt.

O que vemos agora não é o espaço público privatizado, mas sim a vida privada assumindo uma feição pública, tomando para si os valores daquele. O homem fez de sua casa uma praça, colocou na vitrine a sua vida particular. Transformou suas horas de lazer em horas de debates, de participação em fóruns. O que ele requer hoje é o direito de participar, de conhecer, de penetrar todas as demais esferas da vida, bisbilhotar o alheio, conviver com o outro em um ambiente neutro e isento

A gestão pública libertará o *animal laborans*. Mas como se processa a verdadeira gestão pública, aquela que Arendt entende como a ação dos homens guiados por seus valores morais, livre de seus interesses mesquinhos? A resposta está sendo oferecida pela própria evolução do sistema capitalista. Sem querer, sem imaginar, sem prever as consequências, o capitalismo criou as condições para que uma gestão pública ideal ocorra. A entrada do conhecimento no processo de produção, ou melhor, a exploração lucrativa do capital intelectual, acabou respingando para a esfera pública, embora Arendt esteja certa, a esfera pública é ainda dominada pela mentalidade do *animal laborans*, dos interesses que eram da vida privada.

Porém, do novo operário não se extrai mais a força de trabalho bruta, mas a força de trabalho mental, a capacidade de conhecer. E só o conhecimento é capaz de abrir o mundo para mil e uma possibilidades. A ascensão do *animal laborans* ao espaço público não deveria ser lamentada, mas melhor avaliada. E se as intenções do capital nesse caso não foram as mais louváveis, suas consequências nem mesmo o mais maquiavélico capitalista poderia prever.

Sei apenas que a gestão pública ideal é aquela que liberta o *animal laborans* do cabresto que lhe foi colocado, não pela natureza, mas pelos próprios homens. Gostaria ainda de esclarecer que o conflito na esfera econômica não se refere à luta do homem contra a natureza, mas à luta de um homem com outro. Como dissolver a dominação, como eliminar as rédeas do *animal laborans*? Uma sociedade que não libertou o *animal laborans* do chicote — e não importa que o chicote seja de ouro, como os do sistema capitalista moderno, representado pelos altos salários de seus executivos — não tem chance de se tornar completamente humana.

O que produz o conhecimento senão o próprio homem? Quais são os meios de produzir o conhecimento, senão o pensar? Ao explorar o capital intelectual, o sistema capitalista deu sem querer ao *animal laborans* a propriedade dos meios de produção. E ninguém mais detém o pensar, a não ser quem o opera.

Não era essa a grande crítica de Marx ao sistema capitalista, ou seja, a escravidão se dá porque quem opera a produção não detém os meios? Com a produção do conhecimento, o operário, pela primeira vez na história, se torna dono de seus meios de produção e coloca seus produtos no mercado, não para o consumo imediato (o principal trabalho do *animal laborans* moderno, segundo Arendt).

A principal característica do produto *conhecimento* é servir para uso e fruto (usufruto) da humanidade, algo que pode ser gozado plenamente sem alterar sua substância — apenas nesse detalhe já percebemos a transformação do *animal laborans* em uma nova espécie de *homo faber*. Se o trabalho nas primeiras fábricas se iniciou com o suor do *animal laborans*, tendo este engordado e provocado o inchaço da produção por dois séculos, agora, no começo do século XXI, graças à exploração do intelecto e não só da força bruta, o próprio sistema capitalista ressuscitou a atuação *homo faber*, que, segundo Arendt, o próprio sistema havia aniquilado. Não me refiro, entretanto, ao antigo *homo faber*, artesão de bens materiais, mas a um novo, o fabricante de bens imateriais destinados ao usufruto, aquele homem cujo fruto do trabalho é capaz de prolongar a permanência humana no mundo.

O conhecimento só tem valor se puder ser usufruído, compartilhado. Um conhecimento que se restringe apenas ao seu dono não faz sentido. Ao mercantilizar o conhecimento, além de colocar os meios de produção nas mãos do operário, o sistema capitalista socializou a mercadoria. Então, não faz mais sentido continuar chamando de capitalismo o sistema que aponta no século XXI. Estamos diante de uma nova forma de economia.

Se for verdade, como acredito que seja — e nesse ponto concordo com Arendt, quando diz que o espaço público foi tomado pelos interesses do *animal laborans* —, então, com a metamorfose desse *animal*, o espaço público também estará sofrendo alterações profundas, e a gestão pública também deve ser avaliada sob a ótica desse novo homem, de cujos interesses toma suas configurações.

Há um novo modelo em emergência. Tudo o que se desenrolar nos próximos séculos será fruto da atuação do *animal laborans* metamorfoseado, ou do novo *homo faber*, que aos poucos vai também se transformando no homem de ação idealizado por Arendt. Se nenhuma catástrofe acontecer à humanidade, assistiremos nos próximos séculos ao império do homem tridimensional, cuja condição humana se manifestará em sua forma mais plena e sutil.

Mesmo reconhecendo no trabalho um caráter mais transcendente da condição humana, Arendt não acredita que o *homo faber*, por si só, seja capaz de se libertar da esfera das necessidades. É no campo da ação, da interação com os outros, no calor do debate, que o homem encontra a verdadeira liberdade. Por isso, Arendt enfatiza a importância da atuação humana no espaço público. Somente no papel de cidadãos, dentro do corpo político, os homens realmente se veem livres da opressão da esfera privada, marcada pela obrigação constante de labutar.

Restrita à esfera particular, e ao modo que cada um encontrava para ganhar o pão de cada dia, a vida econômica representava também o espaço do condicionamento, um aprisionamento em nossa condição de animais. Entretanto, no mundo político, na esfera pública, o homem estava livre para agir e atuar em conformidade com sua natureza subjetiva, com a razão e com todos os atributos ligados mais ao espírito que à matéria. Por depender diretamente do concurso de outros para fazer sentido, a ação é, das três atividades, a mais humana, não só porque aproxima o homem de outro homem, mas também porque o civiliza, afastando-o da solidão da vida de animal insatisfeito.

No campo da ação, no debate da vida pública, é que o homem realmente alça voo e se libera do fardo da existência biológica. Para Arendt, porém, a modernidade transformou o campo de voo do homem (o espaço público) em algo ambíguo e nebuloso. A esfera pública criada pela modernidade surgiu para que os homens dividissem com outros o peso da vida privada.

O Estado-nação poderia ser descrito como um conjunto de *animais laborans* tentando resolver problemas que afligem sua condição material, muito diferente, portanto, de um Estado onde os homens de ação, livres do peso de suas obrigações materiais, pudessem simplesmente se reunir para decidir o curso da existência.

Para Arendt, o espaço público da modernidade é constituído por um batalhão de Sísifos no penoso trabalho de empurrar as pedras da escassez e das necessidades para um lugar de onde elas sempre voltam a rolar. Nos tempos modernos, o homem político não é mais o que constrói ou encontra sua libertação na esfera pública: é um administrador de recursos, o fiel da balança para que o peso das pedras não recaia mais sobre uns do que sobre outros e provoque o indesejável desequilíbrio social.

Ainda de acordo com Arendt, a transformação do espaço público numa espécie de arena social das necessidades faz com que todos se ocupem e se preocupem com questões antes reservadas à esfera privada. Mais do que isso, o espaço público, antes simbolizado pela praça aberta (a Ágora), hoje poderia ser representado por um muro alto cuja função é proteger a propriedade privada, o homem-indivíduo, solitário e não plural, e suas riquezas acumuladas; não raro, serve também como espaço para que mais riquezas sejam conquistadas — a vida política é, pois, um artifício usado para garantir a continuidade da propriedade privada. A ação deu lugar ao comportamento. Tudo é direcionado para que os homens comportem-se da maneira mais conveniente, de forma a defender os interesses da grande associação de proprietários que ocupou o espaço social.

A questão da nova configuração do espaço público será tratada mais adiante, quando procurarei demonstrar que a globalização, a entrada do conhecimento no processo de produção capitalista, começou a modificar essa paisagem social. Vale ainda ressaltar que, para Arendt, é na esfera da ação que o ser humano constrói o seu domínio, se torna o imperador de si mesmo e do resto do mundo. Mas a sociedade industrial e de consumo alterou a forma das coisas: glorificou o labor em detrimento do trabalho; transformou o homem de ação, a mais sublime e transcendental atividade humana, em homem de comportamentos pré-fabricados; instalou uma fortaleza para proteger a propriedade privada, em vez de ampliar a velha Ágora de debates; trocou a durabilidade do mundo, contida nas obras produzidas pelo *homo faber*, pelo perfume fugaz dos bens de consumo, produzidos em série pelo *animal laborans*.

Ao analisar a condição humana, e ao conceder à ação uma aura superior às demais atividades (o labor e o trabalho), Hannah Arendt evidencia certa nostalgia, uma visão idealizada do espaço público, da vida de debates e decisões que existiu na pólis grega. Na verdade, a autora nos transporta para um sonho de humanidade em que as deliberações incluem a participação de todos, do homem plural, que ocupa o espaço público e se mistura a ele por meio de ações que se revertem em benefícios para todos. Ela dirige suas críticas à sociedade moderna industrial, que privilegiou o labor como instância de realização humana e remeteu o homem à solidão de sua vida privada, de sua propriedade privada, alienado do espaço público, da esfera das decisões que regem sua vida.

Arendt enfatiza ainda que a modernidade, a industrialização, a emergência da sociedade de consumo e do modo de produção capitalista trouxeram para o cenário social uma nova visão sobre o trabalho. Malvisto na Antiguidade, e por isso relegado aos escravos, aos servos e à escória da humanidade, vimos o trabalho "reabilitado" e valorizado pela modernidade. Será isso mesmo?

O que a modernidade trouxe de novo? A ideia de que produção, a prosperidade e a propriedade são resultados do esforço humano para adquirir coisas e bens. É pelo trabalho que o homem se sobrepõe às demais coisas; a riqueza adquirida, o sucesso financeiro, seria o termômetro da capacidade humana de se esforçar e empreender.

Sob o ponto de vista da condição humana, entretanto, o trabalho de adquirir bens, acumular, prover necessidades materiais, é o mais primitivo de todos, o que mais nos aproxima de nossa condição de animais biológicos. Quem quer ser humano deve ultrapassar esses conceitos. O homem verdadeiramente civilizado é medido por sua capacidade de transformar o mundo, de forma a aprimorar a própria condição: é aquele que transforma a Terra num celeiro de valores, não de bens.

Se, para o pensamento liberal moderno, viver é preocupar-se com o lado mais primário da condição humana, para Arendt isso significa a morte, é o mesmo que enterrar o homem plural quando o sangue ainda pulsa em suas veias. Essa mentalidade traz ao homem o insulamento da pólis, a putrefação lenta do que há de melhor na condição humana, o fim do homem político, ou seja, do homem de ação. Fica evidente, em sua análise, que ser político também significa ser civilizado, agir pela razão e não pela força: "O ser político, o viver numa pólis, significava que tudo era decidido mediante palavras e persuasão, e não através de força ou violência".[55]

---

55 ARENDT, H. *Op. Cit.*, p. 35.

2.22 - O impasse do capitalismo

A verdade é que o capitalismo trouxe um impasse em relação à condição humana. Para Hannah Arendt, o homem perdeu seu poder na esfera pública e seu espaço de ação. Além disso, sacrificou também "os ideais do *homo faber*, fabricante do mundo, que são a permanência, a estabilidade e a durabilidade", tudo isso em prol da "abundância, que é o ideal do *animal laborans*".[56]

Aqui, entramos finalmente no ponto que interessa à nossa análise: a transformação que o capitalismo provocou na própria essência da condição humana: a "glorificação" do *animal laborans* (Arendt, 1981). Tudo isso poderia realmente significar um retrocesso no processo civilizatório, uma vez que ao *animal laborans* interessa a produção em massa de objetos destinados ao consumo imediato, e o que importa numa sociedade de *animais laborans* é esse processo produtivo de bens que perdem sua qualidade de uso para se tornarem bens de consumo, bens que se evaporam ao primeiro contato, e, o mais cruel, fabricados com a intenção de não durar, pois é da quantidade, do ritmo alucinado do consumo que se extrai o lucro da sociedade capitalista.

Acredito, no entanto, que muitas coisas se alteraram dentro do modo de produção capitalista, que a inserção do conhecimento, com a exploração do capital intelectual, estabeleceu mudanças profundas. E o que foi visto como malefício por Arendt pode representar um grande passo para que o homem finalmente alcance o esplendor de sua condição. Ao contrário do que Arendt imaginou, o homem de ação está penetrando, sim, o espaço público. Só que esta penetração está ocorrendo por vias inusitadas, e até mesmo sorrateiras, de maneira indireta, através do próprio corpo do *animal laborans*.

Por isso, a distinção que Arendt faz entre o *homo faber* e o *animal laborans*, e que antes de pensar este livro me pare-

---

56 Idem, p. 138.

ciam de pouca utilidade para entender o processo de produção capitalista, é hoje crucial para a minha análise. Minha intenção ao longo desta dissertação é demonstrar que, como a Idade Moderna, o capitalismo — em suas duas primeiras fases, a primeira iniciada com a Revolução Industrial e a segunda conhecida como fordista, que se estendeu até o final da 2ª Guerra Mundial — se utilizou do *animal laborans*, explorando a condição humana na sua dimensão relacionada ao labor; e não só utilizou, mas sustentou o discurso filosófico sobre a dimensão desse *animal*. Tudo o que foi pensado durante essas duas fases, todas as ideias que surgiram no decorrer da expansão do capitalismo — inclusive as socialistas, que, originariamente, significaram o esforço de alguns intelectuais na tentativa de libertar o *animal laborans* da escravidão capitalista — foram discutidas tendo em vista a dimensão desse *animal*.

Nesse sentido, o modo de pensar o trabalho, a relação de trabalho e a divisão do trabalho não foram, no final do século XIX, muito diferentes do que se pensava na Grécia Antiga, por exemplo. Evidentemente, não me refiro à divisão do trabalho em si, mas à maneira de sistematizá-lo, distribuí-lo e valorizá-lo dentro das sociedades.

Todas as sociedades ocidentais definiram com clareza a quem cabia o papel de *animal laborans*, qual o seu valor e o seu lugar na sociedade. Cada uma explorou a dimensão do *animal laborans* da maneira que podia e devia, fosse o acorrentando, fosse o libertando, ora o adulando, ora lhe pagando por seus serviços. Qualquer um, em qualquer sociedade da antiguidade ou da modernidade, saberia indicar o lugar no mundo e as tarefas do *animal laborans*. Por mais desvalorizado e ignorado, o *animal laborans* era, ainda assim, facilmente reconhecido, identificado, apontado.

A novidade ocorreu na terceira fase do capitalismo, com a entrada em cena do capital intelectual. Desde então, a dimensão do *animal laborans* se dissolveu, e o *homo faber*, fabricador de bens para uso e fruto, e não apenas para o consumo, assumiu o seu lugar. O *animal laborans* não desapareceu, é verdade, mas tornou-se raro, difícil de ser identificado. Consequentemente, por não ser mais tão fácil encontrá-lo nem tampouco domesticá-lo, suas tarefas tornaram-se caras, supervalorizadas em lugares ou países onde quem domina é o *homo faber* do conhecimento.

O *homo faber* ao qual me refiro, surgido nessa terceira fase da história do capitalismo — que começou no final da 2ª Guerra Mundial —, não é o mesmo artesão que antecedeu a produção industrial do século XVIII. Pode ser considerado *homo faber* no sentido arendtiano, sim, na medida em que é também um artífice do mundo. No entanto, sua dimensão foi ampliada e modificada, e ele não opera mais a matéria bruta para a fabricação de bens de uso, como o antigo artesão do período pré-Revolução Industrial. E o produto de seu trabalho não é mais corpóreo, tangível e material, como uma mesa ou um automóvel. Esse homem é o operário do conhecimento, e a força de seu trabalho assumiu um caráter tão abstrato que nenhum outro homem ou sistema econômico pode mais lhe colocar rédeas, domesticá-lo, confiná-lo a uma esfera determinada da vida ou a uma classe específica de pessoas, como acontece ao *homo laborans*. E é esta a grande revolução do sistema.

É verdade que o trabalho sempre existiu, mesmo que seu valor tenha variado através dos tempos; seja como for, o homem sempre trabalhou, sempre precisou trabalhar ou colocar outros para trabalhar a fim de manter sua permanência sobre a Terra. O problema está em quem irá trabalhar para quem, como essas relações são desenvolvidas ao longo da história. Como humanizar o trabalho do *animal laborans* que existe em todos nós? Como distribuir igualitariamente o peso da labuta e os encargos da sobrevivência?

Ao que me parece, a própria evolução do sistema capitalista deu as respostas. O trabalho braçal do operário alienado da fábrica, enfim, todo o trabalho do *animal laborans*, está sendo substituído pelas máquinas. No entanto, atrás das máquinas existe um homem que pensa. Se o operário está preso à linha de produção, se é comandado pelo ritmo da produção, o homem pensante está livre para obedecer aos próprios comandos da inteligência. E a falta de domínio do sistema econômico sobre este novo operário colocará fim ao domínio do homem pelo homem; será a libertação real do *animal laborans*, o fim do capitalismo como foi concebido — um fim que não significa o retrocesso ao modo de produção feudal ou agrícola e nem tampouco à velha indústria familiar que antecedeu a revolução burguesa.

Ao que assistimos na atualidade é a transformação do trabalho corpóreo em incorpóreo, a troca de uma economia concreta e material por outra abstrata. Devemos agora, portanto, saber trabalhar com este novo mundo que se inaugura. O capitalismo é o produtor de uma nova ordem. Ao explorar o conhecimento, ao valorizar o intelecto do homem, criou uma serpente debaixo da própria cama. Não há mais volta. O mundo será do novo *homo faber*, do artífice da inteligência. A propriedade privada dos meios de produção, sustentáculo do sistema capitalista, irá se desintegrar nas mãos desse novo homem, que fabrica coisas para o uso e fruto. Todo o sistema de leis criado para manter e garantir a propriedade será alterado, não será mais a garantia da propriedade privada o grande foco do direito. O foco principal do direito no futuro será o próprio direito, principalmente o que tange ao uso e usufruto de bens e propriedades.

De qualquer forma, esta análise se deteve a explicar primeiramente o sentido do trabalho, pois que este tem se apresentado ao longo da história da humanidade como o grande gerador de riquezas: o principal objetivo perseguido pelo *animal laborans* parece ser mesmo a abundância; a história do trabalho até o aparecimento do capital intelectual é a história do *animal laborans*. A principal crítica de Arendt à sociedade de consumo, ao capitalismo, e até mesmo às teorias marxistas, é que, de certa forma, colocam em evidência o *animal laborans* e propõem que o espaço público seja dominado por ele. Ao privilegiar a atividade do *animal laborans*, o *homo faber* perde seu espaço e o homem plural o seu poder.

De uma forma ou de outra, graças ao suor do *animal la-*

borans, uma boa parcela da humanidade pôde dormir em berço esplêndido. Das três dimensões da condição humana propostas por Arendt, coube ao *animal laborans*, até há pouco tempo, a árdua tarefa de produzir as riquezas do mundo. As civilizações prosperaram, as ideias floresceram, as caldeiras das fábricas fervilharam; a vida transcorria porque o *animal laborans* — e aqui não importa em que classe ele se encontrava — se ocupava com o provimento das necessidades próprias e alheias. Era dele a tarefa de coisificar o mundo, de aplacar o conflito entre homem e natureza, um mundo que cabia a ele administrar e reconstruir para não morrer. No transcorrer da história das civilizações, o trabalho do *animal laborans* só foi mais suave onde a natureza se mostrou pródiga.

Certas comunidades não se relacionaram de forma conflituosa com a natureza e com a própria condição, é verdade. Hoje, poderíamos considerá-las os ancestrais mais primitivos dos ambientalistas, povos que viviam da exata medida do que a terra lhes ofertava: não acumulavam grãos, não guardavam em celeiros, não possuíam terras, não faziam cercas. Desconheciam a fome e a angústia do nada.

Ali o *animal laborans* vivia em harmonia com a natureza, compartilhava com os outros animais a condição de ser uma coisa posta no mundo. Outro detalhe importante: o *animal laborans* estava confinado à esfera doméstica. Na esfera pública, quem se sobressaía era o *homo faber*, o artífice do mundo.

O espaço público não era o espaço destinado a resolver os problemas da intimidade e das necessidades (esta é a principal crítica de Arendt à modernidade), e tampouco era dominado pelo *animal laborans*. A esfera pública era o *locus* da transcendência, do compartilhamento, onde os homens se reuniam para atingir, através de suas práticas mágicas, um outro mundo além do animal. Era, portanto, também o espaço da liberdade, uma reunião de "heróis", de homens capazes de grandes feitos. Embora não se refira aos homens primitivos, ao descrever a diferença entre o espaço público e privado da pólis da Idade Clássica, Arendt compara a distância entre os dois a um "abismo" que os homens deviam transpor para alcançar a esfera da liberdade, ou seja, o espaço público.

Reconheço no mundo grego antigo, assim como nas comunidades primitivas que viviam em áreas de abundância natural, a nítida separação entre as esferas das necessidades e da liberdade. O homem que viveu em lugares pródigos de recursos naturais não encarcerou o tempo nos calendários. Eram as próprias coisas postas no mundo que registravam seu destino, nascimento, vida e morte. O tempo era um compasso melodioso, uma cantiga que fazia o céu escurecer, a manhã raiar, a folha cair. Era o tempo das coisas postas no mundo que embalava os acontecimentos.

Bastava se deixar guiar por ele, vê-lo trabalhar lentamente nas folhas, nas rochas, nos animais. Então, esses homens olhavam para o tempo pelo espelho das coisas existentes, que estavam ali antes deles. As coisas postas no mundo não eram objetos dos homens, mas coisas (sagradas) com as quais eles conviviam, e com as quais também aprendiam. O aprendizado da vida era assimilado pela observação dos acontecimentos da natureza, que era o espelho. As ocorrências da natureza eram os ponteiros para os eventos humanos.

Era uma época diferente, de uma sociedade que vivia da caça e da coleta racional dos seus meios de subsistência. Importante frisar o aspecto racional daquelas sociedades, pois não havia a depredação do ambiente, mas um profundo respeito à natureza, sempre vista como fonte provedora da vida. Os vestígios arqueológicos nos revelam o trabalho da racionalidade humana sobre os bens naturais. E foi por causa da aplicação de um pensamento sistematizado, organizado, reflexivo em relação às coisas existentes no mundo, que o ser humano se sobressaiu delas.

Um belo exemplo para ilustrar a racionalidade que permeava as ações humanas, desde os tempos primitivos, encontra-se nos sambaquis, nome dado pelos arqueólogos aos sítios encontrados na orla brasileira, especialmente no litoral de Santa Catarina. Há aproximadamente 6.500 anos, grupos de pescadores dominaram as costas brasileiras, deixando como rastro mais impressionante de sua passagem as montanhas de conchas, de ossos de peixe, sementes, artefatos. Alguns desses "monumentos" têm mais de 30 metros de altura.

Segundo a pesquisadora Madu Gaspar, "no sambaqui ocorreria a associação espacial de três importantes domínios da vida cotidiana: o espaço da moradia, o local dos mortos e o de acumulação de restos faunísticos relacionados com a dieta de seus construtores".[57] Este lugar reservado ao acúmulo dos restos de alimento, denominado sambaqui, funcionava também como uma espécie de identidade tribal, um farol daqueles povos, ou seja, a formação de colinas de restos alimentares não surgiu a esmo nem foi fruto do descuido: elas possuíam um sentido estético, político, cultural. Com o exemplo dos sambaquis, vemos que também no mundo primitivo, de um *animal laborans* premiado pela abundância da natureza, existe uma necessidade de construir lócus específicos para o exercício de suas atividades vitais.

O novo sistema econômico que se inicia agora no século XXI, porém, aposentou o *animal laborans*. As riquezas não vêm mais da força das mãos, mas do brilho da mente. É aconselhável aos novos gestores públicos explorarem o capital intelectual, que é o capital sadio, cabendo ao Estado assumir o papel de Estado-servidor-empreendedor. O que significa, em outras palavras, ser comandado pelos interesses do usuário. Um Estado que se pretende ajustado e adequado para atender aos interesses da época atual precisa abrir espaço para a manifestação do cidadão, não apenas ouvi-lo, mas atendê-lo. A principal reivindicação do cidadão não é mais a aquisição de bens, mas o exercício do direito de usar os bens e, principalmente, os serviços. Não apenas o Estado, mas também toda a iniciativa privada precisa reconstruir suas estratégias dentro desses parâmetros, o que significa abrir ao usuário/ cidadão/ consumidor um leque infinito de serviços e disponibilizar um acesso eficiente, rápido e o mais prazeroso possível a esses serviços. Somente assim

---

57 GASPAR, Madu. *Sambaqui; arqueologia do litoral brasileiro*. Rio de Janeiro: Jorge Zahar, 2000, p. 33.

a economia voltará a girar num ritmo alucinante, gerando na maioria a sensação de segurança política, social e financeira.

Quanto à escassez de recursos, tão reclamada pelos atuais gestores, é preciso mudar o discurso, colocar a cabeça do novo *homo faber* do conhecimento para encontrar a solução. A exploração do conhecimento é a chave para inovar recursos, criar meios diversos de sobrevivência. O que a nova sociedade precisa criar e alimentar com urgência são os cérebros. O conhecimento é uma mercadoria especial, que ganha mais valor à medida que é trocada e difundida, com a vantagem de que não se desgasta nem se deprecia com o uso, muito pelo contrário: o uso lubrifica a mercadoria e lhe impinge ainda mais valor. Para enfrentar o novo mundo, precisamos estar cientes de que os "lucros" e riquezas sociais virão do usufruto dos bens e do bem mais importante: a inteligência. A verdadeira "socialização" não se dá com sua desapropriação, mas com seu compartilhamento, mediante seu uso por cada indivíduo, de forma solitária, mas, ao mesmo tempo, simultaneamente com outros.

Há uma diferença sutil e fundamental nesse estilo de compartilhar, estilo muito distinto, por exemplo, do "compartilhar socialista". Aqui, minha ação não esbarra na ação de ninguém; eu não divido o meu espaço com ninguém, embora, milagrosamente, eu saiba que milhares e milhares de pessoas também estão usando o mesmo espaço. A prerrogativa de escolher com quem dividir meu espaço é absolutamente individual. O modo usufrutuarista de viver reproduz mais ou menos o mesmo que acontece nas redes sociais.

E o Estado, o que seria dentro desse sistema? Seria exatamente o ambiente "virtual" que propicia o intercâmbio e a ocorrência dessas relações. Nada mais. Forneceria apenas os instrumentos necessários para que esse compartilhamento (coletivo, e, ao mesmo tempo, essencialmente individual) acontecesse de forma ágil, eficiente e criativa. Uma sociedade usufrutuária preservaria a individualidade, mas nos colocaria num lugar/ tempo em que o outro ou só me adiciona ou entra em contato direto comigo, se eu assim o desejar.

E só existe uma maneira de tornar o mundo usável, ou usufrutável, sem tomar a propriedade: disponibilizando à população o direito de usufruir. Esta é a melhor maneira de distribuir as riquezas sem expropriar o real proprietário.

O que acontecerá ao proprietário numa sociedade usufrutuarista? Tornar-se-á, pouco a pouco, um grande "provedor" de bens para uso coletivo, ou seja, um fabricante de conteúdos não só intelectuais, mas instrumentais, materiais. A única saída para a chamada "crise capitalista", que, a meu ver, não é crise, mas mudança de sentido, é oferecer serviços, serviços a mancheias, deixar que as pessoas peçam, requeiram, solicitem, reclamem, para que novos serviços possam ser oferecidos e os velhos aperfeiçoados. A solicitação de serviços, o acesso prazeroso a eles, fará com que os setores produtivos voltem a funcionar com força total e o comércio se restabeleça.

Interessante observar que esse novo modelo inverte os papéis: o Estado passa de provedor à função de servidor e empreendedor, sendo a sociedade a nova provedora — uma sociedade autossustentável, que produzirá seus próprios bens individuais e coletivos e terá no Estado o grande garantidor do direito de usar esses bens. A palavra mágica, portanto, para uma eficiente gestão pública, é "acesso", tornar tudo acessível, ao alcance das mãos, sem barreiras para o uso.

Toffler escreveu que estamos vivendo um momento revolucionário, a "terceira onda", e que as mudanças não são apenas de ordem tecnológica. Segundo ele, são alterações do próprio modo de ser do homem, e de viver sua realidade.

Numa narrativa vertiginosa, ele classifica a história da humanidade em três momentos distintos nos quais se operaram transformações importantes, aos quais nomeou "ondas".[58] A chamada "primeira onda" aconteceu quando o homem migrou do nomadismo para a agricultura, há mais de dez mil anos.

Saliento que não compartilho muito desta visão evolucionista das civilizações. Primeiro, porque gera nos leigos

---

58 TOFFLER, Alvin. *A Terceira Onda – A morte do industrialismo e o nascimento de uma nova civilização* (1980). Rio de Janeiro: Editora Record, 2005.

uma visão deturpada dos nômades, vistos erroneamente como bandos famintos que vagavam pelo planeta devorando o meio--ambiente. Sabemos, hoje, que o nomadismo não representou depredação ambiental, muito pelo contrário. Era evidente, nas tribos nômades, o cuidado de restaurar o ecossistema explorado. Outro detalhe é que o nomadismo era uma forma peculiar de determinadas culturas se relacionarem com a natureza. Se aqueles homens não se agregaram à terra, foi porque não sentiram necessidade.

Não quero me aprofundar sobre esse tema, mas desejo ressaltar a necessidade de evitarmos comparações hierárquicas entre culturas. Em vez de enxergarmos superioridade ou inferioridade em certas tradições e culturas, devemos procurar avaliá-las pelo grau de diferenças. Culturas, povos e nações são diferentes, e se comportam de maneira diferente. Nada nos autoriza a dizer que uma é melhor ou mais importante que a outra.

Retornando a Toffler, a passagem da prática de caça e coleta para a agricultura impingiu transformações profundas no modo de viver das civilizações. E isso é verdade, vide a própria maneira de olhar o tempo, a necessidade de dominá-lo para adestrar a natureza e obter melhores colheitas. Mais tarde, o controle sobre o tempo também significou um controle sobre as pessoas. Em relação ao trabalho, o calendário, a demarcação das jornadas, foi um cabresto eficaz do patrão sobre o empregado.

Concluo afirmando que a exploração do capital intelectual e a introdução do conhecimento no modo de produção capitalista, já na segunda metade do século XX, aliados à inserção e efetiva participação feminina no mercado de trabalho e de consumo, provocaram transformações substanciais na sociedade e no próprio sistema econômico, que culminaram no surgimento de uma nova estrutura, a transcapitalista. A economia que resplandece no século XXI não tem mais como base a propriedade privada dos meios de produção; tampouco o capital se reproduz na mercantilização de mercadorias concretas e na exploração da força física do trabalhador, que assumiu um novo perfil, oposto ao do trabalhador do primeiro século de desenvolvimento industrial.

O homem que hoje requer melhorias de sua condição humana não é mais o sujeito alienado, imerso no processo de produção de bens materiais para uso e consumo. Muito pelo contrário, é um homem que produz conhecimento, que precisou desenvolver sua capacidade intelectual, que se tornou ao mesmo tempo produtor, produto e matéria-prima dentro do sistema econômico. O modo de produção ultrapassou e muito os muros das fábricas. Hoje, encontra-se num espaço intangível, mas público. Assim como o oxigênio: está no ar, é usado por todos, mas aspirado de forma individual. Então, nenhuma teoria que preconize a socialização dos meios de produção será exitosa. Também não podemos mais confinar o homem produtivo nas linhas de montagem e nos espaços fabris. Ele saiu. O trabalho do "operário" está no ar; tornou-se o oxigênio da civilização moderna, e ele mesmo transmutou sua condição de "vendedor da força de trabalho" (como o identificou Marx) para dono dos meios de produção. E é com esse novo homem que a economia precisa saber lidar.

Estamos diante de uma sociedade mais interessada em usufruir das regalias da vida do que propriamente se apropriar delas. A exploração do capital intelectual trouxe ao cenário social uma nova forma de usar a propriedade. Pelas especificidades do conhecimento, uma "mercadoria" diferenciada, não consumível, não destrutível e completamente misteriosa, que se tornou a fonte de riqueza do mundo pós-industrial, assistimos à emergência de uma nova ordem, baseada mais no usufruto do que na apropriação.

Estamos diante de uma sociedade dirigida pelo capital abstrato, pelo homem que transformou sua vida privada num espaço de interação, que aciona os poderes públicos para tornar mais confortável seu trânsito entre o público e o privado, e requer para si o usufruto do espaço antes destinado às elites; que deseja se sentir, mais que simples cidadão, um usuário, ou seja, um ser capaz de usar e utilizar os serviços públicos. Não podemos mais trabalhar com a ideia de homens alienados tocando um processo produtivo que antes exigia força bruta ou habilidade mecânica. Tanto a iniciativa privada quanto a administração pública precisam estar atentas às solicitações desse novo homem, que se tornou a riqueza do presente e do futuro.

A época de domesticar o homem está chegando ao fim. A nova era exige um Estado-servidor, mas também empreendedor. A aplicação de políticas neoliberais e socialistas serão ineficazes para gerir a sociedade e a economia. Em face dessas mudanças, a sociedade precisará saber operar a nova realidade para não provocar a falência de todo sistema.

3. Recomendações à gestão pública

Para que os gestores públicos possam ser bem sucedidos na tarefa de administrar o Estado, recomendamos alguns procedimentos:

a) Investir o máximo possível no capital intelectual;

b) Facilitar o acesso do público às informações e serviços;

c) Tornar a gestão pública o mais transparente e simples possível;

d) Investir no setor de Comunicação Social, tornando-o um setor estratégico, para que as informações sejam repassadas aos usuários de forma clara, objetiva, simples e transparente; tudo deve ser traduzido para uma linguagem acessível, inclusive planilhas orçamentárias, relatórios de gestão etc.; a administração pública deve ser um livro aberto, bem escrito e completamente digestivo para qualquer tipo de público;

e) Procurar realizar o maior número possível de parcerias com a iniciativa privada nos serviços que lhes são afetos, de forma que o Estado possa ser um sócio, ao mesmo tempo em que monitora a qualidade de prestação em defesa do publico consumidor. Como sócia, a administração pública deve auferir uma porcentagem dos lucros nas cessões e concessões de serviços e bens públicos, em vez de, simplesmente, comprar empresas ou promover estatização de serviços. As privatizações, simples venda do patrimônio público, só devem ocorrer em caso de prejuízo do erário pela exploração da atividade, ou quando esta exploração se torna muito dispendiosa para os cofres públicos. Em todas as demais situações, para não tornar a administração pública muito onerosa e complexa, o ideal é não vender para a iniciativa privada, mas torná-la exploradora da atividade ou do bem, na condição de usufrutuária. Assim, o Estado livra-se do ônus e melhora a qualidade do serviço ou atividade ao inseri-los no mercado competitivo. Que se abra concorrência para o usufruto do bem público, de forma que a iniciativa privada bem qualificada possa competir.

f) Valorizar e priorizar os trabalhos de equipe dentro da administração e repartições;

g) Criar ferramentas que permitam ao usuário/ contribuinte/ cidadão não apenas participar da gestão pública, mas também avaliar a qualidade dos serviços;

h) Fazer com que essas avaliações tenham poder para mudar o que não estiver sendo bem recebido pelo usuário;

i) Criar dinâmicas que permitam ao servidor público adquirir uma visão macro e não micro da administração;

j) Estabelecer um funcionamento em rede, de forma a promover a interação entre todos os segmentos;

h) Estimular a participação popular na gestão, com a abertura de concursos públicos para a apresentação de projetos na área social e priorizar a implantação desses projetos;

i) Estabelecer parcerias com ONGs e associações comunitárias;

j) Estabelecer parcerias com grandes empresas com vistas a estimular o usufruto de bens e serviços pertencentes à iniciativa privada pelas camadas populares.

l) Efetuar a reforma agrária a partir de uma perspectiva usufrutuarista e não expropriatória.

m) Mudar as políticas de distribuição de renda e equidade social. Como? Tornando a gestão pública empreendedora e competitiva com o mercado interno. Programas como bolsas devem ter caráter emergencial e prazo de validade. Paralelamente a esses programas, cuja tendência é a de se reduzirem drasticamente, a administração pública deve financiar a formalização, instalação e montagem de indústrias sustentáveis em regiões carentes ou periféricas aos grandes centros urbanos; e promover a capacitação intensiva de mão-de-obra, privilegiando as pessoas de baixa renda, para que no prazo mais razoável possível assumam esses empreendimentos na condição de usufrutuários. É a melhor forma de ampliar a renda das camadas mais pobres e, ao mesmo tempo, torná-las produtoras de riqueza e multiplicadoras da prosperidade.

Livro II
A cartilha

1. Introdução

São muitos os problemas que ainda afetam o Brasil, apesar dos visíveis avanços verificados nas análises estatísticas dos últimos 20 anos: dados coletados por organizações, institutos e órgãos governamentais e não governamentais comprovam que o desenvolvimento social e econômico alcançado nos últimos dez anos em nada se compara ao de décadas anteriores.

No entanto, não devemos nos acomodar com os números, mesmo porque também apontam problemas graves, dificuldades que impedem o país de realmente se tornar um gigante econômico e se libertar definitivamente da miséria. E o maior problema do Brasil, também o da maioria dos lares brasileiros, continua sendo o dinheiro: como buscá-lo, onde e como aplicá-lo, enfim, como fazer com que ele renda?

Se quisermos uma nação melhor, devemos gerenciar receitas e despesas, acompanhar de perto os orçamentos públicos (municipais, estaduais e federal), de forma que ninguém viva sem o pão de cada dia. No caso das receitas brasileiras, ou seja, do montante arrecadado para o pagamento das contas, podemos verificar três obstáculos para a prosperidade de nosso país, três perdas consideráveis para os cofres públicos, provocadas pelos seguintes fatores:

— corrupção;
— sonegação fiscal;
— dívida pública.

Especifico, em forma de gráficos e quadros comparativos, quanto custa para os bolsos do cidadão cada um desses problemas. Para efetuar as comparações, vamos usar como medida o PIB (Produto Interno Bruto) e a arrecadação orçamentária.

PIB - riqueza produzida por um país; tudo que a economia consegue produzir em bens e serviços durante um ano;

PIB per capita - resultado da divisão dessas riquezas pelo número de habitantes de um país; o PIB per capita de 2012, quantidade de riqueza que cada um produziu durante o ano ficou em R$22.400 — equivale a um salário mensal de R$1.866,66.[59]

Veja abaixo como evoluiu o PIB nos últimos anos.

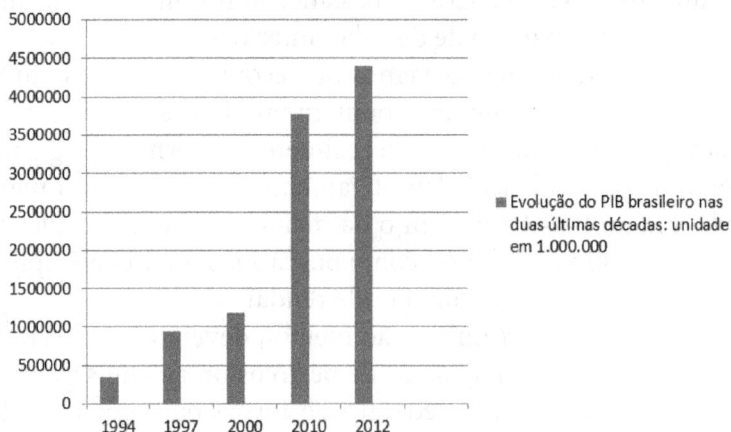

Figura 1: Evolução do PIB brasileiro com ênfase nas duas últimas décadas. Valor do PIB em 2012: R$ 4.402.537.000.000. Fonte dos dados: IBGE.[60]

---

59 Fonte: www.suapesquisa.com.br/economia/pub_brasil_2012.htm
60 http://seriesestatisticas.ibge.gov.br/series.aspx?vcodigo=SCN52&t= produto-interno-bruto-brvalores-correntes

1.1 - Corrupção x PIB

Quanto de nossas riquezas corrói a corrupção? Essa praga não é prática recente na História do Brasil. Ratazanas em todas as esferas públicas vêm há décadas consumindo o dinheiro que pagamos em impostos. Nos últimos anos, porém, ficou mais fácil detectá-las, principalmente porque o orçamento público se tornou mais acessível e transparente.

Além do mais, a Constituição Federal de 1988, ao lado de intensas reformas administrativas no governo de Fernando Henrique Cardoso, da criação de leis rigorosas em relação aos gastos públicos — como a lei das licitações (Lei 8.666/93) e a de Responsabilidade Fiscal (Lei complementar 101/2000)[61] —, do fortalecimento da Polícia Federal e dos Ministérios Públicos, da expansão do Poder Judiciário e da diversificação dos meios de comunicação, com o advento da internet, facilitou o acesso rápido às informações e chacoalhou a velha máquina pública, permitindo às pessoas comuns o acompanhamento da movimentação de políticos e servidores públicos.

Tudo isso possibilitou, inclusive, a realização de estudos sobre o impacto da corrupção no nosso bolso. Segundo pesquisa da FIESP (Federação das Indústrias do Estado de São Paulo) publicada em 2010, a corrupção no Brasil consumiu de 1,38% a 2,3% do PIB brasileiro[62] — R$69 bilhões que poderiam estar sendo gastos com saúde, educação, habitação etc.

A tendência, se nos mantivermos firmes nas propostas de reforma do Estado, é exterminar de uma vez por todas os bastidores dos cenários políticos e da administração pública. Nossa intenção é colocar a vida pública na varanda, livrar a democracia de possíveis porões.

---

61 Cf. http://www2.senado.leg.br/bdsf/bitstream/handle/id/70313/738485.pdf?sequence=2

62 Fonte: http://www.fiesp.com.br/indices-pesquisas-e-publicacoes/relatorio-corrupcao-custos-economicos-e-propostas-de-combate/ e http://www.corruptometro.org, acesso 25/10/13.

1.2 - Sonegação x PIB

Se a corrupção afeta as contas públicas, os sonegadores são roedores ainda mais vorazes. Em 2008, a sonegação fiscal levou uma fatia do PIB bem maior que a da corrupção, conforme dados extraídos do portal da internet, o "sonegômetro".[63] Para se ter uma ideia, a carga tributária no Brasil gira em torno de 35% do PIB. Se não houvesse tanta sonegação, a carga seria menor, e arrecadaríamos 23,9% de impostos a mais. A sonegação corrói 8,4% do PIB; em 2013, nada mais nada menos que R$304 bilhões deixaram de entrar nos cofres da União. Os orçamentos estaduais também poderiam engordar alguns bilhões, não houvesse tanta sonegação do ICMS (Imposto sobre Operações Relativas à Circulação de Mercadorias e sobre Prestação Serviços).

Discute-se muito sobre a relação entre sonegação e carga tributária: os sonegadores se valem do argumento de que sonegam para se livrarem da pesada carga tributária; os contribuintes regulares reclamam que o peso advém da sonegação — inútil explicar quem nasceu primeiro, se o ovo ou a galinha. No entanto, existe uma matemática visível no sistema; vivemos numa espécie de condomínio: se meu vizinho não paga a conta, os outros pagam por ele, e isso não é justo. Se querem se revoltar contra o pagamento de tributos, usem a inteligência, e não a negligência, ou a "esperteza"; pensem numa reforma tributária que não diminua o volume da arrecadação, pois isso seria um tiro no pé, e sim que diminua o tamanho da carga para cada um, medidas que devem ser alinhadas à melhor realocação dos tributos. E onde eles devem ser aplicados?

A outra questão cristalina é a seguinte: quando os mais ricos, como grandes empresas, sonegam, o prejuízo para os cofres públicos é estrondoso, chegam a abalar as estruturas.

---

63 http://www.quantocustaobrasil.com.br/

1.3 - Dívida pública x PIB

Ninguém gosta de dívidas, e muito menos de pagar juros. Em relação à dívida pública brasileira, existem muitas controvérsias. Segundo Maria Lúcia Fattorelli,[64] por exemplo, nove dias de pagamento da dívida equivalem aos gastos de um ano inteiro com o Bolsa Família.

Enquanto o Bolsa Família atende 13,5 milhões de famílias miseráveis, cuja renda mensal varia entre R$60 e R$120 apenas, o Bolsa Rico, como denomina Fattorelli, satisfaz meia dúzia banqueiros: só eles levam quase metade dos impostos arrecadados, ou seja, 42% do orçamento.[65]

No entanto, se verificarmos os orçamentos da União, a explicação é outra. No orçamento previsto para 2014, por exemplo, o Tesouro informa o seguinte:

> É importante destacarmos que no Orçamento Fiscal, embora o valor total da despesa com a dívida pública federal alcance a soma de R$ 991 bilhões, a maior parte desse montante não representa propriamente pagamento da dívida, uma vez que R$ 654,7 bilhões correspondem ao seu refinanciamento, ou seja, substituição de títulos anteriormente emitidos por títulos novos, com vencimento posterior. Nesse tipo de operação, usualmente conhecida como "rolagem da dívida", não há redução nem ampliação do endividamento atual. O pagamento da dívida contempla ainda juros no total de R$ 189,5 bilhões inclui a cobertura do Banco Cen-

---

64 Auditora fiscal e coordenadora da organização brasileira Auditoria Cidadã da Dívida. Foi membro da Comissão de Auditoria Integral da Dívida Pública (CAIC) no Equador em 2007 e 2008 e também participou ativamente nos trabalhos da CPI (Comissão Parlamentar de Inquérito) sobre a dívida realizada no Brasil. Cf. entrevista em: http://www.rededemocratica.org/index.php?option=com_k2&view=item&id=3791:dívida-pública-consome-metade-do-orçamento, acessada em 25/10/13. Para ir além: http://www.auditoriacidada.org.br.

65 Idem.

tral e amortização (diminuição do principal da dívida) de R$ 147,8 bilhões.[66]

Na realidade, se analisarmos os orçamentos executados dos anos anteriores, o que o Brasil gastou refere-se a juros e amortizações. A porcentagem do orçamento para o pagamento da dívida, ou seja, a quantia real que a União desembolsa, não é 42% do orçamento. Juros e amortizações têm consumido em torno de 20% do orçamento anual. Se contabilizarmos apenas os juros como despesas, a conta fica em torno de 10% do orçamento. É preciso saber que, na contabilidade gerencial, amortizações entram como receita, e não como despesa orçamentária.

A própria auditora fiscal nos alerta para a necessidade de se fazer uma auditoria completa na dívida, pois a mesma, segundo ela, apresenta-se eivada de irregularidades, conforme levantamento da CPI da dívida pública, instaurada em agosto de 2009.[67]

Fattorelli participou da auditoria da dívida no Equador, que apontou várias ilegalidades. Com amparo legal, o governo equatoriano renegociou sua dívida e hoje paga apenas 30% do montante. Assim, conseguiu grande sobra de caixa para investir nas áreas sociais debilitadas.

Uma auditoria nesses termos seria excelente para o usufrutuarismo, visto que uma das reformas a serem implementadas refere-se justamente à renegociação imediata da dívida, com redução das taxas de juros. Isso porque, conforme se pode verificar nos gráficos abaixo, é impossível injetar mais recursos nas áreas de Saúde, Educação, Previdência, infraestrutura e outras, se não houver sobra para fazê-lo. Mesmo não sendo corretos os valores apontados por Fattorelli, os juros e amortizações pagos atualmente não são nem um pouco desprezíveis.

Sabemos, no entanto, o quanto é difícil para um gover-

---

66 Orçamento ao alcance de todos, 2014, p. 10.
67 http://www.auditoriacidada.org.br/wp-content/uploads/2012/08/Informativo-mar%C3%A7o-2010.pdf, acesso em 23/9/13.

no dizer aos banqueiros: "Danem-se, não pagaremos a dívida!" Mesmo que se comprovem as ilegalidades apontadas pela auditoria, a engrenagem do sistema financeiro atual já vem sendo estruturada há mais de quatro séculos, e encontrará meios para não aceitar desaforos. Lutar contra poderes dinossáuricos exige ou muito malabarismo político ou guerras sangrentas, ambos com preço alto para a sociedade.

O diferencial deste trabalho consiste em fornecer ao Governo cartas limpas e sedutoras para jogar com o sistema financeiro de forma inteligente, atraindo o interesse deles e, ao mesmo tempo, resolvendo os nossos problemas, sem sacrificar nenhum setor social. Parece um conto de fadas, mas, ao concluírem a leitura das reformas, verão como a solução é bem mais simples do que imaginam.

Depois de vasta pesquisa em sites institucionais e educativos, leituras de artigos acadêmicos, livros, legislações e matérias jornalísticas com opiniões das mais variadas tendências, e, principalmente, sob o calor de muitos debates, pude, finalmente, elaborar este trabalho, uma constituição primária do Estado do Usufruto. A Constituição completa será redigida pelo povo, de forma democrática, de preferência com a participação popular direta na tomada de decisões.

Repudio modelos autoritários. A inteligência foi o artifício criado pela natureza para colocar fim à dominação do homem sobre seus pares e demais espécies, como se, num determinado momento, a vida quisesse dar uma trégua à luta egoísta pela sobrevivência e tentar um novo estilo de perpetuação.

A ideia do usufrutuarismo, na verdade, surgiu no meu segundo livro, *Crítica à tolice feminina*,[68] publicado em 2001. Desde então, tenho procurado, dentro do meio acadêmico, uma maneira de abordar o tema com mais complexidade. Aqui, criei uma espécie de manual de "socioajuda", pois a intenção não é socorrer o indivíduo (autoajuda), mas sim auxiliar grupos reunidos em torno dos mesmos interesses.

---

68 AMENO, Agenita. *Op. Cit.*

Na ilustração abaixo, uma visão superficial do que acontece ao orçamento público quando a receita é repartida com banqueiros e sofre ataque dos sonegadores e corruptos.

Corrosões e Orçamento Público Federal

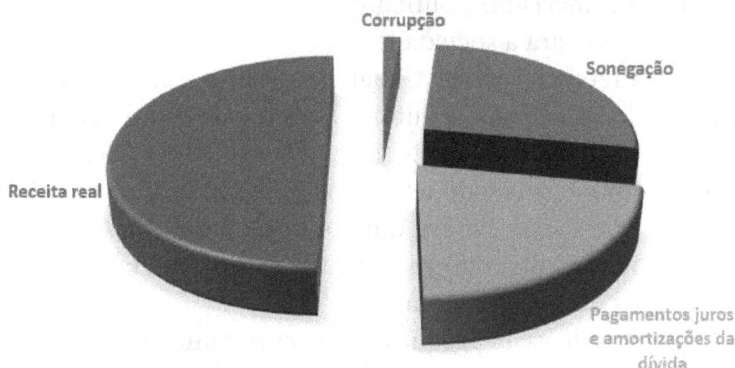

Figura 2: Os ralos do orçamento num modelo orçamentário federal. Depois de perdermos nosso dinheiro para os banqueiros, para a corrupção e para os sonegadores, sobra a fatia em roxo para cobrir todas as outras despesas. Eis porque falta dinheiro para saúde, educação, infraestrutura, cultura, tecnologia etc.

Bem, voltemos à parte prática do livro. As reformas política, tributária e trabalhista aqui elaboradas permitirão ao Governo estabelecer um diálogo vantajoso, tanto para o Estado quanto para seus credores e setores da economia. As medidas a serem adotadas na área de tributação e do trabalho, por exemplo, representam não só grande estímulo às poupanças, como uma repentina capitalização das instituições bancárias — dinheiro guardado, bancos capitalizados, Governo com maior poder de negociação da dívida e dos juros, população aliviada do trabalho e da carga de tributos sobre o consumo, e, finalmente, empresários trabalhando a todo vapor para vitaminar seus lucros e a economia.

Por esta rápida introdução, quis mostrar por que precisamos nos mobilizar para efetuar reformas radicais e abrangentes. E por onde devemos começar, a fim de que as riquezas sejam aproveitadas por todos? Temos riquezas à vontade, falta-nos apenas um povo consciente e um governo com estratégias eficientes para construirmos um país de sonhos, liberdade e igualdade.

2. Perguntas e respostas

A construção do Estado do Usufruto prevê quatro reformas básicas e três acessórias a serem empreendidas, em conjunto e simultaneamente. Podem ser aprimoradas pelo legislador, mas nenhuma deverá ser desprezada, sob o risco de não se obter os resultados desejados.

Primeiramente, vamos apresentar o novo sistema e saber mais sobre ele, esclarecendo os pontos principais, através de algumas perguntas e respostas:

1) O que é o usufrutuarismo?

É um sistema econômico onde as riquezas fluem para todos, em ritmo constante e crescente. Ninguém será desapropriado de seus bens, nem pobres nem ricos ficarão sem propriedades, enquanto viverem. Os que não as possuem poderão adquiri-las com facilidade e os que já possuem não serão desalojados ou expropriados.

2) Como conceber um sistema assim?

Somente se a visão do inferno estiver bem clara é possível imaginar o paraíso. Então, vamos iluminar o inferno, para descobrir onde o "diabo" dorme. Nós, e boa parte do mundo, vivemos há séculos sob o domínio da economia capitalista. Aparentemente, é esse o inferno onde nos digladiamos, lutamos, enganamos, somos enganados e morremos, na ânsia de sobreviver, e também, se possível, de fazer algo especial: viver com dignidade e conforto.

A maioria não consegue atingir esses objetivos, e os poucos "vencedores" do inferno só obtiveram algum sucesso material e conforto espiritual às custas de sangue, suor e lágrimas. Algumas rotas de fuga foram tentadas, é verdade. No entanto, também elas levaram à miséria, terror ou supressão da liberdade, que é o oxigênio do espírito humano. Muitos regimes e sistemas surgidos durante a evolução capitalista passaram ao largo, longe da tão sonhada utopia do bem-viver. Sob a bandeira da igualdade social, Estados ditos "socialistas" disfarçaram a opressão e o autoritarismo.

O stalinismo na Rússia e a China comunista de Mao Tse-Tung são bons exemplos. O fascismo e o nazismo, por sua vez, conseguiram piorar o que o "inferno" já tinha de ruim. A derrubada do Muro de Berlim, os boicotes comerciais enfrentados por Cuba, os duros golpes militares na América Latina e no mundo e todas as tentativas frustradas ou mantidas a duras penas, fosse para "fugir" do sistema capitalista, fosse para enquadrar as pessoas nele, provocaram em muitos uma espécie de desencanto com as utopias. "Se estamos no inferno, abracemos o capeta", é o que escuto dos desiludidos com promessas de mudança.

Porém, em vez de "abraçar o capeta", por que não jogar um holofote nos olhos dele? A melhor estratégia para dominar algo é conhecer seu funcionamento. Adam Smith[69] e Karl

---

69 Economista e filósofo escocês, nascido em 1723. É considerado como aquele que mais contribuiu para a moderna percepção da economia de livre mercado. Segundo seu livro mais importante, *Uma investigação sobre a natureza e a causa da riqueza das nações*, a riqueza das nações e dos indivíduos em geral era fruto de interesses próprios [*self-interest*], sendo que o bem que todos os indivíduos proporcionam não são autopercebidos. Em suas próprias palavras, "não é da benevolência do padeiro, do açougueiro ou do cervejeiro que eu espero que saia o meu jantar, mas sim do empenho deles em promover seu próprio 'autointeresse'". Portanto, era defensor de um livre mercado, em que forças invisíveis fizessem com que os comerciantes e industriais brigassem por descobertas de novas tecnologias para o aprimo-

Marx[70] fizeram isso muito bem: ambos dissecaram a economia e sonharam um final feliz para as sociedades capitalistas.

Adam Smith imaginou que a liberdade econômica, ao produzir muitas riquezas, criaria um mercado parecido a um relógio social automático, capaz de, com o tempo, distribuí-las para todos na justa medida. Reconhecia, no entanto, que o Estado pudesse ser capaz de criar as condições necessárias para que a "mão invisível" do mercado operasse livremente. O próprio ordenamento jurídico que defende o direito à propriedade privada é a primeira sinalização do mercado efetuada pelo Estado.[71]

Karl Marx recusou-se a acreditar na mágica do mercado. No berço da produção da riqueza, viu, não o relógio, mas uma "bomba-relógio", capaz de explodir o berço, com o bebê e tudo. A tal bomba era, nada mais, nada menos, que a contradição existente no próprio processo de produção das riquezas, onde nunca haverá igualdade espontânea, pois existe um abismo intransponível entre os concorrentes do mercado. Poucos têm o dinheiro, e a grande maioria possui apenas a força de trabalho — o dinheiro sempre compraria o trabalho, os primeiros seriam donos e os segundos mercadorias. Assim, apenas uma minoria atuaria como sujeito, os demais não passariam de objetos do sistema.

Para complicar, Marx viu na força de trabalho a mercadoria mais preciosa, pois era o pilar, a base para garantir a pro-

---

ramento de seus serviços, fazendo com que o preço de suas mercadorias declinasse e houvesse geração de novos empregos. O trabalho de Smith ajudou a construir a fundação de disciplinas modernas acadêmicas de livre mercado e providenciou um dos melhores tratados intelectuais sobre capitalismo e liberalismo. Cf. Edson Canal Girard, extraído do site: http://www.infoescola.com/economia/adam-smith, acesso em 25/10/13.

70 Pensador alemão (1818-1833). Escreveu, dentre outras obras, *O Manifesto Comunista* (1848) e *O Capital* (1867), sua obra mais importante, que o destaca como principal crítico do capitalismo.

71 "The tolls for the maintenance of a high road cannot with any safety be made the property of private persons." SMITH, Adam. *Wealth of Nations*, Chapter I, Part III, Article I, p. 786.

dução e reprodução da riqueza de seus compradores. A chance de um proprietário "fabricar" um trabalhador rico era infinitamente menor que a de um trabalhador pobre produzir um proprietário rico, ou seja, os pobres geravam ricos, porque seu papel ali no modo de produção capitalista era justamente esse. E os afortunados dificilmente enriqueceriam os pobres, porque o interesse deles, ricos, era se tornarem cada vez mais ricos. E como ficar milionário, tendo que dividir a fortuna? Eis aí a contradição. Uma classe era o obstáculo e ao mesmo tempo a fonte de recursos para a outra, enfim, proprietários e suas mercadorias — os trabalhadores — eram duas linhas paralelas. Que encontro poderia haver entre os dois? Na corrida pela riqueza, os donos do capital sempre largariam com anos-luz de vantagem em relação aos desprovidos de dinheiro e recursos.

A vida, no sistema capitalista, nunca teria o final feliz da fábula de La Fontaine, onde a tartaruga, apesar de toda vagareza, conseguiu vencer a lebre. Por isso, os trabalhadores deveriam se rebelar e passar à condição de sujeitos da história, em vez de servirem apenas de mercadorias, com valor de troca eternamente defasado. Adam Smith delirou? Ou foi Marx quem apostou suas fichas no agente revolucionário errado?

3) Que imagem melhor ilustra o sistema capitalista?

Imaginemos o sistema como um poço, e as riquezas como a água desse poço. Mas, quem o construiu se julga também o dono da água, e, por isso, procura controlar sua utilização. No capitalismo, cabe aos donos do reservatório escolher quem a terá, e como; quanta água os "não donos do poço" beberão. Evidentemente, os proprietários, os que gastaram para construir, vão se armar, cercar ou mandar cercar o reservatório. Nesse contexto, surge o Estado, para garantir ou não que a propriedade fique protegida e os proprietários do poço resguardados no seu direito de preservar o conteúdo do manancial. Colocam-se exércitos, criam-se leis, legitimam-se ações para preservar a ordem e um suposto ritmo do fluxo de riquezas.

Existem correntes de pensamento que contestam a intervenção do Estado. Para o liberalismo e para a escola austríaca e Friedman, por exemplo, o motivo para a economia não fluir é a excessiva interferência do Estado na economia. Quem cerceia as riquezas não são os proprietários, mas o Estado, com suas leis protecionistas. Porém, seja lá quem for o guardião do poço, o fato é que a maioria não pode beber água à vontade. E ela é feita do suor dos proprietários e também dos outros trabalhadores.

4) Qual a estratégia socialista diante dessa imagem?

Para Marx e os socialistas, ao perceber e tomar conhecimento de que o conteúdo do poço é feito sobretudo de seu suor e lágrimas, e se vendo privada de usufruir das riquezas que produziu, a classe trabalhadora assaltaria o poço, combateria os exércitos, apropriar-se-ia do manancial e distribuiria a água entre todos.

Caberia ao Estado, como representante das classes revolucionárias, cuidar de repartir a "água" para que não houvesse mais injustiças, e uma guerra de todos contra todos. Como um pai, o Estado decidiria, em última instância, quem receberia qual porção.

5) E como o usufrutuarismo vê a questão da acumulação de riquezas?

No usufrutuarismo, reconhece-se a existência do poço: a riqueza capitalista é fruto do suor de muitos, e isso não é novidade para ninguém. As riquezas estão nas mãos de uma minoria — realmente, isso é um fato. De vez em quando, a água pinga nos baldes dos pobres, o que a torna uma espécie de poção mágica, capaz de transformar pobres em classe média e colocá-los para "sonhar".

Sob o efeito da "água encantada", muitos passam a delirar, a gastar como ricos, a consumir como ricos, a se vestirem como ricos, com a única diferença de que não são ricos. Vivem de salário como os mortais, mas, embriagados pela ilusão de que o poço está a poucos metros de distância, quase ao alcance de suas mãos, esforçam-se e se esfolam mais do que os outros para um dia também serem donos da riqueza. Esse é mais ou menos o destino das classes médias: viver de miragens!

Sim, o sistema atual é cruel. É comum acontecer de os donos do reservatório se recusarem a saciar a sede da maioria, acentuando as desigualdades. De qualquer forma, no capitalismo moderno, o controle continua nas mãos de poucos. A maioria está à mercê dos "caprichos" dos mais ricos, e o Estado baila conforme a música que estes o mandam ouvir.

6) E qual a estratégia usufrutuarista para mudar essa paisagem?

A tática usufrutuarista para alcançar a água do poço difere da do socialismo, e, ao que tudo indica, as consequências também serão outras. Não haverá assalto e nem combate armado contra os vigilantes do reservatório. A tática não é liquidar o Estado, embora seu papel seja drasticamente alterado e sua interferência tornada diminuta. Não pretendemos rasgar o contrato de liberdade dos proprietários, mas penetrá-lo, e até mesmo ampliá-lo, fazer com que mais e mais pessoas se tornem proprietários e pequenos empreendedores.

7) Como?

Por meio de reformas profundas, efetuadas no fundo do poço, e não na sua superfície. Cavaremos túneis subterrâneos, por onde a água começará a escorrer. Vamos romper o sistema por dentro, de forma que o desmoronamento será instantâneo e o poço transformar-se-á num rio caudaloso. A riqueza transbordará para todos, antigos donos do poço e o povo. Todos serão "engolidos" pela enchente. Portanto, não haverá necessidade de "assaltar" o poço.

O volume de riquezas passará a fluir na sociedade, matando a sede dos pobres e também a dos mais ricos. No lugar do reservatório, a antiga imagem, haverá um rio nervoso correndo sobre terra, sem diques ou represas para impedi-lo de crescer.

Cada qual se servirá das águas da maneira que melhor souber e puder.

8) O usufrutuarismo conseguirá transformar um poço de riquezas num rio caudaloso?

Sim. São estas as quatro reformas básicas que permitirão essa transformação: política, tributária, trabalhista e no direito de sucessão. A mais característica, que romperá os diques das represas em médio e longo prazo, definitivamente, é a conversão do direito de herança em direito de apenas usufruto.

9) Toda herança será convertida em usufruto? Todos os herdeiros terão direito a apenas usufruir da herança?

Não. Será convertido exclusivamente em direito de usufruto o patrimônio móvel deixado pelo falecido cuja soma de bens ultrapassar o valor de 500 salários mínimos (valor escolhido para fins de ilustração apenas, tendo sido considerado como critério de escolha o fato de poucas pessoas possuírem esse montante em bens móveis) . E também será convertida em usufruto dos herdeiros a herança deixada em bens imóveis, patrimônio imóvel, cujo valor total das propriedades ultrapassar 2000 salários mínimos (valor também escolhido para fins de ilustração, ressaltando que levei em conta o fato de apenas uma minoria dos espólios possuírem esse valor de avaliação, considerado bastante alto para o padrão de vida brasileiro). Os bens móveis (carros, iates, joias, animais, obras de arte etc., exceto ações) cuja soma for inferior a 500 SMs serão submetidos às regras atuais de herança, idem para os bens imóveis que somarem menos de 2000 SMs.

Considerando que 95% da população não possui um patrimônio avaliado em mais US$1 milhão, conclui-se que ficará para o usufruto apenas um número reduzido dos espólios. Num universo de 205 milhões de pessoas, não chega a 140 mil o número de milionários (pessoas com patrimônio avaliado em

R$1 milhão). Espólios superiores a R$2 milhões são ainda mais raros.

Apenas um detalhe: o salário mínimo no usufrutuarismo será 5% da renda per capita. No Brasil, a renda per capita relativa ao exercício de 2012 foi R$22.400. Logo, 5% desse valor são R$1.120 mensais. Esse seria o valor do salário mínimo, caso o usufrutuarismo fosse implantado agora.

Não, não pense que tal regime será inflacionário. As reformas a serem realizadas varrerão a inflação para longe. Quanto ao direito de sucessão, importa ressaltar que a mudança fará a riqueza circular e a acumulação do capital se dissolver em doses homeopáticas, de forma a criar uma intensa prosperidade, que acabará desaguando para todos.

10) Por que essa mudança no Direito de Sucessão? Herança e usufruto são fundamentais?

O direito de sucessão e herança são os tijolos das paredes que aprisionam a água da riqueza, causando uma espécie de celulite na pele do capitalismo. É possível alterar esse direito para transformar uma represa num rio, uniformizar a pele sem destruir as células do capital e abrir as comportas para todos. Isso, sem ferir de fato nenhum proprietário real e físico dos bens. É bom lembrar que herdeiros ou candidatos a herdeiros não são proprietários.

No usufrutuarismo, as pessoas serão proprietárias da fortuna que construírem com o próprio suor. A propriedade acompanha a vida. No entanto, mesmo atento à distorção do direito à herança hoje, o novo Código Civil não deixará desamparados a mulher, filhos ou sucessores do milionário, uma vez que terão direito ao usufruto dos bens e propriedades deixados. No caso de pessoa jurídica, a lei deverá realçar a continuidade da atividade e preservar o patrimônio nas mãos dos familiares, caso seja comprovado o empenho e trabalho desses no negócio, ao longo dos anos, junto ao parente falecido. Importante ainda ressaltar que a pequena propriedade, sustento e abrigo das famílias de classe média, continuará obedecendo às normas atuais relativas ao direito de herança. Não serão, portanto, objeto de usufruto.

A mudança no direito sucessório visa a corrigir uma distorção da lei, pois que esta, a princípio, dista da ideia de meritocracia. Um dos princípios liberais reza que as pessoas devem obter riquezas por esforço e talento próprio. O sucesso material é um prêmio, uma recompensa para esse talento. O enriquecimento é consequência de uma conquista pessoal, alcançada por merecimento, não por se encontrar o candidato a "vencedor" em condições privilegiadas. Chega-se ao topo de uma camada social não por distinção de raça, credo, riquezas, mas, simplesmente, porque se é capaz.

Assim, a condição de herdeiros de fortunas destoa da prática de mercado que privilegia a meritocracia. E por que somente os herdeiros das grandes fortunas, não todos os herdeiros? Porque os bens cuja serventia está restrita ao sustento e abrigo dos sucessores não colocam os herdeiros na linha de frente das raias de competição do mercado. O pequeno dote não faz o atleta largar com 100 metros de vantagem como os grandes dotes. Porém, o pouco que foi deixado aos pequenos herdeiros é o suficiente para torná-los competidores e para que alcancem, por esforço próprio, a posição que desejam alcançar, caso queiram.

Os usufrutuários das grandes fortunas tampouco ficarão excluídos do páreo, pois de seu talento para lapidar os diamantes deixados poderão nascer grandes empreendedores, quem sabe até aptos a superar os antecessores da linha genética. Aí, sim, dependerá do esforço de cada um. Em suma, todos terão garantido o direito de adquirir, durante a vida, o quanto de riqueza desejarem e forem capazes de amealhar.

Se apenas este argumento não for suficiente para corrigir a distorção no nosso Código Civil, vale a pena refletir sobre os direitos humanos fundamentais: a vida, a liberdade e a propriedade. São também os três concernentes ao indivíduo, enquanto ser único. Portanto, ao morrer, o sujeito leva consigo a própria vida, é claro e a sua liberdade; deveria igualmente levar a sua propriedade, mas, evidentemente, esta última não cabe no caixão. Tal qual um ectoplasma que se desprende do corpo físico, os bens de um morto ficam "vagando" no espaço, até que a sociedade lhes garanta a sobrevivência num novo corpo, hoje representado pelos herdeiros.

Ora, se não existe a possibilidade racional de alguém se apropriar da vida de um morto, tampouco de sua liberdade, por que, então, teria o direito de se apropriar de seus bens? Principalmente quando consideramos o direito à propriedade algo intrínseco a cada indivíduo? Por serem tangíveis e materiais, não havendo forma de extingui-los? Porém, se o problema é lhes dar um destino, então, numa sociedade realmente justa e que preza os valores liberais, melhor seria se todos pudessem concorrer a esse direito, não apenas alguns que, "premiados" pela fecundação, nasceram em "berço de ouro". Que se abra o mercado à ampla concorrência para que os mais capazes e aptos possam conquistar o direito à propriedade.

O usufrutuarismo cuida de corrigir esse desvio da lei, tomando o cuidado de "colocar a leilão", findo o período de usufruto dos sucessores, apenas o patrimônio que excedeu a necessidade de garantir conforto, segurança e sustento a seus antigos donos. O patrimônio acumulado que garantiu a alguém os primeiros lugares nas raias do sucesso durante sua vida não deve servir para colocar nesses mesmos lugares aqueles que não se esforçaram para chegar lá. Assim como a vida e a liberdade se extinguem com a morte de seu proprietário, o direito à propriedade não deve se perpetuar na pele do herdeiro. Deve, antes, ser uma conquista. E os meios para se obter essa conquista os sucessores terão, com o usufruto dos bens deixados e não com a posse, uma prerrogativa inalienável do último adquirente.

Além da reforma no Código Civil, outra essencial é a tributária, pois somente ela conseguirá atenuar o peso nos ombros dos "Davis" e "Golias", de forma que para os pequenos Davis a cruz dos impostos será como pluma, e, para os gigantes Golias, a carga tributária tampouco exercerá qualquer pressão. Eles também serão aliviados.

Da maneira como foi planejada neste estudo, a reforma tributária permitirá a empresas pequenas, médias e gigantes crescerem ainda mais, tudo isso sem diminuir o *quantum* de impostos arrecadados pelo Estado. Com a reforma trabalhista e com o novo perfil da economia, movida por empresas desoneradas de muitos custos de produção, os empregos vão disparar. Só ficará desempregado, quem quiser.

Enfim, o destino das "águas" será a formação de um oceano, onde todos usufruirão das riquezas da maneira que quiserem, sem a presença de um ente (um Estado) controlador para definir qual porção ou cota, caberá a quem. Graças às reformas, aqueles que nada possuem terão oportunidade de viver com dignidade e adquirirem o que desejam.

Os que hoje são ricos terão a oportunidade de expandirem seu patrimônio. Chegará o tempo em que ninguém precisará se incomodar com moradias, educação, cultura e lazer: a todos será oferecido o mínimo para viverem com conforto. Isso não implica necessariamente igualar todo mundo, diminuir o padrão de vida de uns, impor um regime *diet* de vida à coletividade e nem proibir que as pessoas adquiram bens e vivam seus prazeres ou futilidades. Depois de fornecidos os meios para que todos, sem exceção, possam pelo menos fazer suas escolhas, florescerá quem tiver mais talento, aptidão e vontade. Será um mundo de diversidade, e não de contrastes.

11) Como isso será implantado e como serão efetuadas as reformas?

O sistema usufrutuarista deverá ser normatizado, pois o Estado do Usufruto é, sobretudo, um Estado de Direitos, um contrato social. As reformas e seus detalhes serão redigidos por uma assembleia nacional constituinte, específica para tratar de todas essas mudanças. O principal instrumento para sua concepção e manutenção é a democracia popular direta, ou seja, o povo decidindo o que é melhor. A não ser, é claro, que os atuais governos e políticos adotem o pacote de reformas e as façam eles mesmos.

12) Quais as principais diferenças entre capitalismo, socialismo e usufrutuarismo?
Vamos diferenciar, primeiro, através de metáforas, o comportamento de seus principais elementos: a propriedade privada; o Estado; a forma de governo; e o tipo de desenvolvimento econômico.

A - Em relação à Propriedade Privada e Meios de Produção:
Capitalismo: uma minoria detém os meios de produção.
Socialismo: o Estado detém os meios de produção.
Usufrutuarismo: a maioria dos cidadãos detém os meios de produção, ou seja, são proprietários.

B - Em relação à acumulação capitalista:
Capitalismo: o direito de herança mantém o capital eternamente nas mãos de uma minoria.
Socialismo: com a desapropriação dos meios de produção, o capital é dissolvido e a riqueza repartida.
Usufrutuarismo: a conversão do direito de herança dos bens excedentes em usufruto desmancha a rede que mantém o grande capital eternamente nas mãos de uma minoria; a grande propriedade, ou seja, a bolha que retém os bens. A gordura patrimonial acompanhará a vida e se extinguirá com ela. O direito à propriedade nunca deixará de existir, mas a bolha da acumulação adquire um prazo de validade, se torna "mortal" — a acumulação, tal como uma celulite teimosa, resistirá até a terceira geração; depois, o corpo capitalista ganhará nova vida e novas vestes.

A reforma estoura o balão da acumulação, mas preserva o direito das pessoas adquirirem quantos bens e propriedades desejarem e serem donas desses bens, enquanto estiverem vivas. O direito do usufruto permanece como é hoje, mas sua aplicação sofrerá mudanças. Será preciso ajustá-lo ao novo modelo.

As pequenas propriedades nunca serão objeto de leilão e, com relação a elas, o direito dos herdeiros, tal como é hoje, permanece inalterado. Apenas quando se tratar de grandes propriedades os herdeiros passam a ser usufrutuários — enquanto viverem, poderão extrair lucros da herança, usar, emprestar, alugar, arrendar; só não poderão vender os bens. Mas podem também comprar à vontade, para si e para quem quiserem, outros bens e propriedades.

Frise-se: somente será convertido em usufruto o direito à herança de patrimônio imóvel (propriedades físicas, empresas e conjunto de ações) cujo valor total, ou seja, a soma de bens, exceda 2000 SMs. Os herdeiros desse tipo de espólio terão apenas o direito de usufruir. O mesmo se aplica ao espólio de bens móveis, cuja soma, em valores, seja superior a 500 SMs. Depois que os usufrutuários morrerem, esses tipos de patrimônios específicos serão automaticamente disponibilizados à comunidade, mais ou menos como ocorre hoje aos bens a serem leiloados em praça pública. Serão readquiridos por quem por eles se interessar.

Após a morte dos usufrutuários, imóvel e empresa serão leiloados para pessoas físicas ou jurídicas. A renda do leilão será destinada a OSCIPs ou às organizações sociais sem fins lucrativos que apresentarem o melhor projeto de inclusão social, geração de emprego, renda, educação e melhorias na qualidade vida das comunidades mais carentes daquele bairro. A escolha do projeto, avaliação e acompanhamento serão feitos pelos moradores da região interessada, onde o imóvel leiloado se localiza. De qualquer forma, é bom esclarecer que em nenhum momento os bens serão públicos ou tornar-se-ão patrimônio do Estado. Eles simplesmente passam a outras mãos. Numa analogia simples, seria como se todos adquirissem o direito de concorrer à posse de grandes propriedades, e não apenas alguns herdeiros distantes. Os bens permaneceriam com a iniciativa privada. Não perderiam o caráter de propriedade privada. Só os arremataria quem desse o melhor lance.

E, repetindo, para quem iria o dinheiro arrecadado com a venda dessa gordura patrimonial? Seria destinado aos mais pobres e necessitados, havendo, inclusive, uma lista de prioridades, nas quais até um possível familiar em condições de penúria, ou de deficiência física, poderia se beneficiar. No entanto, esse dinheiro não seria doado diretamente aos necessitados, mas sim "emprestado" a organizações sociais não governamentais para projetos escolhidos pela comunidade, com mais poder de ação. Obrigatoriamente devem concorrer os projetos de cunho social que beneficiam as camadas de baixa renda, autossustentáveis e capazes de gerar emprego, renda e melhorar a educação dos beneficiados. Os detalhes e maiores esclarecimentos sofre essa reforma serão tratados em capítulo posterior.

C - Em relação à forma de governo:

Capitalismo: governos "prostitutos"; satisfazem os interesses dos clientes mais ricos; servem aos pobres também, desde que esses colaborem com sua manutenção.

Socialismo: governo paternal, provedor — um pai controlador, abarrotado de filhos e sobrecarregado de responsabilidades, e, por isso, inevitavelmente burocrático.

Usufrutuarismo: governo uterino, construtor e acolhedor; qual a origem da ideia de "governo uterino"? Espelha-se na condição biológica feminina, que implica ser capaz de fazer para si e fazer para o outro ao mesmo tempo: precisamos de um governo que saiba conjugar diferentes interesses.

Já observaram a constituição biológica da mulher? Somente no corpo feminino podem pulsar dois ou mais corações ao mesmo tempo. A mulher possui duas "condições naturais": a primeira, de ser em si, uma semente simplesmente, uma mulher que pode ou não germinar; a segunda, de ser para o outro, e enquanto um "ser para o outro", a mulher transcende sua condição, não é apenas semente, mas *terra*.

Na sua dimensão "terra", a mulher está desenhada e preparada para viver para o outro, repartir-se, enfim, ser mãe. O homem pode se dar ao luxo de ser apenas uma semente e escolher nunca germinar. Mesmo sendo pai, seu corpo biológico não sofrerá alteração para recepcionar ou dividir o espaço com o outro.

O corpo masculino, aliás, não reparte seu espaço para acolher o outro: os homens não vieram talhados pela natureza para a função paterna. Até há pouco tempo, não lhes era dado nem comprovar se suas sementes haviam germinado ou não. Somente com o avanço da ciência e os exames de paternidade, os homens puderam constatar se eram ou não realmente pais. É, pois, a sociedade, e não a natureza, que o obriga a um comportamento paterno, função que, para eles, sempre será uma escolha.

Para a mulher, é o contrário, a natureza a torna mãe. O útero é um órgão feito para acolher e construir, como se, ao nascer, toda mulher trouxesse um berço dentro de si. Não há como ignorar a fecundação de sua semente. Diferentemente do homem, ela não pode simplesmente "explodir ao vento" e ignorar os frutos, pois o fruto a invade, passa a fazer parte dela.

Querendo ou não, todo mês a mulher "aborta" uma possibilidade de ser dois e não apenas um. O mais grave disso tudo não é a dualidade biológica da condição feminina — ora semente, ora terra — mas sim o fato de que as sociedades se apropriam dela. Quando isso lhes convém, as culturas transformam a mulher em "terra", ou seja, desenhada para servir os outros; valorizam a função materna — mães, missionárias, mulheres caridosas ou que se dedicam a outra causa que não a si mesmas.

Essas mesmas culturas, no entanto, depredam a função semente, ou seja, a da mulher erótica, em constante combustão. Não interessa ao "social" a função semente. Uma mulher que busca viver apenas para si mesma torna-se "perigosa", indesejável. Muitas culturas sempre apedrejaram a mulher livre, cujo significado, muitas vezes, se confundiu com o da libertina. E se, pelo lado social, a conduta da mulher livre é reprovável, por outro, escolher viver somente em função dos próprios interesses tampouco é muito confortável. Para manter-se livre, a natureza exige da mulher uma "automutilação", ou lhe cobra um controle feroz sobre sua máquina biológica. Se optar por ser apenas semente, ela deverá colocar um cabresto na natureza, impedir de todas as formas que a "mãe" invada a sua privacidade.

Além de empreender uma batalha contra a própria natureza, a mulher deverá também lutar contra a sociedade, porque a semente feminina "egoísta" não é bem aceita. Claro: entre um rebanho de ovelhas servis e uma loba solitária, as culturas escolhem as primeiras, pois são economicamente mais úteis para a vida coletiva.

O fato é que a mulher sofre, ao longo da história, com as tentativas de apropriação de sua "natureza biológica". Tanto é verdade que, em qualquer situação de "instabilidade social", como as guerras, por exemplo, ela é comumente violentada e se torna mãe contra a própria vontade: quando ela mesma não se "violenta" (interfere no ciclo da natureza), vem alguém e o faz. A totalidade de seu ser é alterada.

O curso da natureza depende de suas escolhas. Cabe a ela, portanto, construir um mundo que não afete sua condição existencial. Será necessário criar seu lugar, ao sol ou à sombra. Sua missão será conceber um Estado que não a aprisione em suas funções biológicas, para que possa ser o que quiser e onde quiser, porque se a mulher não interferir no mundo, o mundo interferirá nela. Não há saída. Que todas acordem para essa realidade!

Vamos conceber uma sociedade confortável, plena de direitos, onde todas possam fazer suas escolhas, livremente e sem riscos, um mundo onde pouco importa se a mulher deseja ser semente ou terra, se tem 10 filhos ou nenhum. Está em suas mãos redigir um contrato social, um Estado que se obriga a abrigá-las, com todas as suas vulnerabilidades e necessidades.

Somente um útero é capaz de acolher, alimentar e promover o desenvolvimento do "outro". Precisamos todos de um Estado, um governo e uma sociedade funcionando como um útero ou uma grande mãe, principalmente no que se refere aos inocentes e desprotegidos, até o dia em que consigam alçar voos sozinhos. Assim devem ser um Estado e um governo.

D - Em relação ao modelo de desenvolvimento econômico:

Capitalista: é fálico; cria dificuldades para vender facilidades, faz buracos para vender remendos; o sistema que tampa buracos é o mesmo que os perfura, pois da falta, do vazio, vem o lucro; é um tipo de economia com ímpeto de penetração, invade, corrompe, explora, esgota e dilacera o seu "objeto de desejo", se ele lhe garantir lucros, e consegue tirar dessa exploração outras fontes de renda; quanto mais "esburacado" estiver o mundo, quanto mais "vazias" estiverem as pessoas, melhor, pois assim criam-se "ofertas de costuras", de ajuda e autoajuda — um lucro advindo do problema que a exploração dele originou... Vemos isso no nível mais exacerbado de "pseudoajuda", como o apoio bélico, por exemplo: a justificativa para intervenções americanas passa pelo argumento de que nos países onde supostamente "falta" democracia, a presença do EUA se faz necessária, uma falácia.

A escala de produção de "dificuldades" para "vender facilidades" é global; assistimos a essa invasão capitalista até na nossa intimidade — somos esmiuçados, constantemente escavados. E para nos remendar, surgem centenas de ofertas. Tudo e todos pretendem curar os vazios psicológicos causados pelo "ritmo violento" das grandes cidades, como se a violência e o estresse fossem inimigos surgidos do nada, um vírus ou um câncer quanto aos quais não fazemos a menor ideia de onde e por que surgiram... Quanto mais fugazes e analgésicas forem as soluções, melhor. Os lucros brotam. É mais lucrativo vender sensações e paliativos do que curar. O prazer, a felicidade, o sucesso, a própria promessa de cura, estão bem ali, nas prateleiras, ao alcance das mãos. E assim, criam-se centenas de mercados e submercados, formais e paralelos. Não é gratuito o sucesso das drogas, sejam elas lícitas ou ilícitas. Essa lógica é doentia e adoece, e precisa ser mudada.

Socialista: paternal; doa, distribui, mas a economia acaba esgotada, fecha-se no próprio círculo e não se renova; de certa forma também fálico, porque dificilmente consegue se introduzir sem fazer uso da força.

Usufrutuarista: uterino; produtor de frutos e sementes. O corpo social cria um ambiente, uma economia capaz de abrigar, manter, alimentar e preparar os desprotegidos por determinado tempo, sem exaurir os próprios recursos. Depois de "preparados", a economia os liberta e eles ganham vida e pernas próprias. Crescem em diversidade. O modelo econômico funcionará exatamente como funciona um útero: abrigará provisoriamente os frutos, depois os colocará no mundo para crescerem, cada qual de seu jeito e no seu tempo.

3. Provas da riqueza do modelo usufrutuarista e da pobreza dos modelos capitalistas e socialistas

3.1 - Tirando o chapéu para Napoleão

Os revolucionários franceses materializaram a teoria liberal, e Napoleão consolidou, de forma magistral, toda a estrutura genética do futuro capitalismo. Ele reescreveu o código, reuniu todas as informações que fariam do fruto da revolução, ou seja, da identidade propriedade privada e indivíduo, um "gene imortal".[72] É no Código Civil napoleônico, que regula o casamento, a herança e a propriedade, que o capitalismo vem se replicando, transferindo suas informações de funcionamento a todas gerações, sem que ninguém perceba. Se o capitalismo consegue sobreviver, agradeçam ao seu gênio estrategista: Napoleão Bonaparte.

O biólogo Richard Dawkins, em seu livro *O Gene Egoísta*,[73] percebeu por que desde que surgiu no planeta, há mais de 3 bilhões de anos, a vida parece indestrutível, e é um espetáculo de diversidade. Indiferente a cataclismos, fogo e gelo, a vida não morre, mesmo que faleçam os seres que a abrigam. Adormecida, apesar de todas as intempéries, ela pode suspirar, se recolher, mas sempre voltará a respirar na Terra.

---

72 Expressão usada pelo biólogo Richard Dawkins em *O Gene Egoísta*.
73 DAWKINS, Richard. *O gene egoísta* (1976). Fonte: http://www.projeto-vemser.com.br/blog/wp-includes/downloads/Richard%20Dawkins%20-%20O%20Gene%20Ego%EDsta.pdf.

Na verdade, o que morre são as cascas, os corpos, que Dawkins denominou "máquinas de sobrevivência". O indestrutível mesmo é o gene, a cadeia de DNA, um misterioso livrinho da vida presente em todas as formas vivas da Terra e que carrega consigo, de geração em geração, todas as nossas informações. E a principal delas é o segredo da sobrevivência, não dos corpos, mas do mecanismo de se manter vivo, de resistir. É nele, no código genético, que a vida se perpetua infinitamente, e se torna imortal. Mesmo que as "máquinas", os aparelhos animais e vegetais, espécies (animais, plantas, seres humanos, bactérias) onde ele se esconde, sejam varridos do universo e nossa carne apodreça, algo ainda assim permanecerá... E esse algo, que vai se transmitindo de corpo para corpo, de geração para geração, é o gene da vida inscrito no DNA: basta que encontre um meio propício para crescer novamente. E pronto. Começa o milagre da vida, nem que surja como mofo num quarto úmido ele está ali presente, o gene vital.

Assim também é a lógica dos sistemas sociais. Napoleão, ao consolidar o Código Civil, estava, na verdade, criando a cadeia do DNA do capitalismo e providenciando sua perpetuação.

3.2 - Tirando o chapéu de Napoleão...

O socialismo cometeu um erro de estratégia quando, ao identificar na propriedade privada e nos proprietários dos meios de produção a origem das desigualdades, induziu trabalhadores e revolucionários a atacá-los. Da mesma forma que não se extermina a vida queimando as espécies e matando corpos, os revolucionários não conseguirão liquidar um sistema consumindo seus frutos. Os dinossauros e muitas espécies foram extintas e o planeta tomado por glaciações avassaladoras, mas o gene vital sobreviveu — esperou o gelo derreter, o fogo apagar, o nível de oxigênio melhorar e tomou posse novamente do seu lugar, replicando sua carga de informações, seu código secreto de sobrevivência.

Qual foi o engano dos socialistas? A propriedade privada é filha do capitalismo, e não mãe. Tentar eliminá-la será inútil. Se quisermos fazer como Napoleão fez, escrever um novo "código genético" social e econômico e inaugurar um sistema indestrutível, precisaremos alterar a estrutura do código antigo, atacar a mãe, e não a filha do sistema econômico atual.

E onde está esse gene imortal? Em que caverna a mãe se esconde e, como uma aranha, está há séculos reproduzindo um capitalismo deformado? Onde o sistema se perpetua *ad eternum*? No Direito de Sucessão, é claro! As leis formam a grande teia que mantém presa a propriedade privada, para sempre nas mãos de poucos. É o Código Civil — as linhas do Direito de Sucessão — o verdadeiro cordão umbilical da propriedade privada. Mas é exatamente lá, onde o segredo da vida capitalista se aloja, que a chave a mudança também se encontra.

Na cadeia biológica de DNA, temos os códons — pequenas partes ou estruturas do código, representadas na biologia como um conjunto de três letras que iniciam o processo de formação da proteína. Porém, existem também os "artigos" do código genético que travam e os que reiniciam novos processos, originando novas proteínas.

Para elaborar o usufrutuarismo, precisei identificar o "códon" que trava e o que reinicia o programa da economia atual. No Código Civil, que é o livrinho que rege a vida da propriedade privada, também existe uma parte que tranca a propriedade privada nas mãos de poucos, fazendo com que a riqueza sempre se acumule. É esse é o "códon", ou artigo relacionado ao direito de herança. Contudo, há um outro que pode dar início a um novo processo, um códon com potencial revolucionário, capaz de alterar as informações antigas, anular o comando da acumulação de riquezas e iniciar o processo de formação de uma nova "proteína" — uma "proteína" diferente, capaz de produzir novos corpos e estruturas vitais, além de destruir o padrão velho, o velho sistema, e passar a se reproduzir *ad infinitum*.

Esse "códon" transformador é o artigo no Código Civil relativo ao "direito do usufruto". Nossa operação, aqui, consiste em modificar esses artigos, destrancar uns e travar outros; criar uma nova estrutura, deixar a propriedade respirar com autonomia, no ambiente dos vivos e não mais no dos mortos. Somente assim cortaremos o cordão umbilical do velho modelo capitalista.

E se assim o fizermos, daremos origem a um fruto inédito, capaz de produzir suas próprias sementes e se perpetuar eternamente — que os revolucionários tenham a competência de Napoleão para não só mudar a História, mas fazer com que a nova escrita sobreviva a ventos e tempestades e à ação do tempo.

Consolidar um novo Código Civil é tirar o chapéu de Bonaparte de cima da propriedade privada. É como a espada do Rei Arthur: será arrancada da pedra por mãos leves como as de um garoto. Se a riqueza está presa na pedra — ou seja, na tábua da lei, o velho Código Civil —, o pequeno Arthur somos todos nós. Assim, de forma simples, deixaremos Napoleão naquela posição de quem realmente perdeu a guerra!

No próprio Código Civil encontramos a informação secreta para iniciar o novo sistema, e esse códon precioso chama-se "direito do usufruto". Aparentemente tímido, sem expressão, ofuscado pelo brilho e pela dança das leis que protegem a propriedade, o direito de usufruto nos fornece uma saída para exterminar a "aranha" dentro da caverna e trocá-la por uma "mãe" mais generosa, complexa, acolhedora: da espécie mamífera, por exemplo. Dar uma nova mãe à propriedade privada significará gerar um sistema econômico capaz de produzir seu próprio leite e amamentar os que precisam, sem nunca se esgotar.

Esse é o principal pilar do usufrutuarismo, e o que definitivamente transformará o sistema capitalista num sistema próspero e justo para todos.

3.3 - O código genético do sistema capitalista

Fiz aqui um desenho do "DNA" do capitalismo, que consiste da análise combinatória de tipos de esforços/ trabalho que cada um realiza para adquirir bens. Mostrarei adiante as diferenças entre esse código genético e os do socialismo e usufrutuarismo, comprovando que este último é uma matriz geradora de riquezas até o infinito.

Na verdade, esses elementos, ou esforços, são as sementes (genes) que podem ou não promover a prosperidade de todos. No sistema capitalista, existem 2 genes, que são os elementos: o próprio suor e o suor alheio. Assim como toda forma de vida presente no planeta carrega suas sementes nas entranhas do corpo, nós, como seres sociais, também carregamos nossas sementes no corpo social. Se no corpo biológico elas são nominadas "gametas", na sociedade elas se denominam "ações".

Somos as "máquinas transportadoras" do gene, conforme explicou Dawkins. A vida nos transforma em semeadores das nossas próprias sementes, plantamo-nos a nós mesmos, o tempo todo. Ao plantarmos, estamos também fixando nossa marca na Terra, tanto sob o ponto de vista da natureza, como sob a perspectiva social. Somos animais sociais, portanto nos perpetuamos enquanto animais e também enquanto sociedade. Os nossos "genes sociais" são as *sementes de ação*. Essas sementes são a forma como atuamos no mundo, ou seja, a maneira como nos semeamos através de ações capazes de nos perpetuar, enquanto seres sociais.

As sementes sociais, ou seja, as *sementes de ação*, estão relacionadas à maneira como trabalhamos o mundo. A principal ferramenta do homem, até agora, tem sido o suor. Como produzimos recursos para nossa sobrevivência? Como usamos o nosso suor para obter o "alimento" necessário para viver? Como fazemos o mundo? Quanto esforço/ suor dispensamos a essa tarefa?

Esse trabalho conjunto, esse agir coletivo sobre o mundo, para dele extrair riquezas e subsídios para a sobrevivência em sociedade, denomina-se sistema econômico, e o criamos a partir de nossas inevitáveis ações praticadas em conjunto para garantir nossa permanência no planeta.

O sistema econômico nada mais é que o produtor e ao mesmo tempo celeiro das sementes de ação humanas. A principal substância que o compõe chama-se "suor" — aqui significando a energia gasta para obter recursos.

O certo é que cada sistema econômico produz suas próprias sementes, e nomeia os responsáveis, as "espécies sociais", para carregá-las e espalhá-las. Interessante observar que essas sementes dão início à ação, o *start*, disparam o sistema. No entanto, como vivemos num meio social, em eterno contato uns com os outros, esses genes sociais (sementes de ação) se misturam, fazem novos arranjos e combinações, produzindo novas sementes.

Os resultados dessas combinações estão demonstrados na Figura 3: mundo capitalista quem inicia o processo de produção econômica são tanto os donos do próprio suor como os donos do suor alheio.

O que estou avaliando neste trabalho é, justamente, a capacidade dos sistemas econômicos criados até hoje para produzirem sementes e frutos e distribuí-los da maneira mais justa, a análise combinatória dos tipos de esforços/ trabalho que cada um faz para adquirir bens. E provo que nem o capitalismo nem o socialismo são os melhores produtores e reprodutores de sementes e frutos, sendo a produção usufrutuarista duas vezes maior.

No capitalismo, as pessoas podem adquirir patrimônio usando apenas dois elementos, individualmente, solitariamente ou de forma conjugada: o próprio suor e o suor alheio. O Código Civil atual não prevê outras *sementes de ação* ou *genes sociais*. Trata-se de um modelo econômico pobre: quase não produz possibilidades para que as pessoas obtenham seus próprios recursos. A área do quadrado, ou seja, o que é obtido pelas combinações das duas *sementes de ação*, não pode alimentar multidões.

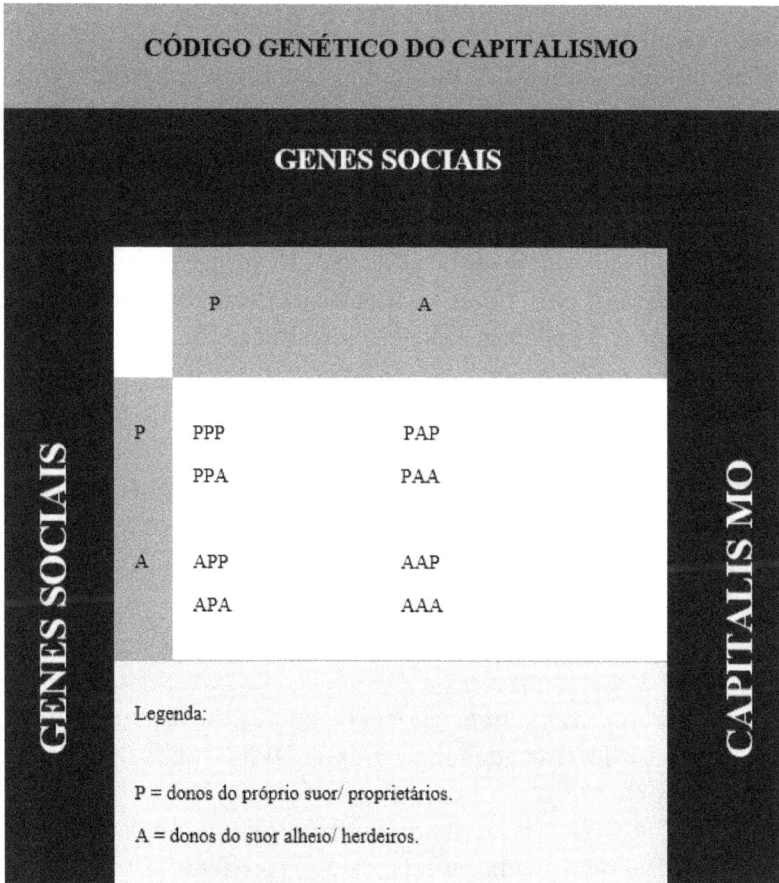

CÓDIGO GENÉTICO DO CAPITALISMO

GENES SOCIAIS

	P	A
P	PPP PPA	PAP PAA
A	APP APA	AAP AAA

Legenda:

P = donos do próprio suor/ proprietários.

A = donos do suor alheio/ herdeiros.

Figura 3: DNA do Capitalismo

Não significa que a riqueza seja pouca, apenas que ela está travada, trancada nas mãos de poucos, é verdade. O problema, no entanto, não está na pessoa, no proprietário em si, mas na forma como o sistema se estruturou geneticamente, e para que os frutos cresçam e despenquem das árvores será preciso modificar essa estrutura. Além do mais, o sistema trabalha com a exaustão do suor. Para obter algum recurso, uma pessoa precisa queimar muito suor, seja o próprio ou o alheio. As poucas combinações obtidas, ou seja, o pequeno número de sementes produzidas, prevê a excessiva combustão dos dois tipos de energia, e isso torna o retrato ainda mais desolador: nem se compara ao modelo usufrutuarista, que analisaremos na Figura 5. O usufrutuarismo inicia o sistema econômico com quatro genes sociais diferentes — quatro *sementes de ação* distintas —, e produz um número infinito de novas sementes.

Assim, o modelo capitalista atual possui apenas duas sementes de ação (genes sociais diferentes), somente duas formas distintas de agir para obter sustento e riquezas: apropriar-se do próprio suor; e apropriar-se do suor alheio. Na Tabela acima, relacionei para cada uma dessas *sementes de ação* o seu representante ou espécie, categorias responsáveis pelo "transporte do gene" e perpetuação desses tipos de ação pelo mundo; são os germes, os tipos de sementes "puras", os botões que dão início ao processo do modo de produção capitalista, representadas no quadro como as trincas PPP e AAA —apenas essas são sementes de prosperidade:

P é abreviação da categoria, ou gene social, à qual pertencem os *proprietários* originais, ou seja, os que começaram do nada, denominada **DPS** (Donos do Próprio Suor);

A é abreviação da categoria à qual pertencem os *herdeiros* de origem, ou seja, os que receberam os bens sem contribuir com nenhum suor próprio, denominada **DAS** (Donos do Suor Alheio).

Nessa análise combinatória, conjugando igualmente os diversos tipos de "esforços" individuais, concluímos que o capitalismo fornece a cada indivíduo poucas possibilidades de adquirir patrimônio, apenas oito. É verdade que até no Código Civil existe um germe que poderia vir a ser uma semente revolucionária, e foi exatamente o que descobri: o direito do usufruto, travado pelo código napoleônico; justamente para destravá-lo criamos o usufrutuarismo, já que, no sistema capitalista, a maioria morrerá sem recursos e também sem chances de obtê-los.

Vejamos por que e como se comportam as sementes originais, as que iniciam os sistemas: existe apenas uma chance de adquirir patrimônio com 100% do seu suor; da mesma forma, há somente uma chance de adquirir patrimônio com 100% do suor de outra pessoa. São estas as duas "sementes puras" do capitalismo: os que tiveram a chance de enriquecerem sozinhos, sem ajuda de ninguém, e os que obtiveram sucesso material contando única e exclusivamente com o suor alheio são os verdadeiros sortudos, raríssimos, minoria da minoria.

Está comprovado pela tabela do DNA capitalista acima: é uma falácia a ideia de que o esforço próprio, por si só, produz riquezas, da mesma forma que são diminutas as possibilidades de se obter recursos e patrimônio provenientes única e exclusivamente do suor alheio. E, pior, a combinação dessas duas *sementes de ação* produz uma miséria de combinações. Restam apenas seis chances, sendo que todas as seis nos fazem queimar muito suor e energia, ou nossos ou de outra pessoa. Eis o que acontece: temos três possibilidades de obter recursos gastando 70% do nosso suor e 30% do suor alheio (PAP, PPA e APP); nas três restantes, nos apropriaremos de 70% do suor alheio e gastaremos 30% do nosso.

Resumindo a ópera, o código da vida econômica do capitalismo é muito simples: ou você morre de tanto trabalhar e terá uma chance remota de obter seus recursos e ficar rico, ou você mata alguém de tanto trabalhar para obter bens e recursos, uma chance igualmente remota — esta é a lógica, e não há outras saídas. As duas possibilidades que sobram — viver trabalhando para possuir alguma coisa e herdar um patrimônio de alguém, sem que você nunca precise se esforçar — são para poucos, muito poucos. O modelo econômico capitalista prevê poucos proprietários porque não possui mais elementos de combinação.

Alguém poderia me perguntar: onde está o Estado? Este é um dos problemas que o código apresenta: o modelo econômico capitalista não previu em sua fórmula a conjunção do esforço do Estado, e por isso ele parece ausente, invisível para ambas as partes (eu e o outro). Imagino que, no capitalismo, o Estado é uma figura fantasmagórica, mesmo, atua apenas como um medidor de porcentagens: ora diminui as quantidades de suor próprio queimado por certas categorias (genes sociais), ora regula a quantidade do suor alheio utilizado por outras. Com isso, vai tentando distribuir riquezas, em marcha lenta, ao som da valsa de uns e dos tambores de outros. Nunca conseguirá atingir um equilíbrio perfeito, porque, para sobreviver, o sistema capitalista dependerá sempre de duas sementes de ação: o meu suor, individual, e o suor de outro indivíduo, ambos aparentemente sozinhos, em sua luta pela sobrevivência.

No modo de produção capitalista, dos 100% de chances que alguém tem de adquirir patrimônio, 87,5% dependem do concurso de outra pessoa e apenas 12,5% dependem unicamente do próprio esforço, uma economia que esgota, deixa as pessoas sem forças e desidratadas. É grande a dificuldade de obter recursos para a sobrevivência; e se ficarmos desnutridos e "desidratados" num modelo econômico que precisa de suor e força, o que faremos quando não nos sobrar nem o suor? Definharemos nos sertões e desertos do terceiro mundo. O trabalho do Estado, nesse caso, é nulo ou impotente. Por mais que tente, não conseguirá ampliar o número de possibilidades de riquezas, pois o DNA capitalista não traz em si a fórmula da prosperidade para todos.

3.4 - O código genético do socialismo

Como alternativa à miséria de possibilidades do capitalismo, para compensar a "ausência" do Estado e na tentativa de eliminar o excessivo suor do trabalho, surgiu o socialismo. Um novo código foi criado, desconfigurando o modelo do sistema derrubado. Aparentemente, sem analisar a cadeia genética e só pela exposição teórica, até poderíamos pensar que o modelo socialista esbarra no usufrutuarismo. No entanto, o socialismo real está mais próximo de seu rival do que se imagina. Pela análise de seu código genético, parece-nos uma leitura do capitalismo refletido no espelho.

Tive simpatia pelo socialismo por muitos anos, não pelo que era praticado no mundo, mas o dos sonhos de Marx e Engels. Agora, sou obrigada a reconhecer os erros dos modelos que propuseram. Talvez, a grande utopia seja mesmo o modelo de Adam Smith, não o de Marx. O socialismo, no entanto, se tornou real, e o Estado que surgiu revelou-se uma verdadeira aberração de uma "estrutura" que parecia lógica, sob o ponto de vista ideológico. Vamos entender as mudanças, o que é e o que acontece com o socialismo, decifrando sua cadeia de "DNA" social, uma análise combinatória dos tipos de esforços/ trabalho que cada um faz para adquirir recursos no socialismo. Vamos entender as mudanças.

O socialismo que conhecemos fez as seguintes alterações no DNA capitalista:

a) Eliminou o gene social *próprio suor* exterminando a categoria proprietário **DPS** (Dono do Próprio Suor);

b) Transmutou a *semente de ação* denominada *suor alheio*, desnudando a categoria herdeiros **DSA** (Donos do Suor Alheio) e vestindo o Estado com suas roupas: os herdeiros do *suor alheio* não seriam mais indivíduos, mas sim o próprio Estado;

c) O Estado aparece como número na matemática social; não é mais invisível, pelo contrário, sobrepuja-se ao *eu* e *ele*, ou seja, aos indivíduos, tornando-se maior do que eles;

d) O socialismo habilitou a categoria *sociedade* ao transformá-la em *consumidora do suor social*, e, em consequência, criou um gene a mais.

CÓDIGO GENÉTICO DO SOCIALISMO

GENES SOCIAIS

	AS	US
GENES SOCIAIS AS	ASASAS ASASUS	ASUSAS ASUSUS
GENES SOCIAIS US	USASUS USASUS	USASUS USUSUS

SOCIALISMO

Legenda:

AS = donos do suor alheio/ Estado. O Estado assumiu o lugar do herdeiro individual (A)

US = consumidores do suor social/ sociedade

Figura 4: DNA do Socialismo

Apesar de toda a revolução efetuada na estrutura genética do capitalismo, a combinação dos dois tipos de suor (energias) não produziu os efeitos desejados. Se, de um lado, conseguiu distribuir os frutos do celeiro para a sociedade, por outro trancou o próprio celeiro: a riqueza não teve como e nem por onde circular. Talvez a China, percebendo isso nos últimos anos, tenha procurado ressuscitar a categoria *proprietário*, o "eu" na aritmética do Estado. Pelo que sei, no entanto, o modelo chinês ainda está longe de se assemelhar ao modelo usufrutuarista, e seria preciso mais tempo para elaborar o código da economia chinesa.

Se não implantarmos o usufrutuarismo, as sociedades humanas não sobreviverão, e ainda levarão consigo toda a vida do planeta. Será mesmo o fim.

Conclusão: nessa análise combinatória, conjugando igualmente os diversos tipos de "esforços" individuais, percebemos que o socialismo não fornece praticamente nenhuma chance de alguém adquirir recursos com liberdade: todos os caminhos levam ao Pai/ Estado. A possibilidade maior é a de que as pessoas se tornem *consumidoras suor social*, que, no final das contas, é o suor do próprio Estado, uma sociedade de bebês gigantes com a mamadeira do Estado na boca... mas isso ainda é melhor do que deixar a sociedade órfã, secando de fome e sede.

Para conseguir uma sobrevida maior, o socialismo deveria promover "cortes" nas *suas sementes de ação*, juntar seu esforço ao de outros Estados igualmente provedores. Mas a medida é paliativa, não chega a ser uma estratégia eficaz. Quando os recursos de um Estado se esgotarem, a tendência é de que haja um efeito dominó: todos os demais vão desmoronar, um risco que também corre o capitalismo. A diferença é que neste último a semente dos "donos do próprio suor" é mais resistente, portanto, o desmoronamento ocorrerá de maneira mais lenta.

Enquanto o capitalismo é um modelo gerador de riquezas, o socialismo não consegue produzi-las, nem mesmo com o apoio de outros Estados "irmãos". E isso não se deve apenas ao boicote econômico dos países capitalistas, mas ao próprio DNA da economia. Enfim, os dois modelos econômicos estão fadados a deixar as pessoas sem recursos para sobreviver.

Na sociedade capitalista existe a produção de riqueza, mas ela não circula com fluxo suficiente para prover toda a sociedade. No socialismo, ao contrário, o risco da falta de recursos existe, não porque o Estado se recusa a prover, mas porque não consegue produzi-los sozinho. O Estado pode, quando muito, oferecer "migalhas". Quanto aos países mais ricos, sempre terão um quintal cheio de pobres. É assim: o socialismo dá sem ter, enquanto o capitalismo tem, mas não consegue distribuir. Estamos há quatro séculos esperando o capital "dar mais que chuchu na serra" e nada!

Vejamos, agora, como se comportam as sementes da economia socialista: a semente onde a sociedade tem mais peso é a USASUS, em que o componente "S" aparece três vezes. Isso faz com que duas se anulem, restando no final, apenas 5 possibilidades de se adquirir recursos, e em todas as cinco, prevalece o gene *AS*, ou seja, a presença do Estado.

Penso que houve um erro de cálculo. Na tentativa de se criar um Estado rico, tudo o que o "código genético" fez foi aumentar o tamanho das células, produziu genes enormes, sem autossuficiência. Se houvesse uma metáfora eficiente para os *genes sociais* ou *sementes de ação* do socialismo, diríamos que se assemelham aos de uma planta que exige caminhões de água para brotar e sobreviver: uma sociedade de usufrutuários, sim, mas que não reproduz frutos, e, portanto, tende a esgotar seus recursos em vez de torná-los infinitos. O ideal seria que tivessem transformado os usufrutuários do suor social em *proprietários*; foi um erro eliminar a semente de ação denominada *suor próprio*.

As demais sementes de ação são combinações do esforço do Estado consigo mesmo. Em todas os hexagramas, à exceção do *USUSUS* (usufrutuários do suor social), percebemos a presença do Estado.

3.5 - O código genético da sociedade usufrutuarista

No usufrutuarismo, tudo é diferente. As pessoas podem adquirir patrimônios usando quatro elementos, de forma individual ou conjugada; é como o código genético humano, que se utiliza de quatro elementos para produzir e reproduzir a vida. No usufrutuarismo, temos:

1) o próprio suor;
2) o suor alheio;
3) o usufruto do suor alheio;
4) o suor coletivo.

A economia usufrutuária, portanto, produz quatro genes sociais, sementes de ação diferentes, quatro formas distintas de agir para obter sustento e riquezas:

1) apropriar-se do próprio suor;
2) apropriar-se do suor alheio;
3) usufruir do suor alheio;
4) apropriar-se do suor social.

Para cada uma dessas *sementes de ação* relacionei seu representante ou espécie — a categoria de pessoas responsáveis pelo "transporte do gene social" e perpetuação desses tipos de ação pelo mundo. Abaixo, apresento os nomes dos *genes de ação* e de seus representantes, as *espécies*. Para simplificar, classifiquei-os também por letras:

P é a abreviação da semente de ação ou gene social, denominado **DPS** (Donos do Próprio Suor), à qual pertencem os *proprietários* de origem, ou seja, os que começam do nada, adquirem seus recursos sem usar qualquer outro elemento a não ser o próprio esforço.
A é abreviação do gene social denominado **DAS** (Donos do Suor Alheio), à qual pertencem os *herdeiros* de origem, ou seja, os que recebem seus recursos sem contribuir com nenhum esforço próprio.
U é abreviação do gene social denominado **USA** (Usufrutuário do Suor Alheio), à qual pertencem os *usufrutuários*, aqueles que obtêm seus recursos apenas usufruindo, tomando o suor emprestado; não suam e nem se tornam donos do suor alheio.

S é a abreviatura da categoria denominada **DSS** (Donos do Suor Social), à qual pertence a *sociedade*, a comunidade que, ao se apropriar do suor coletivo, lhe dará novo destino. Essa é a categoria responsável por novas formas de plantio de todas as sementes.

O que podemos aferir do quadro genético do usufrutuarismo? Nessa análise combinatória, conjugando igualmente os diversos tipos de sementes de ação, concluímos que o usufrutuarismo fornece, logo de início, no primeiro dia da implantação do sistema, 64 possibilidades, ou seja, novas sementes de ação para as pessoas adquirirem patrimônio. Tudo isso, apenas com a reforma no Código Civil. O número de possibilidades é oito vezes maior do que no capitalismo e no socialismo. E comprovo isso mais abaixo, conforme você poderá verificar pelo quadro genético comparado. No usufrutuarismo, só não terá patrimônio quem realmente não quiser. Das 64 possibilidades iniciais de obter recursos, quatro são como se segue:

1) Com 100% de seu próprio suor;
2) Com 100% do suor alheio;
3) Com empréstimo (usufruto) de 100% do suor alheio;
4) Com 100% do suor social.

Podemos considerar que as ações acima são as quatro "sementes de ação" puras do usufrutuarismo, os germes que dão origem a todo o sistema. O primeiro e o segundo já existem nos modelos econômicos atuais; os dois últimos precisam ser criados, para que possamos configurar o novo DNA. Esses quatro genes sociais são os botões que iniciam o sistema, colocam a máquina produtora de frutos para funcionar. Na verdade, representam as categorias dos "felizardos" da economia, ou seja, os que terão a chance de obter sucesso patrimonial sem precisar conjugar seu "esforço" com o de outros. Na cadeia do código genético do usufrutuarismo estão representados pelas trincas PPP, AAA, UUU e SSS.

CÓDIGO GENÉTICO USUFRUTUARISTA

GENES SOCIAIS

	P	A	U	S
P	PPP	PAP	PUP	PSP
	PPA	PAA	PUA	PSA
	PPU	PAU	PUU	PSU
	PPS	PAS	PUS	PSS
A	APP	AAP	AUP	ASP
	APA	AAA	AUA	ASA
	APU	AAU	AUU	ASU
	APS	AAU	AUS	ASS
U	UPP	UAA	UUP	USP
	APA	UAP	UUA	USA
	UPU	UAU	UUU	USU
	UPS	UAS	UUS	USS
S	SPP	SAP	SUP	SSP
	SPA	SAA	SUA	SSA
	SPU	SAU	SUU	SSU
	SPS	SAS	SUS	SSS

Legenda
P = donos do próprio suor/ proprietários.
A = donos do suor alheio/ herdeiros.
U = usufrutuaristas do suor alheio/ usufrutuários.
S = donos do suor social/ sociedade proprietária

GENES SOCIAIS

USUFRUTUARISMO

Figura 5: DNA do Sistema Usufrutuarista

Como podemos ver, eles são únicos, não se repetem. Provavelmente morreriam junto com suas riquezas, sem transmiti-las ou perpetuá-las. No entanto, graças à arte de combinar o esforço solitário com o esforço alheio, as sementes conseguem proliferar.

Por quê? Porque a prosperidade se obtém conjugando o próprio esforço com o dos outros: a única saída para um gene solitário continuar existindo é se replicando em um outro. A célula da sociedade não é o indivíduo (o eu), como afirmou o pensamento liberal, e, mais tarde, os revolucionários franceses. A fórmula do novo modelo prevê a existência e soma de três elementos; três formam um novo número, um novo modelo de Estado: nem tão pesado para sucumbir sob o próprio peso nem tão leve que se torne omisso.

A célula social é a junção de eu + ele + a soma de nós dois, que é o Estado. Essa conjugação de três elementos (eu + ele + nós) é que produz as riquezas.

O erro do liberalismo foi não somar o Estado. O erro do socialismo foi eliminar o "eu", enquanto se apropriava do "ele". A sociedade é uma soma, uma progressão geométrica com destino ao infinito. O segredo para a prosperidade social é compreender esta matemática elementar.

Confira na tabela do "DNA" do usufrutuarismo as 64 "trincas de ouro": nem o capitalismo nem o socialismo oferecem um modelo tão perfeito. E se eu disser que é o mesmo modelo presente em todo ser vivo, em toda espécie na Terra? A primeira forma de algo denominado "vida", que surgiu no planeta há 3,8 bilhões de anos,[74] possuía exatamente essa cadeia, e ela não só sobreviveu a ventos, cataclismos e erupções, como proporcionou toda a abundância da natureza.

Se existem beleza e exuberância naturais, agradeça à nossa cadeia de DNA. Isso porque a natureza já sabia, desde

---

74 Fonte: BBC. http://www.bbc.co.uk/nature/history_of_the_earth

o início dos tempos, aplicar a fórmula matemática da prosperidade, e não foi por acaso que a Terra se tornou este planeta deslumbrante. Seu gene primordial é o mesmo que nós e todos os seres vivos carregamos até hoje nas mitocôndrias.

O usufrutuarismo é um sistema que reproduz a mesma fórmula. Cheguei aqui por acaso, não sabia que a configuração do sistema seria idêntica a do código da vida. Não escondo meu deslumbramento com essa descoberta. Por isso, estou cada vez mais convicta de que será fácil transformar 8 em 80; dividir 4 pães no deserto e alimentar uma multidão. Foi essa a ação da natureza, ou ação divina, ao plantar a semente da vida no universo.

O que acontece aos quatro elementos combinados é uma multiplicação de sementes e frutos. Dos quatro genes primordiais, resultam mais de 60 possibilidades de se adquirir patrimônio ou recursos para sobreviver.

Quais são e como se comportam as 60 sementes de ação? Veja abaixo:

— Nove gastam 70% de seu próprio suor (trincas em preto e itálico na tabela: PPA, PPU, PPS, PAP, PUP, PSP, APP, UPP e SPP).

— Nove se apropriam de 70% do suor de outra pessoa (trincas em preto, itálico e negrito na tabela: PAA, APA, AAP, AAU, AAS, AUA, ASA, UAA, SAA).

— Nove se apropriam de 70% do suor social (trincas em cinza e itálico na tabela: PSS, ASS, USS, SPS, SAS, SUS, SSP, SSA, SSU).

— Nove usufruem (tomam emprestado) 70% do suor de outra pessoa (trincas em cinza e negrito na tabela: PUU, AUU, UPU, UUP, UUA, UUS, USA, USU, SUU).

— 24 usam apenas a criatividade, ou seja, combinam em proporções iguais o próprio suor e o suor alheio, o que representa a produção de 24 novas sementes de ação.

Como estou vendo tudo isso? Na própria cadeia. É só obervar quando uma trinca repete o mesmo gene: se repetir duas vezes a letra P, por exemplo, significa que está usando mais o próprio suor do que qualquer outro para obter recursos.

Resumindo: no usufrutuarismo, das 60 novas possibilidades de adquirir algum patrimônio na vida ou obter um recurso próprio, 40% consistem em conjugar, na justa medida, o seu esforço com o esforço alheio, seja de um indivíduo ou da sociedade como um todo; 45% consistem em usar uma parcela um pouco maior do esforço alheio, aqui dividido entre indivíduos e a sociedade como um todo; e apenas 15% implicando o uso, na maior parte, do seu próprio esforço para obter seus recursos.

O fator mais importante são as 24 novas sementes que surgiram na combinação: ao se misturarem, dentro do quadro genético do modelo econômico usufrutuarista, irão gerar outras centenas de "trincas de ouro", outras centenas de *sementes de ações.*

Outra coisa importante é que em nenhum momento a semente do próprio suor perde sua essência. A propriedade privada nasce, cresce e se perpetua como propriedade privada. Em nenhum momento vai para as mãos do Estado.

Assim, dos 100% de chance de uma pessoa adquirir patrimônio:

— 14,3% (9 com 70% + 1 com 100% = 14,3%) provêm exclusivamente da coletividade, da sociedade; é o peso do Estado no sistema usufrutuarista, um Estado leve, mas 100% eficiente;

— 79,3% são consequência do ritmo da economia na

esfera privada (soma do suor próprio + o de outro indivíduo), percebam que eu disse "soma" e não extração, exaustão do suor alheio; o próprio sistema econômico vai provendo as necessidades das pessoas.

3.6 - Análise do ciclo de produção de riquezas nas três estruturas genéticas

No socialismo, as sementes "puras", aquelas que combinam apenas entre si, são as *ASASAS* e as *USUSUS* (Figura 4) — a primeira é a proteína do Estado, e a segunda da sociedade. Percebam que no socialismo não existem trincas, mas hexagramas. São sementes redundantes. Observem também a tática socialista: a cadeia da síntese social, quero dizer, da produção de riquezas, começa com o Estado (ASASAS) e termina com a sociedade consumindo o "suor" social (USUSUS). Logo, o esforço do Estado culmina com o consumo pela sociedade. Onde começa um, termina o outro e vice-versa. Por isso, digo que esse código "esgota" a riqueza. Ele lambe a própria saliva, e um dia a saliva seca...

A intenção era fazer com que a sociedade sobrevivesse dos recursos produzidos coletivamente, por isso o denominei "suor social"; a categoria "donos do próprio suor" foi varrida do modelo. O problema é que não existem produtores potenciais de recursos! A sociedade tornou-se preferencialmente consumidora do esforço coletivo, em detrimento do modo de produção.

No socialismo, o Estado, em si, não é "dono do próprio esforço", não é produtor do próprio suor, não é fonte natural. Ele é "herdeiro do suor alheio". Como já disse, o socialismo desnudou a categoria "herdeiros" (donos dos suor alheio) e vestiu as roupas deles.

A verdadeira semente, a que possui o potencial gerador de riquezas, é o *dono do próprio suor* (PPP) e não o *dono do suor alheio* (AAA). Neste sentido, a semente que inicia a máquina capitalista é mais potente, resiste melhor, será mais difícil que desmorone. No modelo genético socialista, a tendência é a sociedade consumir todo o esforço do Estado, não encontrar saídas para produzir os seus recursos por conta própria.

Analisemos então a cadeia genética do capitalismo. A primeira trinca do quadro (Figura 3) é a dos proprietários (PPP) e a última é a dos herdeiros (AAA). O primeiro gene sempre dispara o processo, e no capitalismo é o dos *donos do próprio suor*. E o que isso significado? A tabela mostra que o processo de produção de riquezas começa com uma semente resistente e forte, com força para começar do nada. Porém, termina nas mãos de quem recebe sem fazer qualquer esforço. A verdadeira erva daninha desse sistema não são os proprietários em si, mas os herdeiros: é neles que a riqueza, em vez de circular, se enterra, volta para as mãos do defunto. Portanto, enquanto o socialismo lambe a própria saliva, o capitalismo lambe a saliva dos defuntos. O "suor" praticamente não saiu do rosto do morto, não deu a volta pelo social. E a riqueza precisa circular, caso contrário, vira cadáver. Circulando, no entanto, cresce, quanto mais circula, mais cresce. O capitalismo sobrevive às custas de carne seca, de esqueletos.

Não devemos, no entanto, incorrer nos erros dos socialistas e sair eliminando as sementes. Todas podem ser combinadas, "mudando" o seu potencial. Quando encontramos um tipo de gene "pernicioso", o melhor a fazer é combiná-lo com outro, ou atenuar o seu poder. Esta é tática o usufrutuarismo: aproveitar as 2 sementes "puras" do capitalismo, as mais resistentes (PPP e AAA — suor próprio e suor alheio) e combiná-las com outras. Assim, o sistema se abre e as sementes não se perdem, até se multiplicam.

Na Figura 5, DNA do sistema usufrutuarista, a primeira semente é a "dos donos do próprio suor". Ela dá partida ao processo. A última é a dos "donos do suor social". O suor próprio foi transformado em chuva: ele deságua sobre a sociedade, que não se mantém uma mera consumidora do suor alheio, mas se torna a proprietária do suor, adquire a energia motriz para gerar os próprios recursos. Assim, torna-se um gene resistente também, e por isso o sistema não se esgota, mas estabelece um ciclo, funciona como um moinho: começa no privado, termina no social, volta para o privado.

O que pretendi demonstrar com esta análise é que não existe saída nem pela direita e nem pela esquerda. A solução é minar as estruturas do sistema econômico pelos fundos, por baixo. Só assim, partiremos para o infinito.

3.7 - Corrigindo o direito de herança

Em sua obra intitulada *A Lei* (1850), Frédéric Bastiat afirma que a "perversão da lei causa conflitos"[75] e, em vez de proteger o direito à propriedade, poderá violá-lo. Mais adiante, pergunta e responde como identificar a "espoliação legal". Para o autor, basta observar "se ela tira de uma pessoa o que lhe pertence e dá a outras o que não lhes pertence, e, ainda, se beneficia alguns cidadãos em detrimento dos demais".[76] Sendo este o caso, Bastiat sugere sua imediata revogação, pois ela pode se multiplicar e se tornar sistemática.

É exatamente dessa forma que classifico o direito de herança no Código Civil. Primeiro, porque os herdeiros obtêm por artes da lei o direito de adquirir bens que não lhes pertenciam. Qual a base desse direito? O sangue? Questiono se é um critério válido, principalmente ao considerarmos que todos são iguais perante a lei, como reza a CF/88. Por que a lei resolveu privilegiar parentes, e não todos os demais membros da sociedade, que assim como os herdeiros, não contribuíram com um pingo de suor sequer para que o falecido construísse seu patrimônio? Em que se baseia o direito de semelhante apropriação do patrimônio alheio? Não estariam os herdeiros, nesse sentido, em condições de igualdade com qualquer outro estranho? E por que os candidatos a herdeiros e todos os demais membros de uma sociedade, em vez de receberem de graça, não concorrem

---

75 BASTIAT, F. *A lei*. São Paulo: Instituto. Ludwig von Mises Brasil, 2010, p. 21.
76 Idem.

para comprar essas propriedades cujos donos já morreram? O direito à vida, à liberdade e à propriedade termina no caixão. Que as vestes do fantasma sejam, pois, leiloadas em praça pública, e concorram a elas os que tiverem condições para tanto e interesse em possuí-las.

Observemos a definição de propriedade: "qualidade do que é próprio, dando ao seu titular a posse da coisa e o direito de usá-la e dela dispor". A Constituição Federal de 1988 ampliou o alcance de propriedade privada, atribuindo-lhe ainda um papel objetivo que é o de cumprir uma função social. Portanto, apesar de ser um direito individual, percebe-se que o direito à propriedade não é algo confinado à esfera particular, mas está relacionado à coletividade. Nesse sentido, ele é também um instrumento de ação. O que caracteriza a ação individual sobre a propriedade é o fato de o dono haver trabalhado sobre ela, derramado o seu suor para adquiri-la. E isso, realmente, deve ser inviolável. Propriedade vem de próprio, proprietário é aquele que é dono do que lhe é próprio.

E o que são os herdeiros? Não são proprietários, mesmo porque, objetivamente, ninguém reconhece um herdeiro antes da morte de um proprietário. Ele existe no campo abstrato: sua posse sobre o bem somente será real no dia em que for declarada mediante processo civil. Até lá, muitos podem concorrer ao título de proprietários.

O que desejo colocar aqui é o seguinte: fora o critério baseado em costumes nobiliárquicos, que toma em consideração o sangue e a linha de parentesco, nada, objetivamente falando, poderia privilegiar alguns cidadãos em detrimento de outros que estão na mesma situação social. Qualquer um pode se candidatar a herdar um patrimônio deixado por um proprietário falecido, já que o patrimônio não pertence mais ao morto e, por algum tempo, permanecerá "perdido no espaço".

As reformas recomendadas pelo usufrutuarismo para o Código Civil não constituem nenhuma violação ao direito de propriedade, muito pelo contrário, até o ajusta, ao corrigir uma "perversão legal". Os herdeiros ainda permanecem em seu direito de se apropriar do patrimônio alheio, e o usufruto atingirá, na verdade, apenas o excedente — os herdeiros tornam-se usufrutuários somente em relação ao patrimônio que excede a média patrimonial da sociedade. Findo o prazo do usufruto, a propriedade "extra", com valores superiores ao determinado na nova constituição e que não cumpriu sua função social, ou que não cresceu monetariamente, será disponibilizada aos "herdeiros sociais", ou seja, àqueles que, teoricamente, competem em grau de igualdade com os sucessores de sangue.

No entanto, para preservar a tradição e até que o sistema econômico se ajuste, será bom preservar o direito dos herdeiros em relação aos bens que a maioria consegue adquirir durante a vida, recomendando a conversão ao usufruto apenas do patrimônio excedente; ao que ultrapassa e muito as necessidades de sobrevivência, conforto e abrigo das pessoas.

3.8 - Como ficam as empresas em que pais, filhos e netos trabalham?

É importante frisar que as empresas que se mantêm lucrativas, ou crescem monetariamente de geração a geração, permanecem com seus proprietários e usufrutuários. Vejamos um exemplo: um pai morreu e deixou seu filho tomando conta do posto de gasolina; se o valor do posto é alto, como geralmente é, com certeza o filho tornar-se-á usufrutuário do bem e poderá continuar a explorá-lo como fazia antes, quando o pai era vivo. Agora, suponhamos que esse filho trabalhe dia e noite no posto e seja auxiliado por suas filhas. De repente, ele morre. E as filhas que estavam com ele no comando do posto, ficam sem nada? Não. Comprovada a participação delas na empresa, auxiliando o pai, terão também o direito de se tornarem usufrutuárias. No entanto, se morressem amanhã e ninguém mais da família estivesse trabalhando com elas para manter o posto em pleno funcionamento, o bem seria leiloado e qualquer um poderia se tornar seu proprietário.

No usufrutuarismo, a intenção não é expropriar, mas estimular o trabalho de famílias em suas empresas. O intuito é fortalecer os laços e aumentar o senso de responsabilidade familiar sobre o empreendimento, não deixar que ele morra. Se herdeiros de bens valiosos contribuem para a prosperidade do empreendimento, não há por que impedi-los de usufruir e continuarem trabalhando. Porém, continuam apenas como usufrutuários. Se abandonam a empresa, e esta perde o valor, é direito que passe para outras mãos, mais dispostas a levar a iniciativa adiante.

4. Da Reforma Política

4.1 - Quanto os cofres públicos ganham com a reforma política? Quais os valores e vantagens monetárias da reforma?

Uma reforma completa representará um acréscimo anual de, no mínimo, R$69 bilhões para os cofres públicos. Limitará os gastos de campanha de forma a desvincular o poder econômico da atividade política e promover uma grande mudança na gestão administrativa, para que ela funcione com a eficiência de um banco, o que significa costurar os buracos do orçamento público, por onde todos os anos escorrem bilhões de reais.

Bancos modernos e eficientes não aceitam desaforos; possuem tecnologia de ponta para monitorar o tráfego do dinheiro e das aplicações monetárias e também para contabilizar cada entrada e saída de dinheiro em seu "domínio". Conhecem perfeitamente seus clientes e identificam todos os passos dados no mercado financeiro. Sabem quem são nossos credores, onde compramos, onde gastamos, onde investimos nosso salário, quem está nos devendo.

Por que o orçamento público, uma receita considerável, um capital invejável, não pode ser gerenciado e administrado pela máquina pública mediante um sistema informatizado igual ao sistema bancário? Por que não lidam com o nosso dinheiro como os bancos administram o dinheiro alheio? Assim, caberia aos gestores apenas o papel de "gerentes". Imagine o que ocorreria se os banqueiros permitissem tantas perdas e prejuízos para sua instituição bancária, se deixassem clientes e funcionários movimentarem contas ao seu bel prazer. Nenhum sobreviveria.

Os ralos por onde vaza o dinheiro público estão por parte: o policial que recebe R$100 de um motorista para deixar de lhe aplicar multas; fiscais que fazem vista grossa para irregularidades em troca de propina; realização de obras que supostamente atendem o interesse público, mas favorecem os empreiteiros; compra e venda de sentenças e liminares; negociação entre prefeitos, governadores e parlamentares para aprovar emendas no orçamento, nas quais todos saem lucrando, menos o povo; e mais uma infinidade de ações escusas, que contaminam todas as esferas do poder municipal, estadual e federal.

Não há como medir a quantidade de dinheiro público que escorre pelas entrelinhas da burocracia. Por isso, são necessárias ações de controle, humano e eletrônico, não só sobre os agentes públicos, mas também sobre o processo que dá margem à corrupção. Além, é claro, de um rigoroso e ágil sistema de punição. Devemos ficar atentos, intensificar o cuidado e identificar os "pontos cegos" nas transações entre entes públicos e pessoas jurídicas e físicas onde corruptos e corruptores atuam, para obterem benefícios: assinar contratos, vender obras, burlar fiscalização.

O poder de penalizar e controlar os pagamentos de impostos se restringe, muitas vezes, à ação de um agente público ou funcionário da administração. E é no momento em que contribuinte e agente público estabelecem uma luta "a sós", discutindo as regras e a legislação, que o vírus da corrupção pode acometer as pessoas. Confiar na honestidade de todos, embora seja uma atitude válida, me parece uma estratégia muito frágil de controle administrativo sobre o poder de arrecadar.

Aliás, uma ação importantíssima no combate à corrupção consiste em rastrear o poder discricionário de políticos e gestores públicos, que, sob a alegação de agirem em prol do interesse público — construindo pontes, asfaltando ruas e estradas, por exemplo —, podem encobrir favorecimentos a empresas que financiaram suas campanhas. É nas dobras do sistema, sob a aparência de legalidade, que os "pontos cegos" adoram se esconder.

Numa análise mais profunda, vasculhando os casos mais comuns e as áreas onde a corrupção ocorre, podemos concluir que alguns fatores da gestão administrativa contribuem para a formação desses "pontos cegos": eles se alojam numa espécie de outra dimensão da esfera pública, um espaço oculto perfeito para ações de corruptos e corruptores. E um dos fatores que cria um ambiente para o vírus da corrupção se instalar é a complexidade do sistema tributário. Se fosse possível desenhar o "mapa rodoviário" do percurso dos tributos brasileiros, as idas e voltas que dão os impostos, até serem pagos pelo contribuinte e arrecadados pela Receita, com certeza veríamos um desenho tão intricado quanto o dos neurônios humanos.

Apenas o ato de simplificar a maneira de tributar, com redução do número de impostos e melhor distribuição da carga, sem prejuízo do valor arrecadado — pois um Estado não pode viver de brisa e nem da caridade dos homens de boa vontade —, já seria uma ótima medida para dificultar a ação de corruptores e corruptos, uma forma de descomplicar o "mapa tributário", fornecendo ao público uma visão clara dos caminhos percorridos pelos tributos, desde sua incidência e arrecadação até o destino final, que é a aplicação.

A transparência, aliada a uma forma de gestão simples e eficiente, torna o cidadão um auditor e monitor espontâneo das contas públicas. E a administração pública também precisa aprender a comunicar seus atos administrativos de forma simples, objetiva e acessível. Por que não traduzir legislações e decisões legais para uma linguagem como a jornalística? E se quisermos extrapolar, poder-se-ia até abusar da criatividade, inventar fórmulas mais eficazes de comunicação, como a criação de histórias em quadrinhos ou charges. Os famosos jornais nos ônibus, murais de informações rápidas colados no vidro da cabine dos motoristas, são ótimos veículos de comunicação para o grande público.

Por que não obrigamos a administração pública, por

exemplo, a informar seus atos sobre licitações de maneira menos rebuscada, menos formal? Ou, por outro lado, por que não transformar os procedimentos licitatórios em verdadeiras "novelas" administrativas, para despertar o interesse público?

Afixar editais em letras miúdas, com dezenas de citações de parágrafos e leis, não estimula ninguém a acompanhar uma concorrência. Dentro da esfera administrativa, as coisas podem e devem ser revestidas de formalidades. Uma empresa participante de uma licitação não levará para o escritório uma história em quadrinhos, nem tirinhas ou memes, é claro. Levará um instrumento formal, bem fundamentado, com timbres e vozes institucionais. Mas isso não impede que o edital seja traduzido para o público de maneira mais criativa e atraente — uma ação não exclui a outra. Onde está o capital intelectual criativo dos setores de comunicação social dos órgãos públicos?

E em que deveria consistir essa simplicidade? Não devemos confundi-la com simplório. Procedimentos burocráticos surgiram para dificultar abusos na confecção de atos administrativos, ou seja, é desejável que a administração "desconfie", *a priori*, de todos os seus "clientes", e os obrigue a juntar provas de integridade como pessoas físicas e jurídicas. No entanto, criar dificuldades, muitas vezes, se torna um mecanismo útil para "vender facilidades": eis aí outra condição propícia para o surgimento dos "pontos cegos" onde corruptos gostam de agir.

4.2 - Por onde começar a reforma política?

Começaremos os ajustes no berço da democracia. O próprio processo eleitoral cria os "pontos cegos", dimensões "extracorpóreas" do sistema político onde o vírus da corrupção se aloja e prolifera. Vamos percorrer esses espaços, colocar uma lente sobre essas segundas e terceiras dimensões do processo democrático.

Segundo uma análise realizada no Brasil pelo Instituto Kellogg (EUA), as doações de empresas para campanhas eleitorais constituem verdadeiros investimentos, cujo retorno é de até 850% do valor investido nos candidatos.[77]

Considerando que em 2010 os investimentos das empresas em campanhas foram de R$5,7 bilhões (SPECK, 2012), e aplicando-se o retorno de R$8,50 para cada real investido, temos uma conta de quase R$60 bilhões — é quanto custa aos cofres públicos deixar que empresários financiem campanhas políticas.

Quem detesta pensar em financiamento público de campanhas, faça os cálculos: o que gastaremos com o financiamento público nem de longe se aproximará do retorno obtido pelos empresários. Reflitam: se o Estado resolver gastar os R$5,7 bilhões em candidatos, através de financiamento público para o fundo partidário (o que daria uma quantia de R$50 por eleitor, podendo ser paga a cada dois anos, por exemplo), nós é que teremos o retorno em lugar dos empresários, economizando os R$60 bilhões para serem aplicados em obras que nós escolhermos, não eles. Se o eleitor estiver disposto a bancar os lucros deles, então, assinem o atestado de estupidez e permitam que continuem injetando recursos nos políticos de suas preferências. O preço da democracia é diretamente proporcional à ignorância do povo!

Com R$60 bilhões, podemos construir, no mínimo, 1 milhão e quinhentas mil casas populares...

4.3 - Das justificativas para a reforma política

Será necessário dispensar ao novo sistema socioeconômico a mesma atenção e cuidados que dispensamos, por exemplo, a um recém-nascido. Assim como uma criança não pode pular etapas de aprendizagem, nem se privar dos recursos biológicos e emocionais para crescer e se fortalecer, nenhuma das

---

77 Fonte: http://noticias.r7.com/brasil/empresa-que-doa-dinheiro-a-politico-tem-retorno-de-850-21092013, acesso em 31/10/13).

quatro reformas que prevemos pode prescindir das outras. Elas andam juntas. E se assim não for, o modelo estará condenado ao fracasso.

O Estado do Usufruto, assim como uma criança, já nascerá pronto. A nova Carta Constitucional servirá apenas de instrumento formal para materializá-lo, e as propostas de reformas ganharão formato e força de lei sendo redigidas pela Assembleia Constituinte.

As reformas representam o tecido, a mente, o sangue, enfim, as células do novo sistema. Caberá aos constituintes dar-lhe corpo, ao legalizá-lo e colocá-lo em funcionamento. Portanto, antes de "parir" a sociedade usufrutuarista, será necessário desenhá-la mentalmente, cuidar dos detalhes de sua ideia embrionária, exposta neste livro. Depois de ajustadas aos termos das leis e lapidadas pelos constituintes, essas reformas deverão permanecer íntegras na sua essência. O que apresento é apenas o "material genético", a cadeia de códigos para a formação do sistema usufrutuarista. E essa "cadeia de códigos" nada mais é que a conjugação das reformas política, tributária e trabalhista, acrescidas do direito de sucessão. O importante é preservar a integridade do "DNA" do usufruto.

4.4 - Por que a reforma política é mãe de todas as outras?

Para funcionar, o usufrutuarismo precisará de um ambiente político propício, sem os "pontos cegos" e dimensões "extracorpóreas" que existem no sistema atual, possibilitando a fuga do dinheiro público.

Imaginemos a pólis como o *locus* do exercício político, um polo de efervescência da cidadania, onde sujeitos conscientes de seus direitos possuem poderes para decidir sobre a alocação e distribuição de recursos e riquezas do Estado. A reforma política tem por finalidade "armar" o povo com estratégias elaboradas exclusivamente para lhe garantir um mínimo de segurança em relação à guarda e administração da coisa pública; e também para reanimar a confiança popular em seus representantes, através de um monitoramento efetivo da classe política e da máquina administrativa.

Da mesma forma que um recém-nascido precisa de um novo berço, limpo, seguro, com mãos confiáveis para embalá-lo, o sistema usufrutuarista não poderá evoluir inserido em modelos democráticos corrompidos e eticamente frágeis. Será preciso renovar o celeiro velho, espantar as "raposas", melhorar os mecanismos populares de monitoramento do dinheiro público e da execução dos projetos e reformas estruturais do Estado. As garras dos interesses econômicos de uma elite não podem ser a "mão que balança o berço".[78]

Uma boa reforma política tentará inverter a disseminada visão de um "curral eleitoral"; fará com que enxerguemos o cenário político de fora para dentro, e não de dentro para fora, como hoje acontece. Vamos sair da condição de observados para a condição de observadores.

4.5 - O que significa ser o observador e não o observado?

Estamos acostumados a encarar os políticos eleitos como um pequeno rebanho de pastores tomando conta de uma multidão de ovelhas (o povo). Na verdade, deveria ser justamente o contrário: nós é que deveríamos ser uma multidão de pastores tomando conta de um pequeno rebanho de boas ovelhas. Mudar o ângulo de percepção facilitará muito a dinâmica da vida política: em vez de agirmos como "gado cercado", inverteremos

---

78 Filme de suspense americano dirigido por Curtis Hanson, em 1991; conta a história de um casal que resolve contratar uma babá, aparentemente perfeita, para cuidar do filho recém-nascido. À medida que o tempo passa, a contratada vai revelando um comportamento perigoso, colocando toda a família em risco. Numa das cenas, um dos personagens cita o poema de William Ross Wallace: "A mão que balança o berço governa o mundo".

a posição das cercas. São as verdadeiras ovelhas, nossos representantes políticos, que devem estar confinadas no trabalho de administrar nossas riquezas, enquanto nos ocupamos com a tarefa de usufruí-las.

Alterando nosso ponto de vista de "observado" para "observador", uma reforma política eficaz nos permitiria escolher um rebanho de qualidade — poucas ovelhas, mas capazes de alimentar e vestir uma multidão.

4.6 - Qual deve ser o critério para selecionar o rebanho político?

Para eleger um representante político, não devemos nos guiar somente por seu suposto "bom caráter": há muitos lobos vestidos com pele de cordeiro. Confiar nos discursos, nas aparências e até mesmo em ações heroicas (que podem ou não ser teatrais) é uma empreitada arriscada, já que não temos visão de raio X, capaz de sondar a alma das pessoas. Acreditar em desconhecidos é uma arte lapidada pelo tempo, requer uma análise minuciosa e demorada das ações e relações entre os sujeitos envolvidos. Como garantir que as pessoas nas quais depositamos nossos votos permanecerão fiéis, firmes em seus bons propósitos? Quantas vezes não somos surpreendidos pela deslealdade de amigos e parentes próximos, nos quais confiávamos quase cegamente?

Por isso, o critério para eleger nossos representantes políticos não deve se ater a julgamentos subjetivos de valor, mas é claro que isso não significa eleger pessoas reconhecidamente desonestas. O problema em classificar e dividir os políticos entre honestos e desonestos, por mais que eles demonstrem ser uma coisa ou outra, é a qualidade da estratégia: inócua e frágil. Na cabeça de muitas pessoas, o conceito de honestidade é formulado a partir de um conjunto de crenças, mais do que de fatos, e um exemplo disso é a reeleição de políticos que tiveram seus mandatos cassados ou foram atores em processos criminosos diversos.

Causa indignação que esse tipo de coisa ainda aconteça; parece que os eleitores possuem memória de peixe. No entanto, acho que a explicação não passa pela questão da memória, mas por algo mais profundo. Não adianta "esfregar" certos fatos no nariz do eleitor: ou ele acredita no seu candidato, independentemente do volume de denúncias e, por isso, continuará votando no seu favorito, ou ele não gosta do candidato e nele não vota, por mais ilibada que seja sua reputação.

Numa relação de afinidade subjetiva, muitas pessoas simplesmente se recusam a ver o "mal" em seu objeto de admiração ou afeto. É o caso, por exemplo, da mulher que sabe intimamente das traições do marido, mas faz ouvidos moucos para as advertências dos amigos. E mesmo que algum deles comprove a deslealdade do companheiro, ela procurará de alguma forma desprezar as evidências. No campo político, se nos guiarmos apenas por esse tipo de julgamento, a decepção poderá vir a galope, antes mesmo que nosso eleito termine seu mandato.

No que diz respeito aos candidatos, não adiantará muito para a melhoria do sistema político o fato de eles "parecerem" honestos; é imprescindível que também o sejam. Todavia, não devemos esperar que comprovem sua retidão. Uma reforma política deve obrigá-los a se comportar de maneira correta. Serão necessárias ações racionais e estratégias de controle e monitoramento antes mesmo que eles ingressem na seara política. "Vão-se os anéis, ficam os dedos", e assim também, os políticos entram e saem. Mas regras impostas pelo povo à forma como devem se conduzir devem permanecer.

Antes de olhar para a "alma" de um político, observe como o sistema funciona. Se não mudarmos o comando da engrenagem, é bem possível que o crítico do governo atual não mantenha seus princípios ao se tornar governante amanhã. Quando a máquina política está corrompida, existem quatro saídas para um governante: a) ficar calado; b) renunciar; c) sair morto; e d) sair "sujo", com a reputação manchada. De nada adiantará trocar nomes, empossar heróis. Eles serão moídos pelo sistema.

Somente será possível tratar dessa corrosão através de uma boa reforma política, e, claro, do fortalecimento do Poder Judiciário. Para ser eficaz, a reforma deverá possuir mecanismos capazes de barrar a entrada de roedores nos cofres públicos, e, caso isso aconteça, identificá-los rapidamente.

Portanto, é essencial para a saúde da democracia que o povo adote critérios mais objetivos ao confiar o patrimônio público a alguém. A objetividade servirá para avaliar a todos, sim, independentemente do caráter e do carisma pessoal revelados por alguns no curso de seus mandatos. Precisamos construir trincheiras, levantar muralhas, criar instrumentos para identificar e assim separar o trigo do joio.

Nada mais terrível para uma democracia do que ouvir do povo: "Os políticos são todos farinha podre do mesmo saco". Quando se chega a esse tipo de conclusão e essa frase se transforma em sentença do senso comum, é sinal de que o sistema político já faliu, e é hora de reconstruí-lo, em bases mais sólidas.

Antes de confiar ou desconfiar do caráter de alguém, precisamos nos acautelar para que as desilusões não nos peguem desprevenidos. Afinal, nossos projetos e leis são os "ovos de ouro" da sociedade, não podem ficar à mercê do grau de lucidez ou de esquizofrenia de nossos governantes e legisladores. Por isso, o primeiro critério objetivo a ser discutido, e que permeia a maioria dos debates sobre reforma política e corrupção, refere-se aos financiamentos de campanha eleitoral e de partidos, uma problemática que uma reforma política decente, não demagógica e eficiente, deve obrigatoriamente contemplar.

4.7 - Por que é demagógica uma reforma política que não fala do financiamento de campanha?

Num sistema justo e verdadeiramente democrático, todos devem ter condições iguais de concorrer ao cargo de representantes do povo. Mas a realidade é que são nulas as chances de um vizinho cheio de ideais visionários, mas desprovido de recursos financeiros, ganhar uma eleição de seu concorrente bem assessorado e com dinheiro à vontade para gastar na campanha.

As dúvidas sobre as fontes de financiamento também devem ser resolvidas. Uma sociedade sólida não se funda em incertezas; precisamos saber o preço real da democracia para ajustá-lo aos nossos bolsos. Quanto custam as campanhas? Quem mais lucra com elas? Que limites vamos estabelecer para conter os gastos desnecessários?

Os que defendem o financiamento público exclusivo argumentam que os candidatos eleitos ficariam livres do compromisso de retribuir os "favores" prestados por terceiros durante suas campanhas. De outro lado, há quem condene o cerceamento do direito de particulares contribuírem para que seus favoritos sejam eleitos.

Se lutamos por uma democracia, devemos avaliar se a distribuição das fontes de recursos, matéria prima que viabiliza a eleição deste ou daquele político, também se dá de maneira democrática. No Brasil, está comprovado que não há igualdade de condições dos candidatos na competição eleitoral. Teoricamente, todos podem, mas, na prática, somente alguns conseguem realmente concorrer.

4.8 - Dos financiamentos

Por que na prática somente uma minoria concorre? A resposta é relativamente simples. Falta-lhes dinheiro para competir. Somente alguns poucos recebem financiamento para entupir a população de propaganda, recrutar cabos eleitorais e marketeiros físicos ou virtuais. A questão do financiamento é o primeiro instrumento a fazer de nossa democracia um blefe.

Em primeiro lugar, vamos definir o que é financiamento político; depois, como ele é feito no Brasil. Mais adiante, quais os gastos públicos e privados com campanhas, candidatos e partidos. Qual a viabilidade dos financiamentos públicos e que impacto geram no bolso do contribuinte? Quantos são realmente favorecidos? Qual é, afinal, o custo da democracia? Vale a pena investir nela?

4.8.1 - O que é financiamento político

É a soma de recursos diretos e indiretos que partidos e candidatos mobilizam para fazer frente aos gastos empreendidos no trabalho de se promoverem e se tornarem conhecidos, antes e durante os períodos eleitorais. Os recursos diretos são investimentos em espécie, e os indiretos incluem as formas mais variadas possíveis, desde empréstimos de espaços físicos e veículos para campanhas e viagens até a cessão de horário eleitoral em rádios e TVs.

4.8.2 - O que é o Fundo Partidário

A Lei 9.096/95 instituiu o Fundo Partidário (fundo especial de assistência financeira aos partidos políticos), que regulamenta a ajuda financeira a partidos políticos registrados junto ao TSE. Ele é constituído de:

I - multas e penalidades pecuniárias aplicadas nos termos do Código Eleitoral e leis conexas;

II - recursos financeiros que lhe forem destinados por lei, em caráter permanente ou eventual;

III - doações de pessoa física ou jurídica, efetuadas por intermédio de depósitos bancários diretamente na conta do Fundo Partidário;

IV - dotações orçamentárias da União em valor nunca inferior, cada ano, ao número de eleitores inscritos em 31 de dezembro do ano anterior ao da proposta orçamentária, multiplicados por trinta e cinco centavos de real, em valores de agosto de 1995.[79]

---

79 Fonte: Tribunal Superior Eleitoral – TSE: disponível em http://www.tse.jus.br/transparencia/relatorio-cnj/perguntas-frequentes-fundo-partidario#1, acesso em 6/10/13).

O valor financiado pela União atualmente é de R$0,35 por eleitor. O dinheiro é distribuído de forma proporcional aos partidos: aquele com maior número de candidatos eleitos recebe mais. Esse financiamento público constitui a maior fonte de recursos dos partidos (SPECK, 2012).[80]

4.8.3 - Financiamento de candidatos

Em relação aos gastos realizados durante as campanhas, os candidatos contam com, entre outros: a) a ajuda dos partidos, o que não representa muito, já que os partidos também têm suas despesas administrativas; b) os recursos do próprio bolso; c) doações de terceiros; e d) recursos de eventos comerciais realizados durante as campanhas.

A principal fonte de financiamento dos candidatos, porém, provém de doações de terceiros, mais especificamente, de empresas. Os vinte maiores doadores para as campanhas eleitorais são as Construtoras e os Bancos (SPECK, 2012).

> O recurso indireto mais importante, e que poderia ser o mais oneroso para os candidatos, é financiado pelo Estado: o horário eleitoral gratuito nas rádios e TVs.[81]

Os horários eleitorais não são gratuitos, como muitos pensam. Desde os anos 1970, as emissoras podem compensar seus gastos com cessão de horário aos políticos através de deduções no imposto de renda — em 2005, um decreto presidencial permitiu a dedução de até 80% do valor da tabela de preços de publicidade.[82]

---

80 A maioria dos dados aqui expostos sobre financiamento político foram retirados dos excelentes trabalhos desenvolvidos pelo cientista político e professor da Unicamp, Bruno Wilhelm Speck, principalmente em seu artigo intitulado "O financiamento político e a corrupção no Brasil", disponível em http://www.academia.edu/3556070/Bruno_Wilhelm_Speck_O_financiamento_politico_e_a_corrupcao_no_Brasil, acesso em 5/10/13.
81 Idem.
82 BIRNFELD, Marco Antônio. Quem paga a conta do "horário eleitoral

Ora, isentar grandes empresas do pagamento de impostos significa tirar do orçamento público o dinheiro que iria para a educação, saúde, cultura etc. De qualquer forma, o dinheiro sai do bolso do povo. O problema é que, com os custos de publicidade cada vez mais elevados, o buraco no orçamento provocado pela isenção dos impostos também se torna maior. Segundo análise de Marco Birnfeld:

> A Lei nº 9.096/1995 estabelece que "as emissoras de rádio e televisão terão direito à compensação fiscal pela cedência do horário gratuito previsto nesta lei". A mesma disposição, em idêntica redação, foi posteriormente reiterada pelo art. 99 da Lei nº 9.504/1997 (lei eleitoral). Dados da Receita Federal, relativos às eleições de 2010, revelam que a compensação fiscal dada às emissoras pela transmissão da propaganda eleitoral impôs aos cofres públicos um corte de R$850 milhões.[83]

Vale ressaltar, ainda, que emissoras de TV abertas funcionam por concessão do Estado e, portanto, devem oferecer contrapartida ao mesmo. Quero dizer o seguinte: a propaganda política na época das eleições deveria ser gratuitas de verdade, sem qualquer custo para o Estado. Como existirão correntes jurídicas para discordar, tendo em vista que nós mesmos criamos a Lei 9096/1995 citada acima, deixo aos novos legisladores do Estado do Usufruto a tarefa de deliberar sobre a questão.

Uma opção seria obrigar as emissoras a transmitir sem cobrar nada e sem direito a isenções fiscais; ou, então, alterar a legislação e substituir a isenção fiscal pelo pagamento direto do espaço publicitário, mas com abatimento substancial dos preços

---

gratuito". Disponível em: http://www.espacovital.com.br/consulta/noticia_ler.php?id=27626, acesso em 6/10/13; Candidatos na tevê. Quem paga é você. In: *IstoÉ*, disponível em http://www.istoedinheiro.com.br/noticias/economia/20100812/candidatos-teve-quem-paga-voce/41410.shtml, acesso em 6/10/13.
83 Disponível em http://www.espacovital.com.br, acesso em 6/10/13.

para a União, da ordem de 50%, por exemplo. Esta é, sob meu ponto de vista, a solução para o impasse.

O importante é que fique bem claro para os revolucionários que o uso de rádios e emissoras de TV são os recursos mais caros das campanhas. Por outro lado, também podem ser os mais democráticos, desde que utilizados de maneira justa. A internet é muito eficaz e confortável, mas, infelizmente, ainda é usada apenas por uma minoria, nem 50% do eleitorado possui internet em casa. Já aparecer na TV e falar no rádio não devem ser privilégios dos partidos mais ricos. As exibições podem ser padronizadas, mais simples, e seu tempo reduzido, para racionalizar os gastos ainda mais. Caberá aos revolucionários debater e decidir.

O espaço deve ser usado de forma gratuita por todos. Os candidatos precisam ter oportunidades iguais para se apresentarem e atingirem o maior número de eleitores. E somente através dos meios de comunicação de massa, como rádios e TVs, esse objetivo pode ser alcançado.

4.8.4 - A realidade sobre o financiamento político no Brasil

Resumindo: a maior fonte dos recursos para manutenção dos partidos é pública, vem do fundo partidário. Já a maior fonte dos recursos diretos (dinheiro) obtidos pelos candidatos para suas campanhas é privada: pessoas físicas e jurídicas, mas, principalmente, as jurídicas, com ênfase para construtoras e bancos. Nossa democracia é financiada por grandes empresários, sendo a propaganda eleitoral "gratuita" o principal recurso público indireto para os candidatos em campanha.

No entanto, a esmagadora maioria deles não é contemplada com os maiores recursos e, portanto, não consegue despender muito dinheiro para divulgar seu trabalho; conta com o menor volume de recursos provenientes de particulares, e raríssimos são os que conseguem mobilizar um pouco mais de recursos e se eleger com muita dificuldade.[84]

Fica evidente que já no nascedouro da participação democrática existe uma desigualdade e disparidade. Ainda segundo Speck, "a situação no Brasil é tal que a maior parte dos candidatos gasta muito pouco na campanha e tem poucos votos. Um número menor de candidatos consegue levantar recursos significativos, mas somente poucos conseguem entrar na disputa eleitoral com recursos suficientes para disputar a eleição com chance razoável de sucesso". A maior enxurrada de recursos cai nos bolsos dos poucos escolhidos que sempre conseguem se eleger.

Speck avalia os custos das campanhas no Brasil e informa que em 2010 os candidatos conseguiram arrecadar um montante de R$5,7 bilhões para suas campanhas através de financiamento privado:

> A competição política no Brasil é excessivamente cara? É necessário relacionar o valor absoluto de R$5,7 bilhões ao tamanho da democracia brasileira. O eleitorado brasileiro e o número de cargos preenchidos influenciam o custo das campanhas. Ao relacionar o valor total de R$ 5,7 bilhões gastos em eleições no Brasil (nacionais, estaduais e municipais) aos 120 milhões de eleitores, chegamos à média aproximada de R$6,80 por eleitor, por cargo. Este é o montante de recursos que todos os candidatos juntos gastam com um eleitor para convencê-lo da melhor escolha. Diante da importância dos cargos para a alocação de 37% (do PIB) das riquezas produzidas no país que passam pelo setor público, o valor não parece exagerado.

4.8.5 - Perguntas que os eleitores devem fazer

As perguntas que os eleitores devem fazer são as seguin-

---

84 SPECK, Bruno Wilhelm. O Financiamento Político e a Corrupção no Brasil. Disponível em: http://www.academia.edu, acesso em 4/10/13.

tes: a) Quem financiou quem?; b) Qual é o verdadeiro cliente dos candidatos eleitos, o povo ou a empresa investidora?; c) Qual o custo final de uma eleição?; d) Quanto dinheiro público vaza pelo ralo da corrupção?; e e) Como atuam corruptores e corrompidos?

Estudos recentes sobre a corrupção no Brasil mostram que os gastos com a corrupção chegam a R$69 bilhões por ano,[85] uma soma considerável, mas que ainda está longe de ser o maior golpe no orçamento público. Como já demonstramos, o pagamento de juros da dívida pública feito a poucos banqueiros corrói 42% das receitas provenientes dos impostos pagos que pagamos. E por isso, uma reforma tributária e fiscal é tão importante quanto a reforma política, e será objeto de um capítulo especial. Voltando à política, insisto que devemos ser radicais e cuidadosos em relação à questão do financiamento de entes privados nas campanhas políticas.

4.8.6 - Justificativa para o financiamento público exclusivo nas campanhas

Num modelo político ideal, eu recomendaria o fim do financiamento de campanhas por empresas ou pessoas. No entanto, conforme as propostas relacionadas a seguir, podemos até admitir o financiamento privado para partidos políticos, dentro de regras determinadas e inflexíveis. Não convém a nenhum político ficar "devendo favores a este ou aquele". Seu interesse deve se consubstanciar ao interesse público e dele não se diferenciar.

Conforme Milton Friedman, "não existe almoço grátis".[86] Pela própria lógica do sistema, capitalistas não doam. Investem. E investimento requer retorno, de preferência alto.

---

85 Fonte: FIESP, disponível em http://www.brasileconomico.com.br, acesso em 5/10/13.
86 Milton Friedman (1912-2006) recebeu o Prêmio Nobel de Economia em1976.

O mais grave é que o vínculo entre a corrupção e os financiamentos de campanhas por empresas não é facilmente visível e imediatamente detectável, fato que corrobora a rejeição do financiamento privado.

Segundo Speck:

Mesmo que as decisões dos representantes eleitos sejam influenciadas pela generosidade de determinados financia-dores de campanhas políticas, dificilmente deixarão rastros de atos ilegais ou contra normas de direito público. O po-lítico eleito não quebra regras da administração pública ao favorecer ilegalmente seu doador, mas faz uso de seu poder discricionário para interpretar seu mandato de defensor dos interesses públicos. Ou seja, a atividade de representação po-lítica baseia-se no princípio do mandato livre, deixando am-pla margem para que cada representante eleito interprete seu mandato dentro do compromisso de promover o bem público com suas ações. A complexidade dessas decisões, os vários aspectos e interesses envolvidos e a falta de parâmetro para medir a aproximação ou o afastamento do interesse público impossibilitam identificar o desvio do compromisso com o bem público de forma clara.[87]

4.8.7 – O financiamento público de campanhas e a falta de lógica na democracia

Vejamos como falta lógica à democracia no Brasil. Nós, eleitores, temos o direito, para não dizer a obrigação, de conhe-cer as pessoas que irão nos representar e decidir sobre nosso patrimônio, recursos, qualidade de serviços. Precisamos saber quem vai gerir nossa vida em sociedade, e por que não também a vida privada, uma vez que dependemos do Estado para estu-dar, ter saúde, transporte, lazer, cultura etc.

---

87 SPECK, B. *Op. Cit.*, p. 83.

Ninguém contrata um empregado para tomar conta de sua casa sem pelo menos saber sua origem, pedir referências, experiência anterior, investigar a maneira como irá trabalhar. Da mesma forma, não podemos contratar pessoas que irão nos representar se sequer lhes conhecemos o nome. E como esses candidatos se farão conhecidos? De que maneira chegarão até nós para que saibamos suas intenções, sua história de vida, experiência, ideais? Evidentemente, deverão gastar tempo e dinheiro para divulgar seu trabalho, propostas, ética pessoal. E quem deve arcar com os custos? A quem deve interessar conhecer o futuro empregado? Quantos de nós teríamos os recursos para divulgar nosso trabalho para o maior número de pessoas possível? Que espécie de democracia é essa, onde só consegue concorrer ao poder quem já nasceu "com o burro na sombra"?

O que acontece em nosso país é irracional. Muitos nem desejam ouvir falar dos candidatos, não se interessam pelo currículo do gestor futuro de seus "negócios". Preferem ver o galã da novela das oito, que não os levará a lugar nenhum, a ouvir seu futuro empregado falar na TV. Muitos também detestam pensar em financiamento público de campanha: não querem "gastar" para eleger um candidato que, afinal, será seu porta-voz. E assim, como ocorre com tudo na vida que é abandonado, aparece outra pessoa para preencher o lugar vago.

Os empresários, que não são tolos, acabam "bancando" os poucos candidatos que, segundo eles, cuidarão muito bem de seus interesses. Ao contrário do povo, eles sabem o que desejam e não colocarão em risco seus empreendimentos. Fazem o que nós, do povo, deveríamos fazer: escolher, ajudar o candidato a se promover, se tornar conhecido.

Sim, a democracia tem um preço! E nós preferimos deixar que outros paguem a conta. Depois, quando não fazem o que gostaríamos, reclamamos que os políticos não nos ouvem. E revoltados, de punhos cerrados, dizemos que o Brasil não aceita mais desaforos: "O gigante acordou!"

Terá acordado mesmo, ou só se assustou com o próprio ronco?

Então, o que devemos fazer? Primeiro, estabelecer um custo para a democracia, coisa que ainda não fizemos, já que não existe teto para gastos com campanhas políticas. E nós devemos estabelecer esses limites, proibir excessos, restringir o que pesa mais. Segundo, não permitir disparidades e desigualdade na concorrência; todos devem ter o direito de mostrar quem são. Por isso, vamos acabar com o financiamento de empresas restrito a alguns candidatos. É preciso socializar o espaço. Terceiro, se quisermos ser os verdadeiros clientes, sejamos os capatazes desta fazenda.

O preço que se paga pela omissão, pela corrupção e por nosso relaxamento político excedem em muito os R$50 por eleitor pagos a cada dois anos, como estou propondo. Outra medida que deve entrar na conta do financiamento público é a contratação de três empresas de auditoria, duas nacionais e uma internacional, para monitorar os gastos de partidos e candidatos antes, durante e depois das eleições. Não são gastos duradouros: seria o equivalente a colocar câmeras escondidas na casa enquanto viajamos, ou similar a contratar porteiros para vigiar os prédios. A despesa é válida, pelo conforto e segurança que nos proporcionará.

4.9 - Nossa proposta de reforma política

Para reprimir possíveis práticas de corrupção, a reforma política ideal consiste num conjunto de ações que permitam:

a) Fechar melhor as torneiras dos recursos privados, conter as ofertas;

b) Saciar a fome dos candidatos, satisfazer as demandas com uma dieta equilibrada de recursos, em porções iguais para todos;

c) Fazer com que o eleitor exerça controle direto sobre as ações dos políticos, de forma a monitorar ou dividir com o povo o poder discricionário dos gestores;

d) Fornecer ao eleitor instrumentos de controle sobre parlamentares e governantes mais eficientes e diretos.

4.10 - Por que devemos pensar em financiamento privado somente para os partidos e não para candidatos?

Não convém permitir qualquer doação para candidatos, individualmente, e o motivo é simples. Mesmo se as doações e financiamentos de particulares tiverem um valor limitado por pessoa, o que aparentemente é uma boa medida, corre-se o risco de que os mais espertos criem mecanismos espúrios, como, por exemplo, usar "laranjas", falsos doadores, para dividir os valores investidos em algum candidato ou partido favorito. Um empresário mal-intencionado, disposto a financiar determinado candidato para depois obter vantagens, usará de muitos expedientes ocultos para alcançar seus objetivos, como contas bancárias falsas, por exemplo, e quem o impedirá? Com esse produto podre, no intuito de abarrotar os bolsos de seus favoritos, seja candidato ou partido, um inescrupuloso milionário poderá, a preço de banana, entupir o "mercado negro do financiamento".

A melhor estratégia consiste, portanto, em impedir o máximo possível a formação do "mercado clandestino" da produção de "laranjada".

Se de todo não se conseguir proibir a doação de particulares, que pelo menos fique estipulado, pelos constituintes do Estado do Usufruto, não só o valor a ser doado, mas, principalmente, um número limitado de doadores ou um teto igual para todos. Com tudo isso, para facilitar o controle da demanda, se deverá restringir a doação aos partidos, porque, entre outros fatores, é mais fácil controlar algumas dezenas de legendas que milhares de contas bancárias de candidatos pelo país afora.

4.11 - O que significa limitar teto de doação, quantidade de doadores, valores doados, e permitir tudo isso apenas para os partidos?

Os candidatos ficam impedidos de receber direta e pessoalmente o dinheiro doado por particulares. Os valores doados serão depositados na conta do partido (e não do candidato), identificando-se o doador pelo CPF. Caberá ao partido apurar a quantia e dividi-la igualmente para todos os candidatos, a fim de cobrir gastos com campanhas.

Um exemplo: fica estipulado que cada partido poderá receber doações de até 100 pessoas, sendo R$600 o valor máximo a ser doado, ninguém, individualmente, poderá dar mais que R$600 a um partido. A contabilidade dos partidos fica mais simples, pois nenhum partido poderá, neste exemplo, ter registrado mais de 100 CPFs de doadores e nem haver recebido valor total superior a R$60 mil. Qualquer número que extrapole esses dados já será considerado suspeito.

Resumindo as vantagens desse tipo de proposta:

1) Facilita o controle dos gastos de campanha. É mais fácil conferir o caixa do partido que as contas bancárias de centenas de candidatos.

2) Todos recebem a mesma quantia e, assim, poderão concorrer em condições de igualdade com os demais.

3) Valores limitados e número limitado de doadores inviabiliza a "produção" de "laranjas", ou seja, a criação de milhares de falsos doadores usados por empresários inescrupulosos para abastecerem a conta dos partidos prediletos.

4) Por aceitar o financiamento privado, mas com as

limitações expostas acima, não haverá cerceamento da liberdade individual, ou seja, a garantia de que os indivíduos poderão dispor de seus bens e recursos materiais da maneira que desejarem.

5) A medida permitirá o surgimento de "fiscais espontâneos" dentro dos partidos. Os próprios candidatos terão interesse em verificar o que está sendo gasto com os "colegas" da sua base partidária, uma forma de controle interno natural.

Quanto ao controle popular, será feito mediante consulta do balanço contábil do partido, obrigatoriamente remetido ao órgão eleitoral superior e disponibilizado nos sites e repartições públicas. Transparência e ampla publicidade são requisitos fundamentais para permear uma boa reforma política. Reafirmo a necessidade de traduzir todo conteúdo numa linguagem simples, direta e objetiva.

4.12 - Por que contratar empresas de auditorias no período eleitoral?

As auditorias são necessárias para proteger os pontos vulneráveis de uma reforma política. Imaginemos, por exemplo, que algum dos candidatos receba, às escondidas e de forma disfarçada, dinheiro de amigos, parentes ou mesmo de empresários. Como o povo poderá monitorar, ou impedir que isso aconteça, principalmente durante as campanhas, uma vez que as declarações de renda apresentadas são sempre do exercício anterior?

Para evitar o problema, o Estado deverá investir nas auditorias, duas nacionais e uma internacional como já mencionei. Quebra de sigilo fiscal, bancário e telefônico dos candidatos também são boas medidas de controle.

O financiamento privado, mesmo com as limitações sugeridas acima, requer a criação, nem sempre ágil, de um arcabouço de medidas legais para permitir ao povo o controle maior da vida financeira dos partidos e candidatos. Será necessário conferir poder ao povo para tomada de decisões emergenciais, como por exemplo, afastar políticos, no caso de serem constatados desvios e violação das leis.

Mesmo na hipótese de se proibir completamente o financiamento privado, seja de pessoa física ou jurídica, é imprescindível que haja uma legislação rigorosa quanto ao controle e limite de gastos realizados em campanhas. Sem limitar os gastos, nenhuma reforma prospera.

4.13 - Como controlar as famosas "doações por fora"? Como evitar a formação do "mercado negro" de financiamentos?

Na hipótese específica de se proibir o financiamento privado, e também em todos os casos em que tais financiamentos são permitidos, é essencial a ação das empresas de auditoria. Cada partido e seus respectivos candidatos seriam investigados e monitorados durante três anos, com a obrigatória quebra dos sigilos bancários, telefônicos e fiscais, incluindo desde o ano da candidatura até o final do primeiro ano seguinte ao resultado das eleições.

A contratação de auditoria tem por função primordial inibir a prática de "caixa 2". Qualquer gasto ou despesa estranha ao orçamento do partido ou do candidato deverá ser informado à autoridade eleitoral, sendo os resultados, relatórios e pareceres finais remetidos à Justiça Eleitoral e tais análises publicadas por todos os meios de comunicação.

4.13.1 - Vantagens das auditorias

Por que contratar empresas nacionais e internacionais? Auditorias realizadas por agentes externos são consideradas potencialmente neutras, devido ao princípio "quem faz não controla, quem controla não faz"; e companhias internacionais ainda estão longe de quem faz. Havendo auditores nacionais e internacionais, mesmo sendo os nacionais reconhecidamente isentos, dificilmente surgirá a suspeita de que alguma das empresas manipulou relatórios e resultados, movida por interesses de seus dirigentes, simpáticos a determinadas causas partidárias.

Não desconfiamos das empresas nacionais, não é isso. Precisamos apenas evitar que sobre elas sejam lançadas dúvidas por pessoas ingênuas, alheias ao funcionamento das mesmas, e também nos precaver contra os ataques de oportunistas de plantão, que, tomados por interesses difusos, com o intento de desmoralizar o mecanismo das auditorias, lancem mão de argumentos falaciosos, mas capazes de semear incertezas entre a população leiga.

O fato de haver três empresas também confere maior credibilidade às auditorias, já que em caso de pareceres divergentes haverá sempre o relatório "de Minerva".

As auditorias facilitariam o trabalho da Justiça Eleitoral, fornecendo-lhe acesso direto aos dados levantados mediante relatórios e pareceres efetuados por entidades neutras e idôneas. O trabalho do povo seria apenas o de conferir os resultados e se manifestar, contrário ou a favor da continuidade de existência de determinado partido ou político.

No entanto, para que tudo isso tenha o efeito desejado, será necessário criar mecanismos legais para excluir da lista de eleitos os políticos ou partidos que demonstrem ingerência e desonestidade em seus gastos, comprovados pelas auditorias.

4.14 - Ações populares e o poder popular para afastar políticos

Uma reforma política ideal precisa conceder ao povo poderes para afastar políticos de seus mandatos, na hipótese, por exemplo, de ser comprovada a existência de "caixa 2" nas campanhas. O descumprimento de promessas feitas em campanhas, quando não devidamente justificado, também daria ensejo ao afastamento dos políticos por iniciativa popular.

Talvez uma simples mudança no próprio Judiciário possa resolver essa questão. A intervenção da Justiça, nesses casos, é de extrema importância, para evitar abusos de contrapartidários e inimigos de um partido ou candidato qualquer.

Com uma liminar nas mãos, qualquer cidadão poderá "colocar no banco da reserva", até julgamento final, o político de comportamento considerado inadequado, nos termos dos pareceres dos auditores. Caso o pedido de afastamento seja aceito pelo juiz, por meio de liminar ou antecipação de tutela, caberia ao Judiciário tomar as medidas cabíveis para submeter a ação aos trâmites da legislação penal.

Fica evidente que se deve tomar muito cuidado para evitar arbitrariedades populares, falsos questionamentos e "queima" irresponsável da reputação de um político ou partido. A pessoa ou entidade civil que impetrar uma ação popular ou civil pública responderá civil e criminalmente, é óbvio, no caso de apresentar acusações levianas e não comprovadas facilmente nos relatórios de auditorias.

4.15 - Como ficaria o financiamento público?

O financiamento público passaria a consistir de:

a) Cessão de tempos iguais de campanha em rádios e TVs abertas, que atualmente sobrevivem graças à concessão estatal. As emissoras poderiam optar, como já mencionamos, entre a isenção fiscal ou descontos oferecidos à União, que, por sua vez, reduziria os gastos com a publicidade diminuindo a quantidade de exibições do programa eleitoral e evitando perfumarias de marketing inúteis, como vinhetas etc.

b) Aumento do valor do fundo partidário: uma quantia de R$50 por eleitor, a ser dividida entre todos os partidos e paga de 2 em 2 anos equivaleria ao dobro do que as empresas "doam" para apenas meia dúzia de candidatos. Aumentar o financiamento público para os partidos, de forma a não onerar os cidadãos, é uma forma de tirar o cabresto das mãos dos empresários e colocá-lo em nossas próprias mãos. Com esse dinheiro, os partidos poderiam dar maior apoio aos candidatos durante as campanhas por meio de ações inteligentes. Em vez de imprimir milhares de folhetos e panfletos, por exemplo, fariam apenas cadernos com suas propostas e currículo completo dos candidatos, que ficariam disponibilizados nos colégios eleitorais, nas sedes das prefeituras, nos palácios de governadores, em casas legislativas, e também virtualmente, em sites institucionais; quem quisesse, poderia consultá-los, sem esquecer a versão em braille — uma medida simples e objetiva que eliminaria a poluição visual e auditiva e os cansativos achaques dos candidatos.

4.16 - Restrição de gastos com propaganda eleitoral

Na internet, a propaganda política também deveria ficar restrita aos sites das casas legislativas, talvez criar no site do TSE uma rede social de relacionamento político, onde os candidatos e partidos criariam seus perfis, apresentariam propostas e promoveriam o compartilhamento de ideias, comentários e debates junto ao público eleitor — algo no estilo "votenaweb",[88] porém dedicada apenas aos candidatos em época de eleições. O importante, durante a campanha política, é formar uma rede de interação entre o eleitorado e todos os candidatos, e penso que a internet deveria ser popularizada.

---

88 http://www.votenaweb.com.br.

Uma alternativa mais simples seria criar um grupo oficial, aberto, numa rede social famosa, onde se concentrassem todos os candidatos, de todos os partidos. Haveria oportunidade de confrontar ideias e melhorar o diálogo com o povo, num verdadeiro caldeirão de debates. Poder-se-ia também pensar em horários eleitorais virtuais gratuitos nas praças públicas, permitir um sinal aberto em determinadas horas do dia, nos locais públicos, para que as pessoas pudessem acessar as redes sociais.

O objetivo principal é que todos usem os mesmos recursos materiais e financeiros, de forma a que se sobressaia o mais talentoso, com propostas amplamente discutidas com o público. Se todos usarem os mesmos recursos para expor suas ideias e projetos, vencerá quem for mais brilhante, não quem gastou mais para se promover.

4.17 - Principais pontos da reforma política para o Estado do Usufruto

No usufrutuarismo, devem ser mantidas todas as conquistas da Constituição Federal/88, relativas aos direitos e garantias individuais e à preservação da liberdade de expressão.

Resumindo, são esses os principais pontos da proposta de reforma política:

— Fim do financiamento privado para campanhas políticas.

— Financiamento público exclusivo para campanhas eleitorais (rádios, TVs, internet).

— Financiamento privado apenas para partidos políticos (e não para candidatos), com limitação do número de doadores e do valor máximo de doação de cada pessoa (por CPF).

— Estabelecer um teto para oferta de doação.

— Revisão dos valores pagos pelo Estado a título de fundo partidário, atualmente estimado em R$0,35 por eleitor. Esse valor poderá ser aumentado para R$50 por eleitor, a serem pagos a cada dois anos, desde que os gastos com as eleições permaneçam enxutos, de acordo com este conjunto de propostas.

— Horário eleitoral em canais de TV abertos e rádio, pagos diretamente pelo governo, mas com desconto de 50% relativo aos preços de mercado praticados pelas emissoras para publicidade. Caso isso não seja possível, revisão da lei que concede isenção fiscal para as emissoras para obrigá-las a exibir a propaganda eleitoral sem qualquer custo para a União.

— Contratação de três empresas de auditoria renomadas, duas nacionais e uma internacional, para fiscalizar os gastos partidários e de campanhas, desde o ano anterior às eleições até o final do ano seguinte ao pleito. Os relatórios e análises serão redigidos em linguagem jornalística simples, e o conteúdo enviado mensalmente ao TSE, que o disponibilizará no site institucional para consulta e conferência popular.

— Quebra do sigilo fiscal, bancário e telefônico de todos os candidatos e partidos, desde o ano anterior às eleições até o final do ano seguinte ao pleito. As empresas auditoras deverão ter acesso aos dados e autonomia para comunicar ao Ministério Público e Tribunais Eleitorais qualquer suspeita de irregularidade.

— Combate à poluição eleitoral e redução drástica dos gastos de campanha. Fim da propaganda impressa, seja em folhetos, outdoors, anúncios gráficos, camisetas, bonés, chaveiros, adesivos e outros. Proibir uso de carros de som e "showmícios". Fim do oferecimento de prêmios, brindes e presentes à população durante o ano eleitoral, com multas severas para o candidato que for flagrado desobedecendo essas regras.

— Limitação do material promocional gráfico a cadernos com propostas e currículos dos candidatos. Os cadernos deverão estar disponíveis para consulta, nas formas impressa e digitais e com tradução em braille, nas bibliotecas de todos os colégios eleitorais, nas sedes dos TRE (Tribunal Regional Eleitoral) e nos sites institucionais das casas legislativas, TSE, Portal da Transparência, sites dos governos municipais, estaduais e federais. Os custos com a edição e impressão desse material ficarão a cargo dos partidos.

— Propaganda permitida nas rádios e TVs, com igualdade de tempo de apresentação para todos os partidos, mas com restrições em relação à quantidade de exibições e gastos supérfluos com produção. As "perfumarias" e superproduções oneram demais o horário eleitoral. Reduzir a propaganda gratuita para no máximo três vezes por semana, com apenas uma exibição ao dia, no horário de maior audiência.

— Estímulo à participação de candidatos em debates nas redes sociais, grupos virtuais e espaços públicos, como parques, feiras e praças públicas, sem excesso de produção. As prefeituras podem criar uma grade de programação, uma espécie de roteiro cultural político, tipo "virada cultural", nas principais praças do centro e dos bairros. A intenção é de que todos os dias, em algum lugar público, exista um candidato em contato direto com o povo expondo suas ideias. As praças e parques devem funcionar como pequenas arenas de discussão popular, de preferência sem palanques nem excesso de produção: basta uma tenda, um microfone e um bom bate-papo ao ar livre.

— Criação de uma rede social oficial no site do TSE (Tribunal Superior Eleitoral), em que os candidatos incluam seu perfil, apresentem os balanços financeiros de suas campanhas e dos partidos e interajam com o público, compartilhando ideias, comentários, propostas, no estilo das redes sociais de relacionamento da internet.

Ou, ainda, a formação de um grupo aberto nas redes sociais existentes, com a presença de todos os candidatos, de todos os partidos, para que, por meio de debates diretos com internautas e "rivais" políticos, as ideias possam ser confrontadas e possam se sobressair os mais talentosos na arte de convencer.

— Mudança dos critérios para compor as casas legislativas, com redução do número de deputados e extinção do Senado. Substituir o critério de proporcionalidade pelo de regionalidade equitativa, ou seja, 100% distrital para municípios com menos de 20 mil habitantes. Cada estado seria dividido em 5 regiões eleitorais. Nas eleições para vereador, esse mesmo sistema seria adotado, ou seja, cada cidade seria dividida. Para escolha de deputados estaduais e federais, gostei da proposta do senador Cristovam Buarque, que sugere voto distrital misto — uma porcentagem eleita por voto distrital e outra por voto estadual. No Congresso, 50% seriam eleitos por voto distrital, 40% via votação nos estados e 10% pelo voto nacional.[89]

— Outra proposta seria a escolha de deputados por concurso público, como voto apenas nos projetos. No entanto, na impossibilidade de escolher por concurso, podemos alterar a legislação para enquadrá-los no regime jurídico dos servidores públicos. Os deputados federais estariam submetidos à Lei 8.112/90 (o estatuto do servidor público federal); os estaduais submeter-se-iam ao estatuto dos servidores de seu estado e os vereadores ao regime jurídico dos servidores da prefeitura. Devemos ter cuidado apenas para não extinguir a inviolabilidade prevista nos artigos 27, 29 e 53 da CF: "Os deputados e senadores são invioláveis, civil e penalmente, por quaisquer de suas opiniões, palavras e votos".

---

89 Vide reforma de Cristovam Buarque em http://www.cristovam.org.br/portal2/phocadownload/reforma_politica_republicana_abr2011.pdf, acesso em 20/10/13.

— Remuneração: deputados e vereadores ganharão um salário mínimo, acrescido da maior gratificação da tabela do plano de cargos e salários da Casa em questão. As funções comissionadas serão tabeladas e obedecerão a leis e planos de cargos e carreiras dos serviços públicos — acréscimos que servidores concursados, exercendo algum cargo de chefia, receberão devido ao aumento de responsabilidade. Quando destituídos da chefia, também cessará a gratificação. Da mesma forma ocorrerá com os parlamentares. Findo o mandato, o deputado perderá a gratificação e será aposentado do cargo, com a remuneração equivalente ao salário mínimo da época.

— Ampliar para 6 anos os mandatos do Poder Executivo: presidente da República, governadores e prefeitos. Para deputados e vereadores, manter o mandato de 4 anos.

— Reeleição para todos os cargos somente depois de 10 anos.

— Criação de um corpo de "deputados e vereadores voluntários", escolhidos entre o povo, com prioridade para idosos, deficientes e pessoas com atuação em ONGs e movimentos sociais, para auxiliar e acompanhar nas comissões os trabalhos dos deputados e vereadores eleitos. Por exemplo, junto à Comissão do Meio Ambiente da Câmara, atuariam os deputados eleitos e mais três pessoas sorteadas entre os ativistas de movimentos sociais relacionados às questões ambientais. Caberia a esses voluntários emitir também pareceres sobre os projetos submetidos à comissão. Durante o exercício do serviço voluntário, seriam dispensados do trabalho que exerciam antes, sem risco de perder o emprego e mantendo a remuneração. Estariam para as comissões das casas legislativas mais ou menos como um tribunal de júri popular está para o Judiciário.

— Fim do voto secreto em todas as casas legislativas.

— Fim do orçamento impositivo.

— Orçamento participativo para todos os municípios. A participação direta do eleitor na hora de votar o orçamento e, principalmente, as emendas ao orçamento, é de extrema importância, principalmente para os pequenos. A votação de orçamentos e emendas é crucial para a saúde monetária de uma nação. Devemos evitar a todo custo o surgimento de "pontos cegos", ocasiões em que o executivo (prefeito, governadores e presidentes da República) negocia com o legislativo a aprovação de mais ou de menos verbas para essa ou aquela obra ou serviço. Precisamos encontrar mecanismos para estimular a presença do povo nesses diálogos, que devem tão transparentes quanto possível, dando inclusive ao eleitor direito de discutir e decidir pela aprovação ou não das emendas e do próprio orçamento. É uma boa estratégia obrigar os prefeitos e governadores a convocar um corpo de voluntários, de preferência pessoas idosas e estudantes de cursos universitários. Vide na reforma da gestão administrativa como esse estímulo pode acontecer nos municípios. O grande problema é a votação de emendas parlamentares no Congresso. Como fazer com que o eleitor esteja presente e discuta o como e o porquê das emendas? Em todos os sentidos, é de grande valia a presença de "fiscais" voluntários no serviço público, em todos os órgãos.

5. Da Reforma na Gestão Administrativa

Apesar de estar mencionada como acessória, a reforma na máquina administrativa é essencial para conter a corrupção em todas as esferas da gestão pública. A pretensão aqui é monitorar os gestores e induzi-los a dividir com os eleitores a responsabilidade de seu poder discricionário. Em relação aos pequenos municípios, onde práticas de corrupção são mais difíceis de serem controladas, é que tais medidas se tornam fundamentais. Deixo aqui as principais sugestões:

Toda prefeitura será obrigada a constituir uma assembleia popular participativa, no mínimo duas vezes por ano, a fim de discutir o orçamento. Tal sugestão também converge com a proposta do senador Cristovam Buarque. O usufrutuarismo, porém, prevê a autonomia tributária para os municípios com menos de 200 mil habitantes, conforme será descrito no próximo capítulo, ou seja, para cerca de 5.350 cidades. Para que essa autonomia colha frutos doces, e não amargos, será preciso criar mecanismos que obriguem as prefeituras a não gastarem o dinheiro a seu bel prazer. Portanto, é essencial que as verbas orçamentárias sejam disponibilizadas à administração dessas cidades somente depois de comprovada a votação das propostas para o orçamento com a participação da maioria absoluta do eleitorado daquele município.

No usufrutuarismo é assim: a União arrecada todos os impostos mediante o sistema informatizado da Receita Federal; os valores provenientes dos municípios com menos de 200 mil habitantes são informados, mas não caem na conta do Tesouro Nacional, ficam na conta dos próprios municípios em *"stand--by"*, presos no sistema, aguardando autorização da Receita Federal para serem liberados; se a prefeitura comprovar a realização de assembleias com o comparecimento maciço do eleitorado, então a verba é liberada para o seu cofre, mas se não comprovar, continuará recebendo as sobras que as prefeituras sempre recebem, conforme o modelo atual.

É evidente que todo prefeito ficará interessado em que a verba mais "gorda" entre logo nos cofres. Por isso, fará o possível e o impossível para estimular a população local a participar das assembleias. Ele pode até inventar estímulos, como criar uma carteira de pontos para o eleitor: quanto mais este comparece às audiências públicas, mais acumula "bônus" que lhe possibilitam descontos no IPTU ou em taxas municipais. Tais estímulos também podem ser tentados no nível estadual e federal. Considero uma boa prática criar uma carteira de acúmulos de pontos para o eleitor participativo. Como "brinde", ele poderá ter vantagens nos impostos, pacotes de viagens, descontos nas contas de água, luz e telefone e na matrícula em escolas particulares — isso fica a cargo da criatividade do gestor. Ideal mesmo seria que o sistema da Receita fosse integrado aos sistemas informatizados das prefeituras.

A distribuição de funções comissionadas e cargos de confiança no Legislativo e Judiciário ocorreria somente para funcionários do órgão concursados e de carreira. Isso eliminaria fisiologismos, nepotismo e troca de favores. No Executivo, gabinetes dos prefeitos, governadores e da presidência da República poderiam reservar apenas duas funções comissionadas e de confiança para pessoas estranhas à carreira.

A escolha de ministros do Executivo permanece conforme critério da Presidência. A de ministros dos Tribunais Superiores e de Contas da União, e dos estados e seus conselheiros, seria feita da seguinte forma: 60% dos ministros devem ser membros ou juízes de carreira, conforme o caso, e 40% indicados pelo Congresso Nacional, presidência da República e pelos três maiores sindicatos de trabalhadores do país, conforme lista com nomes e currículos a serem submetidos à apreciação popular. Por exemplo, Congresso e Presidência indicam 7 nomes cada um, e os sindicatos indicam 5. O povo escolherá 8 pessoas: três da lista da Presidência, 3 da lista do Congresso e 2 da lista dos sindicatos. O voto, nesse caso, deve ser facultativo. A votação pode ser realizada via internet, em sites institucionais, com as proteções de praxe, e também nos cartórios eleitorais, via urna eletrônica. Escolhe-se dia e horário para realização da eleição. Quem quiser votar, é só comparecer.

As iniciativas populares para afastar políticos de seus mandatos ou eliminar candidatos das disputas eleitorais, até que sejam provados os crimes de corrupção e desvios da lei, deverão ser efetuadas mediante o ingresso de ação popular ou de ação pública, que deverão ser decididas liminarmente pela Justiça depois de ouvido o Ministério Público. O autor da ação responderá civil e criminalmente por informações equivocadas ou falsas. Em caso de descumprimento de promessas, o político será apenas afastado, depois de interrogado pela Justiça e ouvido o Ministério Público. Um estado democrático não precisa ser um cão raivoso, que morde sem dar chances de defesa.

Quanto às obras, licitações e serviços, as concessões da administração pública serão feitas pelo sistema de contrapartidas, tendo a administração uma pequena porcentagem nos lucros dos empreendimentos contratados, conforme for o caso. Por exemplo: em relação a rodovias, o faturamento do pedágio será dividido entre a empresa e o estado, na porcentagem acordada; na atividade de mineração, haverá participação nos royalties para o estado e município explorados; no turismo, uma porcentagem dos lucros das empresas de exploração do turismo ficará para o município e o estado; no caso de empreendimentos imobiliários e escolas particulares em áreas cedidas pelo governo, as empreiteiras e escolas repassam para a prefeitura uma porcentagem dos lucros obtidos em suas atividades; emissoras e empresas de mídia com concessão do governo também devem repassar uma fatia de seus lucros para a União.

Enfim, no usufrutuarismo, os governos não concedem benefícios e nem contratam grandes obras e serviços sem obter a contrapartida. Nos casos em que a regra acima não se aplicar, caso a obra ou serviço se estenda além do prazo estipulado no contrato, a administração pública torna-se uma espécie de "sócia minoritária" da empresa. Se uma empresa for contratada para pavimentar uma rodovia, no prazo máximo de três anos, mas estende a obra por mais dois, a administração pública passará a ter direito a uma porcentagem nos lucros da empresa, mesmo que seja uma porcentagem mínima, até a conclusão da obra ou serviço — um sistema mais eficaz que a cobrança de multas, capaz de inibir a irritante procrastinação de obras e serviços e também de obrigar as empresas não só a cumprir os termos do contrato, como a planejar adequadamente a execução dos serviços.

5.1 - Aprimoramento da fiscalização tributária eletrônica

A criação de cartão fiscal eletrônico, ao qual denominei Cartão Dedo-Duro, impedirá a sonegação através de um sistema simples de comando das máquinas de cartões de crédito e débito — um controle automatizado de tributos, muito importante no sistema usufrutuário. O detalhamento do sistema encontra-se no próximo capítulo, que trata da reforma tributária.

5.1.1 - Fiscalização eletrônica casada

A fiscalização que ainda for feitas por pessoas, no caso agentes públicos, deve obedecer a esquemas inteligentes anticorrupção. Uma maneira simples e eficaz de fiscalizar consiste no sistema casado. E como é isso? Num dia, fiscais de uma prefeitura são sorteados, por sistema eletrônico, para cobrir restaurantes de uma determinada região e apurar irregularidades. Eles saem, fazem suas autuações, voltam e registram tudo num sistema informatizado, cujo acesso aos dados é limitado aos funcionários internos do órgão. No dia seguinte, uma equipe diferente de fiscais é sorteada para cobrir a mesma região. Essa segunda turma faz suas autuações e também lança no sistema, que casa as ocorrências registradas pelas duas equipes. Caso haja discordância, ou seja, no caso de um fiscal autuar um estabelecimento comercial e outro não, o sistema acusa o fato para a equipe interna de monitoramento dos dados. O comerciante é notificado a comparecer no órgão e os fiscais devem apresentar justificativas para a discrepância dos lançamentos.

5.1.2 - Fiscalização popular voluntária

Todos os órgãos públicos, das três esferas do Poder, devem recrutar um grupo de voluntários para acompanhar os serviços internos das instituições, escolhidos entre pessoas do povo e observados os critérios de conduta ilibada. Sua função será a de se tornarem íntimos dos trâmites internos e burocráticos da administração pública. De seis em seis meses, um grupo novo, de 25 pessoas, participará das atividades da instituição: atenderá o público, trabalhará junto dos setores de controle interno, orçamentário, de contratos e licitações das instituições. Haverá rodízio entre as sessões. Depois, ao final desse "estágio" voluntário, eles responderão, sem precisarem se identificar, a um questionário elaborado pelo Tribunal de Contas, Ministério Público e sindicato da categoria dos servidores.

No questionário, serão apontadas falhas e sugestões de melhorias. Poderá, ser relatada, eventualmente, alguma conduta suspeita e irregular, desde que os relatos sejam baseados em fatos objetivos, dispensados quaisquer juízos de valor ou demonstrações de desafeto e antipatias por algum servidor ou gestor. Caberá ao Tribunal de Contas, MP e sindicatos averiguarem a veracidade dos fatos, de maneira sigilosa.

Que vantagens os voluntários teriam? Não precisariam trabalhar todos os dias, mas apenas 3 vezes por semana; teriam dispensa provisória do emprego anterior, com garantia de um ano de estabilidade, quando voltassem à antiga atividade. Idosos teriam preferência para realizar esse tipo de serviço, pois, além de servirem ao interesse público, devido à experiência acumulada pela idade, seu aproveitamento seria uma forma de o Estado voltar a incluí-los na vida social. Estudantes, desempregados e donas de casa dispostos a serem voluntários ganhariam um certificado de colaboração, que contaria como título ou pontos nas provas de concurso público. Outras compensações podem ser pensadas pelos gestores, como oferecimento de bolsas em cursos de profissionalização na área que desejassem.

5.2 - Criação de sistemas informatizados integrando órgãos da administração pública

A informatização facilitaria muito coisa: diminuiria os trâmites burocráticos onde todos perdem tempo e paciência, e o jogo de "comprar dificuldades para vender facilidades" ficaria muito mais difícil.

Um sistema de banco de dados interligando todos os cartórios brasileiros —registros civis, imóveis, notas etc. — com o sistema da Receita Federal e as prefeituras é de grande valia e necessidade para o Estado do Usufruto.

A reforma tributária e a reforma do Código Civil, conforme vocês verão mais adiante, exigem informatização inteligente e cruzamento de dados em redes.

Para o controle e monitoramento da arrecadação tributária, essa integração seria perfeita. E mesmo no sistema burocrático atual, já seria de grande valia a integração de cartórios, de forma que um pudesse trocar com o outro informações da vida patrimonial e de registros civis do cidadão, principalmente se estivessem também conectados ao sistema de dados da Receita Federal e prefeituras.

Assim, qualquer evento estaria registrado e seria comunicado em tempo real, online, para todo o Brasil. Alguém nasceu, casou, morreu, adquiriu, vendeu ou doou um bem? O valor dos bens, testamentos, procurações, todos os fatos cartoriais seriam comunicados em rede aos demais cartórios e também à Receita Federal e prefeituras. A Receita obteria de forma automática o perfil completo do contribuinte e seu histórico de transações burocráticas — um verdadeiro banco de dados onde milhares de informações poderiam ser casadas e complementadas automaticamente.

5.3 - Patrulhamento das fronteiras

Reforçar o patrulhamento das fronteiras do Brasil com as Forças Armadas, polícia federal e fiscais de tributos contribuiria para evitar o tráfico de armas, drogas e mercadorias contrabandeadas. Trabalhariam em equipes, de, no mínimo, três pessoas, com microfones e câmeras embutidos nos uniformes e ligados a estações centrais de fiscalização sediadas nos centros urbanos mais próximos da região monitorada, e também às cabines da polícia rodoviária nas estradas. As horas de descanso seriam feitas na forma de rodízio: um descansa ou sai, e os outros dois trabalham.

Enquanto estivessem trabalham, os microfones não poderiam ficar desligados. Haveria sempre dois funcionários de plantão nos postos das fronteiras, sendo monitorados o tempo todo pelas agências centrais. Isso traria dois benefícios: reforçaria a segurança deles e coibiria a prática de procedimentos que pudessem ensejar a corrupção, oferecimento de propinas, vista grossa ao contrabando em troca de favorecimento etc.

Os fiscais de fronteiras, policiais e soldados, além de seus salários normais, ganhariam comissões, uma espécie de gratificação por produtividade, proporcionais ao volume de mercadorias apreendidas — quanto maior o volume, maior a porcentagem sobre o preço dos produtos. Dessa forma, o Estado recompensaria os fiscais pelo bom desempenho do trabalho, e a mesma regra poderia ser aplicada aos fiscais das alfândegas aeroportuárias.

5.4 - Corte de gastos públicos supérfluos

Gastos públicos supérfluos, como solenidades oficiais, seriam limitados a no máximo dois eventos por ano, em cada órgão público. Haveria redução na impressão de folhetos e demais peças gráficas, estabelecendo-se uma tiragem máxima. As viagens a trabalho teriam número mínimo de assessores e acompanhantes. Carros oficiais seriam disponibilizados apenas para o alto escalão: presidente, ministros, governadores e prefeitos de cidades com mais de 1 milhão de habitantes.

Constaria da agenda de prefeitos, governadores e deputados, visitas de surpresa, pelo menos duas vezes ao mês, a escolas e hospitais públicos, ocasiões em que a imprensa seria convocada para cobrir o evento.

Haveria redução do número de Ministérios para apenas cinco: Fazenda, Planejamento Orçamentário, Políticas Públicas, Informatização e Defesa. Antes de extinguir os demais que existem atualmente, porém, proceder-se-ia a um levantamento do capital intelectual no serviço público: funcionários e pessoas que recebessem função comissionada e não fossem concursados seriam demitidos nas três esferas de Poder. A maioria dos analistas da área de informática, desenvolvedores de sistema e programadores seriam alocados para o Ministério da Informatização, SERPRO e para o Judiciário. Sociólogos, antropólogos, economistas, administradores públicos, engenheiros e demais servidores capacitados e com talentos diversos seriam alocados para o Ministério das Políticas Públicas, responsável por obras de engenharias, arquitetura urbana e rural, infraestrutura, políticas para a saúde, educação, cultura e entretenimentos, empreendedorismo, geração de emprego e renda. Os demais funcionários e os que possuíssem cursos na área de Direito seriam aproveitados pelo Judiciário e pelas defensorias públicas.

6. Da Reforma Tributária e Fiscal

Todos os que clamam por maiores investimentos do Estado nas áreas de educação, saúde e infraestrutura sabem muito bem que nenhum governante tira coelhos da cartola. Dinheiro não cai do céu, prefeituras e estados não têm pé de moedas de ouro na beira das estradas. Os recursos devem vir de algum lugar, e sua fonte é a tributação.

E para que servem os impostos? Para suprir as necessidades consideradas prioritárias para o povo. Num país marcado por desigualdades sociais como o nosso, o Estado não pode se omitir, não pode lavar as mãos e dizer, "salve-se quem puder" ou "quem for mais competente".

Dizer que miseráveis, pessoas desnutridas e em condições de risco social não se transformam da noite para o dia em ricos vencedores simplesmente "porque não querem", é de uma covardia inominável. Acreditar que exceções, como empresários bem-sucedidos de origem pobre, serão a regra, é o mesmo que acreditar em Papai Noel e renas douradas com nariz vermelho.

Somos milhões de espermatozoides tentando fecundar o óvulo da fortuna. Mas como acontece na biologia, a maioria morre sem alcançar seu objetivo.

"Melhor que dar o peixe, é ensinar a pescar" — quantas vezes não escutamos esse axioma, quando se trata de aprovar políticas de distribuição de renda para famílias miseráveis? Digo, contudo, que até para ensinar a pescar você precisa da vara, linha, chumbada, anzol, iscas, um repelente contra mosquitos e, de preferência, chapéu e protetor solar... Por favor, não repita essa frase como se fosse um mantra de inteligência e racionalidade. Quem não tem nem o mínimo, além de não aprender nada, mal consegue se levantar e andar até a beira do rio... Isso, quando se tem um riacho por perto. Milhões de família não têm nem água para beber.

O que devemos cobrar dos governantes? Que acabem com os tributos? Que vivam de vento? Não. Revolucionários inteligentes exigem a melhor aplicação dos impostos e uma distribuição ideal da carga tributária. É preciso aliviar os fracos do peso da tributação e distribuí-lo por ombros mais largos, e isso não significa colocar 10 mil toneladas no lombo do "garanhão". Não é sensato lhe tirar a energia. Precisamos de pessoas com espírito empreendedor para produzir riquezas, e a intenção é animá-los e não desanimá-los, para que não sucumbam e levem consigo a economia para o brejo.

O primeiro passo para começar uma reforma tributária e fiscal é rever o orçamento público. Nenhuma reforma tributária pode ignorar as receitas e despesas orçamentárias e suas fontes. Devemos saber onde nosso dinheiro está sendo usado, que setores estão abocanhando as maiores fatias. Também precisamos identificar quem carrega mais peso e onde ele incide.

A participação popular é fundamental: conhecer o orçamento; participar da condução da votação do orçamento no Congresso e nas casas legislativas de seu estado; exigir que os recursos sejam gastos para acabar com a miséria, com a desigualdade e, finalmente, que sejam utilizados para promover desenvolvimento econômico.

Vejamos, em primeiro lugar, qual é o quadro brasileiro atual. Quais são os tributos? Quem os arrecada? Onde são gastos? Como é a distribuição de riquezas? E qual a carga que cada um leva nos ombros ou nos bolsos? Depois, vamos enumerar os ajustes que devem ser feitos e simular como ficaria a questão tributária no Estado do Usufruto.

Para começar, identificamos três ralos na receita orçamentária, situações que provocam o vazamento dos recursos e impedem maiores investimentos do Estado nas áreas sociais. Quem não sonha com um sistema de saúde de excelência, escolas públicas com qualidade de ensino e professores valorizados, transporte público eficiente e acessível, cidades com rede de esgoto e praças bem cuidadas?

De um dos buracos do orçamento, a corrupção, já tratamos com a reforma política e administrativa nos capítulos anteriores. Sem reforma política eficaz, completa, conforme explicitei acima, será impossível passar para as demais. A tributária e fiscal são também de suma importância, ajudam a tampar outros dois imensos buracos do orçamento, que são a sonegação (estimada em 23,9% da receita geral) e o pagamento da dívida pública (que hoje consome 42% da arrecadação de tributos federais).

Se conseguirmos diminuir drasticamente a sonegação para no máximo 5%, e negociarmos o pagamento da dívida, poderemos obter um acréscimo da Receita da ordem de até R$400 bilhões. Se ainda, com a reforma política, limitarmos os gastos de campanha de forma a evitar que o poder econômico comande os políticos, economizaremos quase R$60 bilhões.

Conforme já expliquei, segundo uma análise realizada no Brasil pelo Instituto Kellogg (EUA), a doação das empresas para campanhas eleitorais é um verdadeiro investimento, cujo retorno é de até 850% do valor investido nos candidatos.[90]

Nas eleições de 2010, as empresas investiram R$5,7 bilhões em algumas campanhas. Isso significa que cada real gera o retorno de R$8,50; logo, arredondando as contas, R$9,50 X R$5,7 bilhões, são quase R$60 bilhões. Isso, sem contar que uma reforma política como a que sugerimos reduziria bastante o uso do "caixa 2" evitando, assim, saída do dinheiro público por vias tortuosas.

E quanto à reforma tributária e fiscal? Como promover mais justiça social e alocar recursos para os setores certos, sem onerar demais nenhum contribuinte? Da forma como foi ela-

---

90 http://noticias.r7.com/brasil/empresa-que-doa-dinheiro-a-politico-tem-retorno-de-850-21092013, acesso em 31/10/13.

borada (vide quadro abaixo), a reforma será vantajosa para a classe trabalhadora, para os setores produtivos, para o mercado, para o pequeno empresário e também para os setores financeiros, pois induzirá os consumidores a poupar, sem deixar de incrementar o consumo de bens básicos.

6.1 - Quantos e quais são os tributos brasileiros?

Existem atualmente três classes de tributos no Brasil, segundo o art. 145 da Constituição Federal e art. 5º do Código Tributário Nacional (CTN), a saber:

a) Impostos;
b) Taxas, cobradas em razão do exercício do poder de polícia ou pela utilização, efetiva ou potencial, de serviços públicos específicos e divisíveis, prestados ao contribuinte ou postos à sua disposição;
c) Contribuição de melhoria, decorrente de obras públicas.

Abaixo, uma lista de tributos extraída do site Portal Tributário:[91]

1. Adicional de Frete para Renovação da Marinha Mercante (AFRMM) — Lei 10.893/2004
2. Adicional de Tarifa Aeroportuária — ATA — Lei 7.920/1989
3. Contribuição a Direção de Portos e Costas (DPC) — Lei 5.461/1968
4. Contribuição ao Fundo Nacional de Desenvolvimento Científico e Tecnológico — FNDCT — Lei 10.168/2000
5. Contribuição ao Fundo Nacional de Desenvolvi-

---

91 Fonte: http://www.portaltributario.com.br, acesso em 25/10/13.

mento da Educação (FNDE), também chamado "Salário Educação" — Decreto 6.003/2006

6. Contribuição ao Funrural

7. Contribuição ao Instituto Nacional de Colonização e Reforma Agrária (INCRA) — Lei 2.613/1955

8. Contribuição ao Seguro Acidente de Trabalho (SAT)

9. Contribuição ao Serviço Brasileiro de Apoio à Pequena Empresa (Sebrae) — Lei 8.029/1990

10. Contribuição ao Serviço Nacional de Aprendizado Comercial (SENAC) — Decreto — Lei 8.621/1946

11. Contribuição ao Serviço Nacional de Aprendizado dos Transportes (SENAT) — Lei 8.706/1993

12. Contribuição ao Serviço Nacional de Aprendizado Industrial (SENAI) — Lei 4.048/1942

13. Contribuição ao Serviço Nacional de Aprendizado Rural (SENAR) — Lei 8.315/1991

14. Contribuição ao Serviço Social da Indústria (SESI) — Lei 9.403/1946

15. Contribuição ao Serviço Social do Comércio (SESC) — Lei 9.853/1946

16. Contribuição ao Serviço Social do Cooperativismo (SESCOOP) — art. 9, I, da MP 1.715-2/1998

17. Contribuição ao Serviço Social dos Transportes (SEST) — Lei 8.706/1993

18. Contribuição Confederativa Laboral (dos empregados)

19. Contribuição Confederativa Patronal (das empresas)

20. Contribuição de Intervenção do Domínio Econômico — CIDE Combustíveis — Lei 10.336/2001

21. Contribuição de Intervenção do Domínio Econômico — CIDE Remessas Exterior — Lei 10.168/2000

22. Contribuição para a Assistência Social e Educacional aos Atletas Profissionais — FAAP — Decreto 6.297/2007

23. Contribuição para Custeio do Serviço de Iluminação Pública — Emenda Constitucional 39/2002

24. Contribuição para o Desenvolvimento da Indústria Cinematográfica Nacional — CONDECINE — art. 32 da Medida Provisória 2228-1/2001 e Lei 10.454/2002

25. Contribuição para o Fomento da Radiodifusão Pública — art. 32 da Lei 11.652/2008

26. Contribuição Previdenciária sobre a Receita Bruta (CPRB) — art. 8º da Lei 12.546/2011

27. Contribuição Sindical Laboral (não se confunde com a Contribuição Confederativa Laboral, vide comentários sobre a Contribuição Sindical Patronal)

28. Contribuição Sindical Patronal (não se confunde com a Contribuição Confederativa Patronal, já que a Contribuição Sindical Patronal é obrigatória, pelo artigo 578 da CLT, e a Confederativa foi instituída pelo art. 8, inciso IV, da Constituição Federal e é obrigatória em função da assembleia do Sindicato que a instituir para seus associados, independentemente da contribuição prevista na CLT)

29. Contribuição Social Adicional para Reposição das Perdas Inflacionárias do FGTS — Lei Complementar 110/2001

30. Contribuição Social para o Financiamento da Seguridade Social (COFINS)

31. Contribuição Social sobre o Lucro Líquido (CSLL)

32. Contribuições aos Órgãos de Fiscalização Profissional (OAB, CRC, CREA, CRECI, CORE etc.)

33. Contribuições de Melhoria: asfalto, calçamento, esgoto, rede de água, rede de esgoto etc.

34. Fundo Aeroviário (FAER) — Decreto Lei 1.305/1974

35. Fundo de Combate à Pobreza — art. 82 da EC 31/2000

36. Fundo de Fiscalização das Telecomunicações

(FISTEL) — Lei 5.070/1966 com novas disposições da Lei 9.472/1997

37. Fundo de Garantia por Tempo de Serviço (FGTS) — Lei 5.107/1966

38. Fundo de Universalização dos Serviços de Telecomunicações (FUST) — art. 6 da Lei 9.998/2000

39. Fundo Especial de Desenvolvimento e Aperfeiçoamento das Atividades de Fiscalização (Fundaf) — art. 6 do Decreto-Lei 1.437/1975 e art. 10 da IN SRF 180/2002

40. Fundo para o Desenvolvimento Tecnológico das Telecomunicações (Funttel) — Lei 10.052/2000

41. Imposto s/ Circulação de Mercadorias e Serviços (ICMS)

42. Imposto sobre a Exportação (IE)

43. Imposto sobre a Importação (II)

44. Imposto sobre a Propriedade de Veículos Automotores (IPVA)

45. Imposto sobre a Propriedade Predial e Territorial Urbana (IPTU)

46. Imposto sobre a Propriedade Territorial Rural (ITR)

47. Imposto sobre a Renda e Proventos de Qualquer Natureza (IR — pessoa física e jurídica)

48. Imposto sobre Operações de Crédito (IOF)

49. Imposto sobre Serviços de Qualquer Natureza (ISS)

50. Imposto sobre Transmissão Bens Intervivos (ITBI)

51. Imposto sobre Transmissão Causa Mortis e Doação (ITCMD)

52. INSS Autônomos e Empresários

53. INSS Empregados

54. INSS Patronal (sobre a Folha de Pagamento e sobre a Receita Bruta — Substitutiva)

55. IPI (Imposto sobre Produtos Industrializados)

56. Programa de Integração Social (PIS) e Programa

de Formação do Patrimônio do Servidor Público (PA-SEP)

57. Taxa de Autorização do Trabalho Estrangeiro

58. Taxa de Avaliação in loco das Instituições de Educação e Cursos de Graduação — Lei 10.870/2004

59. Taxa de Avaliação da Conformidade — Lei 12.545/2011 — art. 13

60. Taxa de Classificação, Inspeção e Fiscalização de produtos animais e vegetais ou de consumo nas atividades agropecuárias — Decreto-Lei 1.899/1981

61. Taxa de Coleta de Lixo

62. Taxa de Combate a Incêndios

63. Taxa de Conservação e Limpeza Pública

64. Taxa de Controle e Fiscalização Ambiental — TCFA — Lei 10.165/2000

65. Taxa de Controle e Fiscalização de Produtos Químicos — Lei 10.357/2001, art. 16

66. Taxa de Emissão de Documentos (níveis municipais, estaduais e federais)

67. Taxa de Fiscalização da Aviação Civil — TFAC — Lei 11.292/2006

68. Taxa de Fiscalização da Agência Nacional de Águas — ANA — art. 13 e 14 da MP 437/2008

69. Taxa de Fiscalização CVM (Comissão de Valores Mobiliários) — Lei 7.940/1989

70. Taxa de Fiscalização de Sorteios, Brindes ou Concursos — art. 50 da MP 2.158-35/2001

71. Taxa de Fiscalização de Vigilância Sanitária Lei 9.782/1999, art. 23

72. Taxa de Fiscalização dos Produtos Controlados pelo Exército Brasileiro — TFPC — Lei 10.834/2003

73. Taxa de Fiscalização dos Mercados de Seguro e Resseguro, de Capitalização e de Previdência Complementar Aberta — art. 48 a 59 da Lei 12.249/2010

74. Taxa de Fiscalização e Controle da Previdência Complementar — TAFIC — Entidades Fechadas de Pre-

vidência Complementar — art. 12 da Lei 12.154/2009

75. Taxa de Licenciamento Anual de Veículo — art. 130 da Lei 9.503/1997

76. Taxa de Licenciamento, Controle e Fiscalização de Materiais Nucleares e Radioativos e suas instalações — Lei 9.765/1998

77. Taxa de Licenciamento para Funcionamento e Alvará Municipal

78. Taxa de Pesquisa Mineral DNPM — Portaria Ministerial 503/1999

79. Taxa de Serviços Administrativos — TSA — Zona Franca de Manaus — Lei 9.960/2000

80. Taxa de Serviços Metrológicos — art. 11 da Lei 9.933/1999

81. Taxas ao Conselho Nacional de Petróleo (CNP)

82. Taxa de Outorga e Fiscalização — Energia Elétrica — art. 11, inciso I, e artigos 12 e 13, da Lei 9.427/1996

83. Taxa de Outorga — Rádios Comunitárias — art. 24 da Lei 9.612/1998 e nos art. 7 e 42 do Decreto 2.615/1998

84. Taxa de Outorga — Serviços de Transportes Terrestres e Aquaviários — art. 77, incisos II e III, a art. 97, IV, da Lei 10.233/2001

85. Taxas de Saúde Suplementar — ANS — Lei 9.961/2000, art. 18

86. Taxa de Utilização do SISCOMEX — art. 13 da IN 680/2006

87. Taxa de Utilização do MERCANTE — Decreto 5.324/2004

88. Taxas do Registro do Comércio (Juntas Comerciais)

89. Taxas Judiciárias

90. Taxas Processuais do Conselho Administrativo de Defesa Econômica — CADE — art. 23 da Lei 12.529/2011

6.2 - Quais as principais contribuições federais?

São elas:[92]

— Cide Combustíveis — Contribuição de Intervenção no Domínio Econômico incidente sobre a importação e a comercialização de gasolina e suas correntes, diesel e suas correntes, querosene de aviação e outros querosenes, óleos combustíveis (*fuel oil*), gás liquefeito de petróleo (GLP), inclusive o derivado de gás natural e de nafta, e álcool etílico.

— COFINS — Contribuições direcionadas à Seguridade Social.

— Contribuição Provisória sobre Movimentação ou Transmissão de Valores e de Créditos e Direitos de Natureza Financeira — CPMF — cobrada até 2007.

— Contribuição Social sobre o Lucro Líquido — CSLL: Estão sujeitas ao pagamento da CSLL as pessoas jurídicas e as pessoas físicas a elas equiparadas, domiciliadas no país. A alíquota da CSLL é de 9% (nove por cento) para as pessoas jurídicas em geral, e de 15% (quinze por cento), no caso das pessoas jurídicas consideradas instituições financeiras, de seguros privados e de capitalização. A apuração da CSLL deve acompanhar a forma de tributação do lucro adotada para o IRPJ.

— Contribuições Previdenciárias — INSS, PSS, Contribuição sobre a Produção Rural (incidente sobre a receita bruta proveniente da comercialização da produção rural, para fatos geradores ocorridos a partir de 1º de agosto de 1994, em substituição à contribuição de 20% e daquelas destinadas ao custeio dos benefícios concedidos em razão do grau de incidência de incapacidade laborativa decorrente dos riscos ambientais do trabalho).

---

92 Fonte: http://www.receita.fazenda.gov.br/aliquotas, acesso em 22/10/13.

6.3 - Quais os principais impostos federais?
(Art. 153 da CF/88):[93]

— Imposto de importação de produtos estrangeiros (II);
— Imposto de exportação de produtos nacionais ou nacionalizados (IE);
— Imposto de renda e proventos de qualquer natureza, pessoa física e pessoa jurídica (IRPJ e IRPF);
— Imposto sobre produtos industrializados (IPI);
— Imposto sobre operações de crédito, câmbio e seguro ou relativas a títulos ou valores mobiliários (IOF);
— Imposto sobre propriedade territorial rural (ITR);
— Imposto sobre grandes fortunas (nunca cobrado).

6.4 - Quais os principais impostos estaduais ou recolhidos pelos estados?
(Art. 155 da CF/88)

— Imposto sobre Operações Relativas à Circulação de Mercadorias e sobre Prestação Serviços (ICMS);
— Imposto sobre Transmissão "Causa Mortis" e Doação (ITCMD).

6.5 - Quais os principais impostos municipais?
(Art. 156 da CF/88)

— Imposto Sobre a Propriedade Predial e Territorial Urbana (IPTU);
— Imposto sobre Serviços (ISS);
— Imposto Transmissão Intervivos de Bens Imóveis e de Direitos Reais Sobre Imóveis (ITBI).

---

93 Fonte: http://www.coladaweb.com/contabilidade/impostos-federais, acesso em 23/10/13.

6.6 - Onde são gastos os tributos federais?

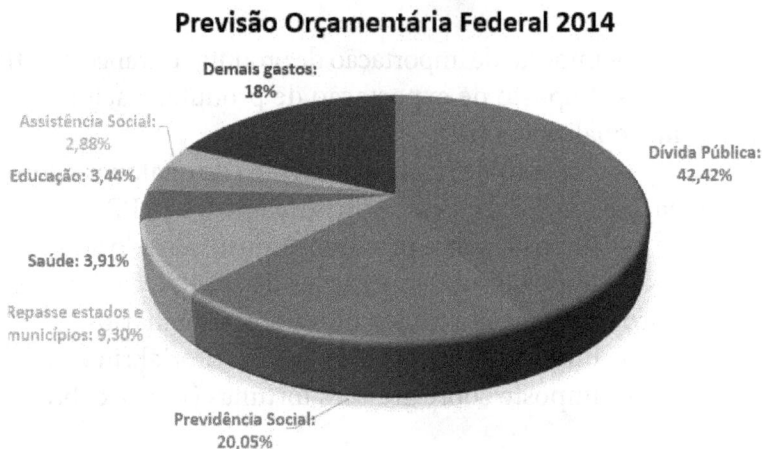

Previsão Orçamentária Federal 2014

Demais gastos: 18%

Assistência Social: 2,88%

Educação: 3,44%

Dívida Pública: 42,42%

Saúde: 3,91%

Repasse estados e municípios: 9,30%

Previdência Social: 20,05%

Figura 6: O gráfico tem como base consultas ao Orçamento Público e à Auditoria Cidadã.[94]

Como podemos visualizar no gráfico acima, foram consideradas as despesas com o pagamento dos juros, amortização e refinanciamento da dívida pública. A maior fatia é reservada à dívida pública. Se contabilizamos como despesas apenas o pagamento dos juros, e se juntarmos a isso o fato de que um valor correspondente a 23,9% da arrecadação deixam de entrar nos cofres públicos devido à sonegação, nosso gráfico torna-se outro. Note-se que no orçamento da União essa porcentagem de sonegação é menor, pois os 23,9% englobam também a sonegação do ICMS. Como o ICMS é recolhido pelos estados, é preciso descontar no mínimo R$100 bilhões do cálculo de sonegação do orçamento federal.

De qualquer forma, tanto o bolo da União quanto o dos estados e municípios poderia ser muito maior. Até o pagamento de juros ficaria proporcionalmente menor, e sobraria mais

94 http://www.auditoriacidada.org.br/wp-content/uploads/2013/09/Artigo-
-Orcamento-2014.pdf, acesso em 21/10/13.

dinheiro para as despesas públicas conforme todos clamam. Seriam R$300 bilhões a mais no orçamento federal se não houvesse tanta sonegação. Quem não paga não está penalizando o governo, de forma alguma; está penalizando o povo, o contribuinte, os pobres. Imposto é como a cota do condomínio: se o seu vizinho não paga, você paga por ele.

O verdadeiro revolucionário nunca deve pensar que tributo é dinheiro que vai para o governo. Tributo é dinheiro do povo e para o povo deve voltar, em forma de serviços e obras. Sonegar é outra forma de surrupiar a saúde, a educação etc. Enquanto pagamos, outros se aproveitam, algo tão terrível quanto a corrupção.

6.7 - Quais são os tipos de tributos?

Cientes da necessidade de uma reforma tributária, nosso segundo passo é tentar fatiar o bolo, fazer com que ele sirva de alimento para todos nós. Primeiro, vamos separar os principais impostos e contribuições por tipos, relacionados aos seus "entes". Vamos lá:

1) Renda: IRPF, IRPJ;

2) Patrimônio: IPTU; IPVA; ITBI; ITCMB; Grandes Fortunas;

3) Seguridade social: COFINS; PIS/PASEP; FGTS; INSS/PSS; CSLL; Contribuição sobre Produção Rural;

4) Consumo: ICMS; ISS; CIDE;

5) Operações financeiras: IOF; CPMF (criada em 1993 e cobrada até 31/12/2007);

6) Regulatórios ou extrafiscais: Imposto de Importação e Imposto de Exportação.

6.8 - Qual o perfil do contribuinte brasileiro? Qual a maior carga de tributos e sobre quem incide?

Segundo o censo IBGE/2010,[95] para uma população estimada em 190.755.790 habitantes:

— 7,9% ganham até meio salário mínimo;
— 33% tem renda mensal de 1 a 2 SMs;
— 10,7% recebem por mês de 2 a 3 SMs;
— 8,4% ganham entre 3 a 5 SMs;
— 6,2% estão na faixa de 5 a 10 SMs;
— 2,2% ganham entre 10 e 20 SMs;
— 0,9% da população ganham acima de 20 SMs.

Observem que a porcentagem das pessoas com renda acima de 3 SMs é de 17,7% da população, o que corresponde a um pouco mais de 33 milhões de pessoas. Esses são os considerados ricos para o padrão de renda brasileiro, porque possuem uma faixa salarial mensal acima de R$2.800. Se esses são os ricos, então os pobres compõem a maioria, 51,6% com baixa renda e 30,7% sem renda. Logo, 82% da população brasileira, ou seja, 160 milhões de pessoas, são pobres. No Brasil, mais de 13 milhões de famílias sobrevivem, ou seja, ainda não definharam na caatinga, graças aos R$70 mensais que recebem do Bolsa Família. O retrato da desigualdade machuca os olhos de quem vê as estatísticas. Ainda segundo o IBGE, 37,4% da população não declaram renda. Além do mais, um bilionário e qualquer pessoa com renda mensal acima de 20 SMs, uma minoria da população, pagam a mesma alíquota de quem recebe R$3.800 por mês.

Quanto aos bilionários:[96]

---

95 http://www.ibge.gov.br/home/estatistica/populacao/censo2010/indicadores_sociais_municipais/default_indicadores_sociais_municipais.shtm.
96 Fonte: http://exame.abril.com.br/economia/noticias/124-pessoas-mais-ricas-do-brasil-correspondem-a-12-3-do-pib.

— Apenas 124 pessoas ficam com 12,3% do PIB.

Quanto à ocupação profissional:

— 70,8% são empregados assalariados;
— 2,0% (apenas) são empregadores;
— 21% autônomos;
— 4,8% não são remunerados nem trabalham na produção.

Como vocês podem ver, vivemos para trabalhar. Nem mesmo os trabalhadores autônomos gozam da liberdade que imaginamos: a maioria corre para garantir o sustento do dia seguinte. O peso da responsabilidade até parece maior, pois não têm ninguém para lhes cobrar; em compensação, também não possuem mais ninguém para ampará-los, a não ser eles mesmos. No usufrutuarismo, com a reforma trabalhista, pretendemos inverter essa lógica cruel: vamos trabalhar para viver, e não o contrário.

6.9 - Qual a fonte dos tributos e seu percentual relativo ao PIB?[97]

— Tributos indiretos que incidem sobre consumo representam 17,83%;
— Tributação sobre a renda representa 6,4%;
— Pagamentos representam 6,0%;
— Operações financeiras representam 0,7%;
— Tributação sobre propriedade é igual a 1,4%.

O empresário recolhe ICMS, mas, para compensar os

---

97 http://www.receita.fazenda.gov.br/publico/estudoTributarios/estatisticas/CTB2012.pdf

custos da produção e garantir maior margem de lucros, embute seu valor nos preços a serem praticados no mercado. Fica com o consumidor, no caso o trabalhador assalariado, a conta final dos impostos. Em relação aos assalariados, conforme estudos do IPEA sobre a carga tributária 2004-2008, fica assim a distribuição:[98]

— 53,9% da carga tributária fica nos ombros de quem recebe até 2 SMs;

— Trabalhadores com renda entre 2 e 3 SMs são responsáveis por 41.9%;

— Aqueles cuja renda varia de 20 a 30 SMs carregam 31.7%;

— E, finalmente, quem ganha mais de 30 SMs, aquela minoria cujos ombros são largos e fortes, nossos Golias, suporta 29% do peso.

O retrato é bizarro: um menino empurra uma carreta cheia de pedras, enquanto o gigante leva uma caminhonete... Então, por que empresários também reclamam tanto? Não devemos nos esquecer de que as atividades industriais e comerciais são as molas propulsoras da geração de emprego e renda. Ninguém terá interesse em abrir um negócio, se não for para obter riqueza, lucro, conforto, ou seja, ultrapassar a condição inicial de apenas sobreviver. Mas eles dependem da força de trabalho e de máquinas para obterem sucesso. Máquinas, porém, não funcionam sozinhas. A força humana, seja braçal ou intelectual, sempre estará atrás de cada uma. É preciso chegar a uma equação social razoável para que todos tenham, pelo menos, oportunidade de mudar as estatísticas, tornando-se futuros empregadores ou trabalhando com autonomia, de forma a não sucumbirem arrebentados no final do dia.

---

98 Fonte: http://www2.senado.leg.br/bdsf/bitstream/handle/id/231054/comunicado_da_presidencia_n22.pdf?sequence=2

6.10 - Qual o peso da carga tributária para as empresas?

Pesquisei fontes com informações divergentes, de maneira que compartilho os dados apenas para ilustrar. No usufrutuarismo, a divisão dos impostos e contribuições satisfará tanto às pessoas físicas quanto às pessoas jurídicas. A distribuição da carga foi pensada de modo a agradar gregos e troianos, além de tornar possível até mesmo um aumento na arrecadação, sem prejudicar os trabalhadores ou a classe empreendedora.

O Banco Interamericano de Desenvolvimento (BID) realizou um estudo em que comprova haver no Brasil uma "desigualdade horizontal" na cobrança de impostos.[99] Foram alvos da pesquisa pessoas jurídicas (CNPJ) e pessoas físicas(CPF) com os mesmos rendimentos. A conclusão foi de que as pessoas jurídicas pagam apenas 11% dos impostos pagos pelo trabalhador (pessoas física), na mesma faixa de renda. A empresa gasta 3,8% de seu resultado em impostos, enquanto o trabalhador desembolsa 34,8%. Ainda segundo o levantamento, uma empresa brasileira precisaria de 2600 horas de trabalho para declarar e pagar seus impostos. Em relação ao Chile, por exemplo, isso representa trabalhar oito vezes mais para pagar a mesma quantidade de tributos.

Já o contador Paulo Henrique Teixeira,[100] autor do livro *Defesa do Consumidor*, dentre outros, defende que é equivocado pensar que as pessoas físicas pagam mais tributos do que as jurídicas. Em seu artigo "Sequestro dos Lucros", toma como exemplo uma indústria que possui 120 empregados, recebendo cada um R$1000 durante 13 meses e cujo faturamento é de 10 milhões e lucro de 10%, ou seja, R$1 milhão anuais. Sobre o lucro, Paulo Henrique calculou:

1) Imposto de renda sobre o lucro de pessoas jurí-

---

99 Fonte: http://www1.folha.uol.com.br/fsp/mercado/108922-brasil-e-campeao-em-desigualdade-tributaria-diz-bid.shtml.
100 Fonte: http://www.portaltributario.com.br/artigos/sequestro.htm.

dicas = 15% + adicional de IR 10% sobre o lucro real (presumido ou arbitrado a R$20 mil por mês) e 9% de CSLL. Logo, essa empresa desembolsaria até 34% sobre seus lucros, enquanto a pessoa física pagaria 27,5% de alíquota ao Leão;

2) Tributos que incidem sobre o faturamento (R$10 milhões): PIS, COFINS, Taxas, INSS, FGTS, IPI, ICMS, INCRA, SEBRAE etc., conforme relacionados por Paulo Henrique em seu artigo.[101]

Ainda conforme Paulo Henrique:

(...) Para gerar uma distribuição de lucros (líquido do IRPJ e CSLL) de R$ 684.000,00, há um gasto tributário direto em torno de R$ 3.877.280,00 (sem incluir os tributos pagos indiretamente, como IPVA, ITBI, CIDE, IOF, tributos não recuperáveis sobre o imobilizado e outros), ou seja, 387,73% sobre o lucro líquido. Sem considerar que o lucro é incerto, há um risco, pois a empresa pode ter prejuízo.[102]

Por toda essa controvérsia entre empresas e trabalhadores acerca do peso da carga tributária, fica evidente que uma boa reforma deve atacar os seguintes pontos essenciais:

a) diminuir a tributação sobre o consumo;

b) aliviar a carga tributária que incide sobre o faturamento das empresas, onde o custo da produção é maior, ensejando compensação pelo aumento do preço dos produtos;

c) simplificar a tributação, eliminando grande número de impostos;

d) realocar valores e quantidades de alíquotas;

e) alterar competências de arrecadação.

---

101 Idem.
102 Ibidem.

A questão é que os custos da produção são justamente a espinha dorsal dos trabalhadores, uma vez que neles incidem as contribuições previdenciárias e para seguridade social e também os salários pagos aos empregados. Como "operar" em região tão delicada, desonerando empresas, sem quebrar as vértebras dos trabalhadores?

Esse foi realmente meu maior desafio nessa cartilha. Por isso, atrelada às reformas tributária e fiscal, vem, indispensavelmente, a reforma trabalhista.

6.11 – Concentração de renda e desproporcionalidade geográfica das riquezas

O quadro de desigualdade tributária não é detectado apenas nas relações entre pessoas, como vimos acima. Existe uma questão grave que afeta o Brasil em nível geográfico, no que tange à distribuição de riquezas e repasse dos impostos. O Brasil é um gigante disforme, repleto de braços curtos. E o que desejo dizer com isso? De acordo com o último censo IBGE/2010, existem 5.565 municípios brasileiros, sendo que os mais populosos e com maior renda per capita situam-se na região sudeste/ sul do país. Em relação à contribuição para a produção de riquezas no país, a disparidade social se reproduz também no espaço geográfico, conforme revelam dados estatísticos do IBGE/2006.[103]

— 3.915 municípios com menos de 20 mil habitantes contribuem com apenas 9,43% do PIB, uma colcha imensa de retalhos rasos, sem forro, como dizia minha avó;

---

103 http://www.ibge.gov.br/home/estatistica/economia/pibmunicipios/2006/pibmunic2006.pdf.

— 6 municípios sozinhos são responsáveis por 25% do PIB: São Paulo, Rio de Janeiro, Brasília, Curitiba, Belo Horizonte, Manaus;[104]

— 283 municípios produzem 70% das riquezas;[105]

— Só a cidade de São Paulo produz mais riquezas que os citados 3.915 municípios juntos: São Paulo contribui com 11% do PIB;

— O maior número de municípios com mais 100 mil habitantes está na região Sudeste.

Mais alguns dados sobre a carga tributária: o Estudo do Instituto de Pesquisa Econômica Aplicada (IPEA), que acompanhou a evolução da carga tributária no Brasil no período de 2002 a 2012,[106] detectou que a carga tributária em 2012 correspondeu a 35% do PIB.

6.12 - Principais inovações e pontos da reforma tributária no Estado do Usufruto

Diante do cenário complexo, confuso e desigual de tributação no Brasil, relacionei as principais mudanças que devem ocorrer para que tenhamos um quadro de arrecadação mais racional, justo, capaz de alavancar a economia de uma vez por todas.

Depois de listar as principais inovações, elaborei uma tabela de impostos e contribuições, classificados por tipo, incidência e alíquota, para que o leitor possa visualizar melhor as mudanças.

---

104 http://economia.uol.com.br/noticias/redacao/2012/12/12/seis-municipios--concentram-25-da-geracao-de-renda-do-pais-aponta-ibge.htm, acesso em 1/11/2013.

105 http://exame.abril.com.br/economia/noticias/283-municipios-geraram-70--da-renda-do-brasil-em-2010, acesso 1/11/13.

106 http://www.ipea.gov.br/portal/images/stories/PDFs/TDs/td_1875.pdf, acesso em 23/10/2013.

Primeiro, vejamos os pontos mais importantes:

— Eliminação de grande número de impostos e contribuições: dos 56 existentes, cobrados atualmente, sobrarão apenas 11 impostos e 2 contribuições. A fórmula foi englobar alguns e criar novos, mais abrangentes. Devido ao seu caráter peculiar, as taxas permanecem, mas deverão ser depositadas em contas próprias, segundo suas finalidades. As contas serão fundos de reserva, como fundos de reserva para coleta do lixo, para limpeza urbana etc. A base de cálculo das alíquotas será sempre o salário mínimo da época. No Estado do Usufruto, reiteramos, o salário será 5% do PIB per capita.

— No usufrutuarismo, serão cobrados tributos progressivos, com várias faixas de alíquotas sobre renda, patrimônio imóvel e transações patrimoniais, bens móveis, regulatórios fiscais, sobre produtos extraídos e despejados na natureza, seguridade social, remessa de divisas para o exterior e transações financeiras.

— A antiga CPMF será reabilitada, mas na condição de imposto, e, portanto, com alíquota progressiva, cujos valores vão variar conforme valores movimentados (vide abaixo quadro de novos tributos). No usufrutuarismo, é renomeado como ITF (Imposto sobre Transações Financeiras).

— Além de melhor redistribuir a carga tributária entre todos, o imposto sobre renda e lucros será cobrado de forma progressiva, com várias faixas de alíquotas. Quem ganha mais, paga mais, quem ganha menos paga muito menos.

— Estabelecer 11 impostos e 2 contribuições, a saber:

a) IRPF (tipos I e II) e IRPJ (tipos I e II): o IRPF e o IRPJ tipo I são o imposto de renda de pessoas físicas e jurídicas a ser recolhido dos moradores de cidades com mais de 200 mil habitantes; o tipo II são impostos de renda recolhidos dos moradores de cidades menores, que perfazem cerca de 5350 municípios;

b) IPM (imposto sobre patrimônio móvel, onde se incluem carros, iates, jatos, animais, máquinas, joias, etc., todos com tributação progressiva, alíquotas calculadas em função do valor do bem);

c) CPS (Contribuição de Provisão Social), um novo tributo, que engloba muitos outros ligados à seguridade social; para pessoas físicas, incidirá sobre a renda, e para pessoas jurídicas sobre o faturamento;

d) ITF (Imposto de Transação Financeira), similar à CPMF, mas tributado de forma progressiva: quanto maior a movimentação, maior a alíquota;

e) CIDA (Contribuição sobre Intervenção de Domínio Ambiental), similar aos royalties; incide diretamente sobre a produção, sobre cada tonelada retirada da natureza e cada tonelada de lixo e CO_2 emitida;

f) Grandes Fortunas;

g) ITVEX (Imposto sobre Transferência de Valores para o Exterior);

h) ITBI, IPTU, ITCMD e ITR: incidem diretamente sobre o patrimônio, também com várias faixas de alíquotas, diferenciadas pelo valor do imóvel;

i) Impostos de Importação e Exportação.

Notas:

1. O IPM (Imposto sobre os bens móveis, inclusive automóveis) será progressivo: bens supérfluos e de luxo receberão maior alíquota, e bens de consumo básicos terão tributação muito reduzida. Essa proposta liquida o ISS e substitui o ICMS e IPVA por algo mais leve, mais justo para os trabalhadores e consumidores. Sobre

os bens móveis e de consumo com valores unitários de até 10 salários mínimos (SMs), incidiria uma alíquota de apenas 1%; as alíquotas aumentariam suavemente, até atingirem a faixa máxima de 12% — para produtos de luxo, não essenciais, ou de valores superiores a 50 SMs. Um produto desses, no usufrutuarismo, estaria custando em torno de R$56.000.

2. As alíquotas terão como base de cálculo o salário mínimo, que adquirirá o valor de 5% do PIB per capita. O PIB per capita em 2012 foi de R$22.400. Portanto, hoje, o salário mínimo do Estado do Usufruto seria de R$1.102. Mesmo com esse aumento substancial (de R$678 para R$1.102), não haveria risco de inflação, pois com a reforma deixaríamos de ter tributação pesada sobre o consumo. Os custos de produção também seriam mínimos, porque tanto empresário como empregador ficariam desonerados de vários impostos e encargos sociais, cuja maioria não recairia sobre o faturamento das empresas. Estas, portanto, não teriam motivos para aumentar os preços de alimentos, vestuário, medicamentos, eletrodomésticos, móveis etc. Tal medida evita repassar os custos da produção para o consumidor, clientes e empregados.

6.12.1 - Sobre a nova lei de heranças

Entende-se por herança todos os bens, móveis e imóveis, deixados por um parente falecido aos seus sucessores legais. No que diz respeito às heranças, há uma mudança fundamental: os bens móveis que ultrapassarem o valor total de 500 SMs serão convertidos para o direito de usufruto. Isso significa que aos herdeiros desse patrimônio móvel caberá apenas o direito de usufruir dos bens. Quando os usufrutuários morrerem, os bens serão leiloados e arrematados por pessoas físicas ou jurídicas. O valor arrecadado no leilão será direcionado ao projeto social (elaborado por organizações não governamentais sem fins lucrativos, ou OSCIPs) que melhor atender aos anseios da comunidade carente do bairro onde o falecido morava ou os bens estão localizados. Tudo, conforme explicado nos capítulos anteriores. Pode ser que o usufrutuário falecido tenha adquirido outros bens móveis e imóveis no decorrer de sua vida, que não somente aqueles obtidos por herança. Os bens a serem leiloados, no entanto, serão apenas os obtidos por meio do espólio, e mesmo assim, como já disse, só irão a leilão após a morte do usufrutuário.

Todo patrimônio juntado com esforço próprio durante a vida de seu proprietário passará, obrigatoriamente, para as mãos dos sucessores, não importa se na condição de herdeiros ou de usufrutuários. A diferença entre um usufrutuário e um herdeiro comum (futuro proprietário da coisa alheia) será o valor do patrimônio avaliado no espólio. Pelo usufrutuarismo, a mulher e os filhos herdam bens dos pais (seja para usufruir ou para se apropriar), mas a terceira geração, a quarta, quinta etc. nada herdam da primeira. A linha é cortada a partir da terceira. A herança circula apenas entre a primeira e segunda gerações, e depois disso o canal se abre, a riqueza flui. Ressaltando que tal regra cabe apenas ao espólio relativo a um patrimônio móvel avaliado acima de 500 SMs e ao espólio imóvel (incluindo ações) superior a 2000 SMs. A intenção é fazer circular apenas o excedente do capital de um proprietário morto.

Para evitar que essa regra, pilar do usufrutuarismo, seja quebrada ou burlada através de doações em vida dos proprietários para os futuros herdeiros, algumas condições devem ser estabelecidas em relação a esses bens:

a) autorizar apenas a doação sem reserva de usufruto;

b) caso haja a doação sem reserva do usufruto, o imposto de doação (ITCMD) deverá ter um valor não inferior a 35% do bem;

c) não permitir que maiores de 60 anos doem seus bens.

Os motivos e detalhes para isso serão explicitados no capítulo 8, sobre a reforma do Código Civil.

6.13 - Mudanças nas competências para arrecadar

O sistema informatizado de arrecadação funcionará da seguinte forma: todos os impostos recolhidos no Brasil serão processados pelo SERPRO (Serviço Federal de Processamento de Dados). Esse sistema será onisciente, ou seja, armazenará todas as informações possíveis do contribuinte, seja pessoa jurídica ou física, fará o controle e será informado de toda a arrecadação e riqueza produzidas no país.

Mediante um comando próprio, os impostos de competência exclusivamente federal serão automaticamente computados na conta do Tesouro Nacional; os de competência dos estados, na conta destes; e os tributos recolhidos dos municípios com mais de 200 mil habitantes serão informados ao sistema, mas depositados automaticamente na conta dos respectivos municípios. No que diz respeito aos impostos dos 5.350 municípios, com menos de 200 mil habitantes, os tributos serão registrados no sistema do SERPRO e repassados para as contas das prefeituras, mas ficarão em *stand-by*, aguardando novo comando da Receita Federal para a liberação da verba. Como já mencionado, somente serão liberados os recursos para as prefeituras que comprovarem previamente a realização de assembleias participativas para discutir o orçamento. Quanto mais rápido o município comprovar a participação popular, com a presença da maioria dos eleitores, mais automática será a liberação do dinheiro. Os orçamentos municipais, assim como os estaduais, deverão seguir um modelo de destinação da receita, conforme a Figura 9, no item 6.21.

Segue-se um resumo dos pontos principais:

— Estabelecer que os 5.350 municípios brasileiros com menos de 200 mil habitantes terão autonomia e competência para arrecadar e gerenciar a maioria dos impostos. Por isso a importância de se exigir na reforma política que as prefeituras convoquem assembleias populares, no mínimo duas vezes por ano, para discutir e aprovar o orçamento. Nenhuma verba será liberada para as prefeituras se não houver participação e voto da maioria de seus eleitores.

Para estimular ainda mais a participação dos eleitores dos pequenos municípios, poderá ser instituído um sistema de "pontuação" da participação popular. O eleitor que votar e participar das audiências públicas e assembleias populares acumulará pontos até alcançar um total que lhe permitirá descontos no IPTU, brindes, pacotes turísticos etc.

— Estabelecer que os 142 municípios com mais de 200 mil habitantes terão competência para arrecadar e gerenciar apenas o IPTU, ITBI e CIDA (Contribuição sobre Intervenção de Domínio Ambiental, conhecido atualmente como "royalties"). No usufrutuarismo, considera-se também como impacto as toneladas de lixo e emissões de gases lançadas no meio ambiente.

— Estabelecer que os estados têm competência para arrecadar o ITCMD, IPM (Imposto sobre Patrimônio Móvel) e CIDA.

6.14 - Novidades para coibir a sonegação e informatizar a receita

6.14.1 - Leão Digital

Ao vender um bem móvel, todo comerciante será obrigado a lançar na máquina de cartão de crédito/ débito um comando relacionando a compra ao CPF ou CNPJ do cliente. O pagamento não poderá ser efetuado enquanto não houver esse lançamento. Com esse comando, no momento da compra ou venda de um bem móvel, as operadoras de cartão de crédito comunicam a operação à Receita Federal, tudo online e em tempo real. O comerciante poderá ou não imprimir a nota fiscal eletrônica. Isso não fará diferença, fica a critério do cliente requerer a impressão, pois a compra e venda do bem já foi revelada à Fazenda Nacional. O "leão" saberá automaticamente quem vendeu e quem adquiriu um bem no valor x e em que data.

6.14.2 – Cartão Dedo-Duro

E se o cliente optar por comprar em dinheiro ou cheque? E se quem realizar a compra for um menor, sem CPF? Aí, entra mais uma inovação: todo consumidor receberá de sua agência bancária, das casas lotéricas ou da própria Receita Federal, um cartão especial. Dei-lhe o nome de "Cartão Dedo-Duro".

O que é, e como funciona? Quando alguém for comprar um bem, não importa se um sorvete ou um carro, e decidir pagar em dinheiro ou cheque, o comerciante passará o cartão dedo-duro na máquina de cartão de crédito, a mesma de todos os outros cartões bancários. Ele informará a compra efetuada em dinheiro/ cheque para a Receita.

Assim que o comerciante passar o dedo-duro na máquina, o cliente ganhará um bônus, e esses bônus acumulados darão direito a desconto no IPTU ou contas de luz ou telefone. Devemos, por outro lado, pensar nas pessoas que nem casa e água encanada têm. Por isso, seria ideal que os bônus, atingida determinada pontuação, pudessem ser trocados também por dinheiro (em espécie).

E se o comerciante alegar problemas na máquina ou no sistema, ou disser que não a possui? Nesse caso, ele deverá emitir uma nota fiscal e entregar ao cliente, que, de posse da nota, terá até 30 dias para voltar ao estabelecimento comercial e passar seu cartão e dessa forma garantir o bônus, ou poderá lançar o código da nota na internet, no site próprio da Receita ou mesmo nas casas lotéricas. Quanto mais lançamentos de notas fizer, mais pontos acumula para ganhar descontos.

6.15 – Propriedades e bens: definições

— Será considerado *propriedade móvel* o bem móvel adquirido — carros, iates, joias, animais, obras de arte etc. (à exceção de ações) — cujo valor unitário seja superior a 10 SMs.

— Será considerada *propriedade imóvel* o bem imóvel — empresas e ações —cujo valor unitário exceda 10 SMs.

— *Bens de consumo* são todos aqueles cujo valor unitário seja inferior a 10 SMs, não importa se móveis, imóveis ou semoventes.

— *Patrimônio móvel* é o conjunto de bens móveis, exceto ações, adquiridos por herança.

— *Patrimônio imóvel* é o conjunto de bens imóveis, empresas e ações adquiridos por herança.

— *Patrimônio de usufruto* é o conjunto de patrimônios móveis (com valor maior que 500 SMs) e imóveis (com valor superior a 2000 SMs) deixados pelo *de cujus* para usufruto do sucessor.

— No momento da compra, o comando das máquinas de cartão de crédito e emissoras de notas fiscais deverão informar através de rubrica própria (*registro de bens*), além do valor do bem, a data da transação, o CPF do comprador e o tipo de bem — se propriedade móvel, imóvel ou bem de consumo. Ao registrar o valor, o próprio sistema operacional da máquina já solicitará a discriminação do tipo de bem. O comprovante de venda ou nota fiscal valerá como certificado de propriedade móvel, se for o caso.

A Fazenda Nacional considerará para fins de declaração

de imposto de renda da pessoa física apenas os bens adquiridos a título de propriedade móvel e imóvel; esse controle é importante para definir, mais tarde, os patrimônios de herança e usufruto.

Essas medidas deverão reduzir drasticamente a sonegação de tributos de todos os envolvidos, exigindo apenas um ajuste no sistema informatizado da Receita Federal e no operacional dos cartões de crédito/ débito.

6.16 - Declarações e tecnologia

A própria Receita Federal fará a declaração do imposto e a submeterá ao contribuinte, que deverá conferir todos os itens e valores. Se concordar, dará seu ok e enviará ao sistema. Se discordar, deverá juntar documentação, fazer sua própria declaração e enviá-la para a Receita. A Fazenda Nacional aceitará o que o contribuinte declarar; porém, caso verifiquem-se inconsistências, o contribuinte cairá na malha fina.

6.16.1 - Tecnologia da Informação Onisciente

Uma tecnologia aprimorada de informação deverá agilizar o sistema de escrituração, fiscalização e nota fiscal eletrônica, bem como o sistema de fiscalização nas atividades de compra e venda de bens móveis — e por que não, imóveis também — junto às operadoras de cartões de crédito e agências bancárias, conforme descrito acima, incluindo a emissão do cartão dedo-duro nacional para todos os consumidores.

No caso de ainda ser feita por pessoas, agentes públicos, a fiscalização deverá obedecer a esquemas inteligentes anticorrupção, como o sistema de fiscalização casada já mencionado.

6.17 - Simulação do sistema tributário no Estado do Usufruto

Segue, na Tabela 1, uma simulação de como seria o sistema tributário no Estado do Usufruto. Uma equipe experiente em tributação e finanças poderá reformular o valor das alíquotas, mas não sua quantidade, natureza, incidência e forma de cobrança. Cada imposto e contribuição foi cuidadosamente pensado para harmonizar todas as reformas. Em relação às alíquotas, o importante é enxergar como deve ser feita a variação, sempre de forma progressiva e com o maior número de faixas possível. Penso que todos devem pagar sem reclamar, mas também sem se sacrificar, mesmo porque, ao final das reformas, só ficará sem rendimentos quem quiser.

A base de cálculo das alíquotas no sistema usufrutuarista é o salário mínimo, sempre no valor de 5% do PIB per capita. Lembrando, se o usufrutuarismo fosse instituído hoje, o salário mínimo seria R$1.120.

6.17.1 - Observações

1) Pessoas jurídicas deverão pagar imposto de renda assim como as pessoas físicas, com a prerrogativa de se poder descontar na declaração de imposto da pessoa física o imposto pago sobre os lucros distribuídos. Assim, o que se pagou como um tipo de pessoa não se paga de novo, como pessoa física.

2) Outra questão que não foi levantada é a isenção de impostos para igrejas: será preciso um amplo debate com a sociedade antes de estabelecer mudanças. Penso que as igrejas que comprovem atividades filantrópicas ou possuam projetos assistencialistas devem permanecer isentas. Todas as entidades religiosas poderão enviar um projeto social ao Governo Federal,

que elegeria um para cada município, o melhor e mais abrangente, e o financiaria.

3) Empresas multinacionais com atuação no Brasil e bancos internacionais, além de estarem sujeitos à aplicação dos impostos acima, serão obrigados a distribuir para seus funcionários brasileiros até 8% de suas ações.

4) A CIDA passaria a ser cobrada a partir da implantação do usufrutuarismo. No entanto, convém aos estados e municípios cobrar das empresas exploradoras de recursos ambientais uma taxa estabelecida, a título de indenização pelos danos causados ao meio ambiente no passado. Por exemplo, para cada tonelada de minério que foi retirada de um município qualquer, ao longo da história, a mineradora pagaria uma taxa de U$1. Essa taxa seria repartida da seguinte forma: metade para os cofres estaduais e a outra metade para os cofres municipais. Poderia haver também outra forma de indenização, mediante patrocínio e implementação de projetos sociais para o município e o estado, no valor correspondente à taxa devida. Uma empresa que extraiu, ao longo de 50 anos, um bilhão de toneladas de minério de determinada região, poderia, em vez de pagar US$1 bilhão aos cofres públicos, investir a mesma quantia em projetos sociais na região explorada. Tudo isso sem isentá-las de impostos, pois isenção significa tirar do orçamento, e, como reza o ditado popular, "não se deve descobrir um santo para vestir outro". Teriam preferência os projetos ambientalmente sustentáveis e financeiramente autossustentáveis, capazes de gerar emprego, renda e manter o próprio projeto em andamento.

Nome	Tipo	Competência	Incidência	Cobrança	Alíq
IRPF/ classe I (Imposto de renda de pessoa física/ classe I)	Renda	Federal	Sobre a renda dos moradores de cidades com mais de 200 mil habitantes.	Renda até 3 salários mínimos.	1%
				Renda de 3 a 5 SMs.	5%
				Renda de 5 a 10 SMs.	7%
				Renda de 10 a 15 SMs.	12%
				Renda de 15 a 20 SMs.	18%
				Renda acima de 20 SMs.	27%
IRPF/ classe II (Imposto de renda de pessoa física/ classe II)	Renda	Municipal	Sobre a renda dos moradores de cidades com menos de 200 mil habitantes.	Renda até 3 salários mínimos.	1%
				Renda de 3 a 5 SMs.	5%
				Renda de 5 a 10 SMs.	7%
				Renda de 10 a 15 SMs.	12%
				Renda de 15 a 20 SMs.	18%
				Renda acima de 20 SMs.	27%
IRPJ/ classe I (Imposto de renda de pessoa jurídica/ classe I)	Renda	Federal	Sobre lucro das empresas/pessoas jurídicas de cidades com mais de 200 mil habitantes	Lucros anuais menores de 50 SMs.	7%
				Lucros anuais entre 50 e 200 SMs.	10%
				Lucros entre 200 e 500 SMs.	18%
				Lucros entre 500 e 800 SMs.	22%
				Lucros acima de 800 SMs.	27%

				Lucros anuais menores de 50 SMs.	7%
IRPJ/ classe II (Imposto de renda de pessoa jurídica/ classe II)	Renda	Municipal	Sobre lucro das empresas/pessoas jurídicas de cidades com menos de 200 mil habitantes.	Lucros anuais entre 50 e 200 SMs.	10%
				Lucros entre 200 e 500 SMs.	18%
				Lucros entre 500 e 800 SMs.	22%
				Lucros acima de 800 SMs	27%
IPM (Imposto sobrePatrimônio Móvel)	Patrimonial	Estadual	Sobre bens móveis de empresas e pessoas físicas (veículos; iates; ações; animais de raça; jatos; joias; bens de consumo). Incide na hora da compra (com emissão de nota fiscal eletrônica e um certificado de propriedade); na hora da venda e anualmente junto com a declaração de renda. Na DIRF, haverá um rubrica especial para cobrar a alíquota sobre esse patrimônio móvel. Bens móveis de pessoa jurídica, essenciais ao processo de produção ou à prestação de serviços, são taxados na declaração anual de imposto de renda, porém, o valor da alíquota será de 2% do valor de mercado do bem	Valor unitário do bem até 10 SMs	1%
				Valores unitários de 10 a 30 SMs.	3%
				Valores unitários de 30 a 50 SMs.	6%
				Valores unitários acima de 50 SMs	12%

				Patrimônio móvel até 60 SMs	5%
ITCMD (imposto sobre transmissão causa mortis e doação)	Patrimonial	Estadual	Incidirá sobre o patrimônio móvel e imóvel, deixado de herança. No usufrutuarismo, o direito à herança de propriedades imóveis, empresas e ações, cujo valor de mercado ultrapassar 2000 salários mínimos da época, será convertido em direito ao usufruto apenas.	Patrimônio móvel avaliado acima de 60 a 100 SMs.	8%
				Patrimônio móvel avaliado entre 100 a 200 SMs.	12%
				Patrimônio móvel avaliado entre 200 e 500 SMs.	20%
				Patrimônio móvel entre 200 e 500 SMs	25%
				Patrimônio móvel avaliado acima de 500 SMs.	Sem imposto, mas converte a herança em usufruto apenas
				Patrimônio imóvel, empresas e ações avaliado até 500 SMs.	15%
				Patrimônio imóvel, empresas e conjunto de ações, avaliado entre 500 e 2000 SMs..	25%

				Patrimônio imóvel, empresas e conjunto de ações avaliado acima de 2000 SMs.	Sem imposto, mas converte o direito de herança em usufruto apenas.
ITCMD (imposto sobre transmissão causa mortis e doação)	Patrimonial	Estadual	Incidirá também sobre as doações de propriedade imóvel, ações e empresas. Qualquer doação de bens imóveis, empresas e ações poderá ser realizada somente sem reserva de usufruto.	Doação de patrimônio para pessoas físicas e jurídicas (com fins lucrativos), realizadas em vida, serão efetuadas sempre *sem reserva de usufruto*	40%
				Doação de patrimônio, realizada em vida, para pessoas jurídicas sem fins lucrativos, religiosos e políticos poderá ser feita com ou sem reserva de usufruto.	Isenta de impostos
ITF/ classe I (Imposto sobre Transação Financeira), antigo CPMF reformulado	Financeiro	Federal	Incide sobre movimentações bancárias e financeiras efetuadas por moradores de municípios com mais de 200 mil habitantes.	Operações financeiras até 3 SMs.	0,15%
				Operações financeiras de 3 a 5 SMs.	0,25%
				Operações financeiras de 5 a 10 SMs.	0,35%
				Operações financeiras de 10 a 20 SMs	0,40%

				Operações financeiras de 20 a 30 SMs,	0,50%
				Operações financeiras de 30 a 50 SMs.	0.60%
				Operações financeiras acima de 50 SMs.	0,80%
ITF/classe II (imposto sobre transação financeira.(Obs: antigo CPMF reformulado)	Financeiro	Municipal	Incide sobre movimentações bancárias e financeiras efetuadas por moradores de municípios com menos de 200 mil habitantes.	Operações financeiras mensais até 3 SMs.	0,15%
				Operações financeiras mensais de 3 a 5 SMs.	0,25%
				Operações financeiras mensais de 5 a 10 SMs.	0,35%
				Operações financeiras mensais de 10 a 20 SMs	0,40%
				Operações financeiras mensais de 20 a 30 SMs,	0,50%
				Operações financeiras mensais de 30 a 50 SMs.	0.60%
				Operações financeiras mensais acima de 50 SMs.	0,80%

ITBI (Imposto de Transmissão de Bens Imóveis Intervivos)	Patrimonial (transação)	Municipal	Incide sobre a transmissão de imóveis entre vivos, venda. Imposto exclusivamente municipal, não importando aqui a quantidade de habitantes por município.	A critério do legislador	A critério do legislador, de preferência uma alíquota baixa
IPTU (Imposto Predial e Territorial Urbano)	Patrimonial	Municipal	Incide sobre a transmissão de imóveis entre vivos, venda. Imposto exclusivamente municipal, não importando aqui a quantidade de habitantes por município.	A critério do legislador.	A critério do legislador.
CPS (Contribuição de Provisão Social)	Seguridade social	Federal	Contribuição cobrada sobre renda de pessoas físicas e faturamento de pessoas jurídicas, a ser paga trimestralmente.	Empresas com faturamentos trimestrais até 100 SMs.	4%
				Empresas com faturamentos trimestrais de 100 a 300 SMs.	6%
				Empresas com faturamentos trimestrais de 300 a 500 SMs.	8%
				Empresas com faturamentos trimestrais de 500 a 800 SMs.	10%
				Empresas com faturamentos trimestrais acima de 800 SMs.	15%

				Pessoas com renda mensal até 3 SMs.	2%
				Pessoas com renda mensal de 3 a 6 SMs.	5%
				Pessoas com renda mensal 6 a 10 SMs.	8%
				Pessoas com renda mensal acima de 10 SMs	12%
Grandes fortunas	Patri-monial	Federal	Incide sobre o patrimônio bruto de pessoas físicas, cujo valor exceda a 0,09% do PIB.	Patrimônio bruto exceda a 0,09% do PIB.	3%
Imposto de Im-portação	Regu-latório fiscal	Federal	Incide sobre produtos impor-tados.	A critério do legislador.	
Imposto de Expor-tação	Regu-latório fiscal	Federal	Incide sobre ope-rações de expor-tação.	A critério do legislador.	
ITVEX (Imposto sobre Transfe-rência de Valores para o Exterior)	Ope-rações finan-ceiras	Federal	Incide sobre ope-rações financeiras de empresas e pessoas com re-messa de divisas para o exterior.	Quando pes-soas ou em-presas fizerem remessa de divisas para o exterior, no valor acima de 30 SMs, cobra-se so-bre o valor da remessa. (Observar le-gislação atual e adaptar. Vide normas do Banco Central e da Receita Fede-ral, ver nota)	40%,

ITR (Imposto sobre Propriedade Territorial Rural)	Patrimonial	Federal	Incide sobre propriedade rural.	A critério do legislador.	
CIDA (Contribuição sobre Intervenção de Domínio Ambiental)	Social	Estadual=50% Municipal=50%	Incide diretamente sobre a tonelada de recursos extraído da natureza e também sobre as toneladas de lixo e emissão de gás carbônico lançados no ambiente.	Para cada tonelada extraída e para cada tonelada emitida.	US$5

Tabela 1: Simulação do sistema tributário no Estado do Usufruto.

Nota: Banco Central disponível em: http://www.bcb.gov.br/?CAMBIONORMA; e Receita Federal disponível em: http://www.receita.fazenda.gov.br/dvssl/atbhe/falecon/comum/asp/formulario.asp?topico=191

6.18 - Outras reformas fiscais e tributárias imediatas para implantar o usufrutuarismo

Como a reforma tributária e trabalhista serão excelentes no sentido de incentivar a poupança e assim capitalizar os bancos, o governo deve exigir dos banqueiros contrapartidas à altura, tais como:

— Corte dos juros bancários: a cobrança máxima deve ser de 12% ao ano para pessoas físicas e jurídicas com renda de até 20 SMs, e de, no máximo, 16% ao ano para pessoas físicas e jurídicas, com renda acima de 20 SMs;
— Renegociação imediata da dívida pública, com a

redução da taxa de juros para 3% ao ano e proposta de pagamento anual de 10% do montante;

— Anistia das dívidas bancárias, financiamentos e empréstimos feitos por aposentados, funcionários públicos e assalariados nos últimos três anos, até o valor de R$200 mil;

— Isenção de tributos para microempresas nos seus três primeiros anos de vida, exceto da Contribuição para Provisão Social;

— Auditoria e fusão da Caixa Econômica Federal, Banco do Brasil e BNDES, que receberá o nome de Banco do Usufruto, um banco, a princípio, com 100% de capital nacional.

— Orçamento ao alcance do cartão: criação de um sistema informatizado semelhante ao bancário para gerenciar o orçamento público, ou seja, controlar online, em tempo real, a movimentação monetária — entradas, saídas, gastos realizados entre órgãos e setores da administração pública. O próprio cartão bancário do Banco do Usufruto estaria habilitado a solicitar extratos e verificar saldos nas contas públicas. A consulta poderia ser feita com detalhamento de despesas e receitas, por órgão, por tipo, consolidada em todas as esferas. Saberíamos quanto foi a arrecadação geral (União + estados + municípios), ou, se preferirmos, as arrecadações específicas;

— Extrato consolidado das contas públicas: todo cidadão poderia imprimi-lo ou visualizá-lo, ou ainda acompanhá-lo no melhor estilo home banking. Bastaria implantar um sistema simples e automatizado, similar ao bancário, para controle de todas as movimentações orçamentárias da União, estados e municípios. Bancos particulares administram contas de milhões de clientes; o Banco da China, por exemplo, gerencia 1 bilhão de contas. Por que o Banco do Usufruto não poderia administrar a movimentação do dinheiro público no âmbito dos Três Poderes? A tecnologia da informação saberá converter as contas públicas num sistema bancário eficiente e transparente para o público;

— Banco do Usufruto: além de realizar operações comuns como um banco lucrativo qualquer, financiaria microempresários, ONGs e artistas; e complementaria as aposentadorias, nos termos da reforma trabalhista. Os juros de empréstimos a pessoas físicas e jurídicas seriam calculados conforme a renda do solicitante: juros baixos para pessoas de baixa renda ou baixa lucratividade e juros mais elevados para pessoas com rendas mais altas, numa faixa que deverá variar entre 3% e 15% ao ano;

— Tesouro Nacional: qualquer investidor nacional, ou cidadão brasileiro, poderia adquirir seus títulos, ou seja, de empresas públicas e estatais; os compradores receberiam anualmente juros com valores ligeiramente superiores ao reajuste da poupança, e o prazo mínimo para resgate total dos títulos seria de 30 anos;

— Empréstimos para microempresários a juros mais baixos: o Banco do Usufruto só liberaria os valores depois que os interessados cumprissem um programa de treinamento no SEBRAE ou em entidades ligadas à economia, recursos humanos ou gestão de negócios; o empréstimo estaria condicionado ao desempenho do candidato no curso: quanto maior o empenho e capacidade demonstradas, maior seria o montante;

— Empréstimos para organizações não governamentais (ONGs) que apresentassem projetos autossustentáveis; os empréstimos poderiam ser pagos à medida em que as ONGs obtivessem seus próprios recursos. Seriam priorizados os projetos realizados junto a crianças carentes de escolas públicas, mulheres e mães em situação de risco social, e cujas atividades envolvessem a participação conjugada do maior número de setores sociais (família, escola, órgãos públicos, associações de bairro, paróquias etc.). Teriam preferência as ONGs que em seu corpo de voluntários e colaboradores contassem com o maior número de idosos e deficientes.

6.19 - Reformas tributárias/ fiscais acopladas às trabalhistas

Como fica a questão de descontos dos encargos sociais para trabalhadores e empresários?

— Desoneração significativa: empresários ficarão desonerados de muitas contribuições e encargos sociais, o que lhes permitirá aumentar a margem de lucro sem aumentar preços dos produtos ou diminuir salários;

— Divisão dos lucros: empresas deverão pagar o salário mínimo + plano de saúde + Contribuição de Provisão Social (cobrada trimestralmente e incidindo sobre o faturamento das empresas). Além disso, empresários com lucro acima de 100 SMs dividirão 20% de seus lucros com os trabalhadores no final do ano, e para isso serão essenciais o sistema informatizado onisciente e a nova escrituração fiscal, que impedirão as empresas de maquiarem seus lucros. Repito que no usufrutuarismo nada poderá ser concedido sem contrapartidas importantes para a administração pública. O Estado não precisará ser pai dos pobres e nem dos ricos. Se as empresas forem beneficiadas com a reforma tributária, precisarão ceder em alguns pontos.

Em relação aos valores pagos aos planos de saúde em favor dos empregados, à medida em que o sistema de saúde melhorar os valores passarão a ser depositados diretamente na conta do Tesouro, para reforçar ainda mais o caixa da Provisão Social (antiga Seguridade Social).

— Conta Salário e Conta Poupança: os trabalhadores terão uma porcentagem descontada no seu salário, como é hoje, para fins de reserva e aposentadoria. Os descontos em folha serão efetuados normalmente. A única diferença é que em vez de serem direcionados para os cofres da União e depois sacados pelo trabalhador, os valores serão depositados numa conta poupança pessoal, ou seja, pertencente ao próprio trabalhador. O dinheiro somente poderá ser retirado pelo empregado depois de um período de carência, conforme estipulado na reforma trabalhista. Ao ingressar numa empresa, o trabalhador abrirá duas contas: a conta corrente para o depósito do salário e uma de poupança, para depósito dos valores descontados a título de reserva financeira e aposentadoria.

— Poupança/ capitalização dos bancos: o trabalhador que desejar manter sua poupança intacta poderá retirar os valores de forma parcelada, na época da aposentadoria.

— Provisão Social: quando o trabalhador se aposentar, os rendimentos de sua conta poupança serão complementados e atualizados pela Provisão Social do Estado do Usufruto, até atingirem o valor do último salário recebido na ativa. Esse será, na verdade, o novo modelo de previdência social no usufrutuarismo: depois de aposentada e recebendo o salário integral, como se estivesse na ativa, a pessoa continuaria sendo descontada em 15% de seus rendimentos. No entanto, cumpre ressaltar que esse desconto de 15% não seria mais destinado à sua poupança pessoal, como enquanto trabalhava, mas sim à conta da Provisão Social. Em suma, ficaria nos cofres públicos. Qual seria o prejuízo para o trabalhador? Nenhum, pois os rendimentos dos aposentados serão os mesmos do pessoal da ativa.

Esse modelo de Provisão Social praticamente inverte o modelo atual. Hoje, o trabalhador contribui a vida inteira para a previdência e, ao se aposentar, perde boa parte de seus rendimentos. No usufrutuarismo, ele poupa para si mesmo a vida inteira e tem sua aposentadoria complementada pelo Estado até alcançar o valor recebido na ativa. Passa a contribuir para o Estado, somente depois de aposentado.

— Mudanças no FGTS, PIS/PASEP, INSS: as empresas deixam de recolher por empregado, e todas essas contribuições serão englobadas numa única, denominada Contribuição de Provisão Social (CPS), recolhida trimestralmente. Todos contribuirão, pessoas físicas e jurídicas. A CPS será depositada diretamente na conta da Provisão Social do Banco do Usufruto. Como o trabalhador será beneficiado? Se este trabalhador está empregado há 5 anos, ganhou no último mês R$3 mil, e resolveu procurar o Banco do Usufruto porque irá se casar e deseja comprar um imóvel próprio, o Banco do Usufruto lhe concederá, a título de saque da Provisão Social, o valor de R$15 mil (R$3 mil x 5 anos).

— Aposentadoria e benefícios: caberá ao Banco do Usufruto pagar a complementação das aposentadorias dos trabalhadores, que serão reajustadas conforme reajuste do salário mínimo (percentual do PIB per capita). É preciso entender uma coisa: o Banco do Usufruto será um banco com fins lucrativos, mas os lucros não pertencerão aos banqueiros ou a particulares, mas sim aos aposentados e pensionistas. Assim sendo, o dinheiro poderá cobrir as aposentadorias.

— Recursos para a Provisão Social: o capital da conta de Provisão Social virá originariamente da própria receita tributária — 30% da arrecadação de impostos serão destinados ao Banco do Usufruto. Com a reforma, o orçamento da União ganhará um reforço inicial estimado em

R$400 bilhões: são os dividendos do combate à corrupção, sonegação e negociação da dívida pública. A conta do Tesouro com a rubrica "Provisão Social" no primeiro ano do Estado do Usufruto terá por volta de R$710 bilhões, enquanto o orçamento federal de 2014, conforme já vimos, destinou para a Previdência apenas R$460 bilhões, receita que praticamente dobra no usufrutuarismo.

— Crescimento econômico: microempresários ficam dispensados de pagar impostos nos três primeiros anos de existência da empresa. No entanto, serão obrigados a dividir uma porcentagem de seus lucros com os empregados ao final de cada exercício. Não havendo lucros, devem pagar o 13º e 14º salários. Também ficam obrigados a pagar um plano de saúde e a CPS, esta trimestralmente, conforme tabela de alíquotas proporcionais ao faturamento.

6.19.1 - Explicando o ITM (Imposto sobre o Patrimônio Móvel)

O fabricante de liquidificadores coloca um preço no seu produto, suponhamos, R$400, equivalentes aos custos (super reduzidos, porque não pagará muitos impostos) + a margem de lucro. Quando vende o liquidificador para o comerciante, este paga R$404, porque, durante a operação, R$4 foram para a Receita. Resumindo: o industrial recebeu R$400 e a Receita R$4; o comerciante pagou no total R$404. Na loja, cobra pelo liquidificador R$454, ou seja, inclui o imposto pago durante a compra no atacado e espera faturar R$50 com a venda ao consumidor final. Ele me vende o liquidificador por R$454, mas quando efetuo o pagamento, pago R$458,50: R$454 vão para o dono da loja e R$4,50 para a Receita. É verdade que paguei o meu imposto e o imposto do comerciante, que estava embutido no preço do produto. Porém, se eu passar meu cartão dedo-duro, ou se a operação for efetuada diretamente na máquina de cartão de crédito/ débito, terei o direito de recuperar o dinheiro extra (o imposto que foi pago duas vezes) através de descontos, ou até mesmo retirando em espécie no final do ano. Dessa forma, ninguém pagará duas vezes.

Não se pode embutir o imposto no preço do produto, que deveria ser taxado no berço, que é a produção. Mas isso não seria possível, porque a grande vantagem da reforma seria desonerar a produção e aumentar a oferta de empregos, diminuindo os custos. Assim, o produto sai virgem da fábrica (o produtor pega só a parte dele), e o comerciante paga o imposto ao comprar do produtor, mas, para levar vantagem, ele o incluirá no preço para o mercado. O consumidor paga o preço final, onde está incluído o imposto do comerciante e a sua própria parte, podendo recuperá-la mais tarde.

Com tudo isso, estaria se pagando uma alíquota superbaixa, e mesmo que o consumidor não recuperasse o valor do imposto, ainda assim seria menos penalizado do que é hoje. Se hoje é chumbo, depois da reforma seria pluma.

6.20 - Modelos de orçamentos na sociedade usufrutuarista: aplicação dos tributos

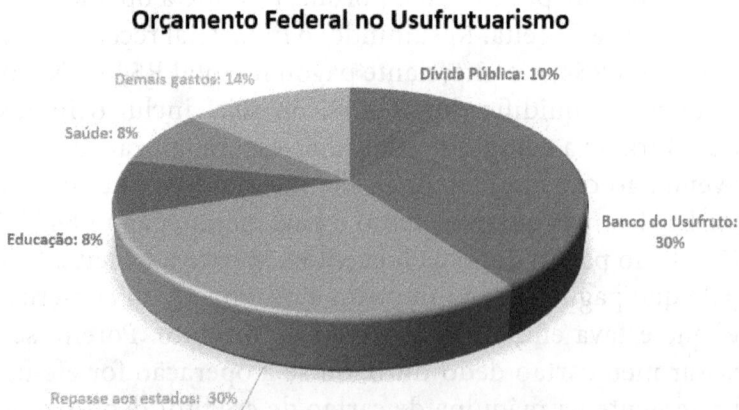

Orçamento Federal no Usufrutuarismo

Demais gastos: 14%

Dívida Pública: 10%

Saúde: 8%

Educação: 8%

Banco do Usufruto: 30%

Repasse aos estados: 30%

Figura 7: Distribuição do Orçamento da União no usufrutuarismo.

Orçamento Municipal no Usufrutuarismo

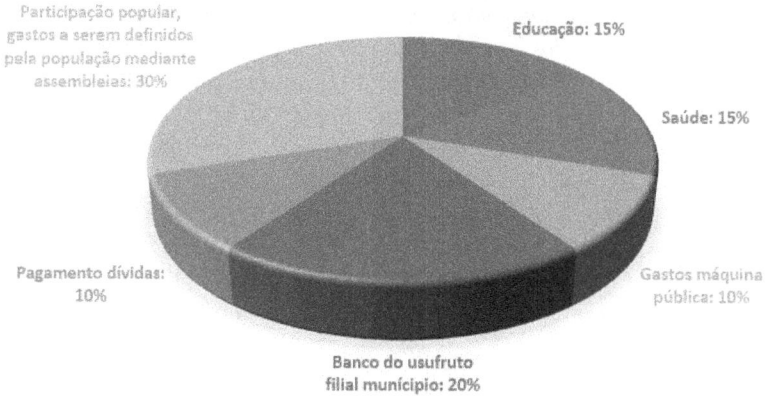

Participação popular, gastos a serem definidos pela população mediante assembleias: 30%

Educação: 15%

Saúde: 15%

Pagamento dívidas: 10%

Gastos máquina pública: 10%

Banco do usufruto filial município: 20%

Figura 8: Simulação da distribuição do orçamento dos Estados num sistema usufrutuarista. As receitas estaduais serão provenientes do repasse feito pela União e do recolhimento do IPM (Imposto sobre Patrimônio Móvel), ITCMD e da CIDA. Estados com maior número maior de municípios com mais de 200 mil habitantes recebem repasse maior da União. A transferência de valores da União para os Estados será proporcional à quantidade de municípios com mais de 200 mil habitantes.

Orçamento Estadual no Usufrutuarismo

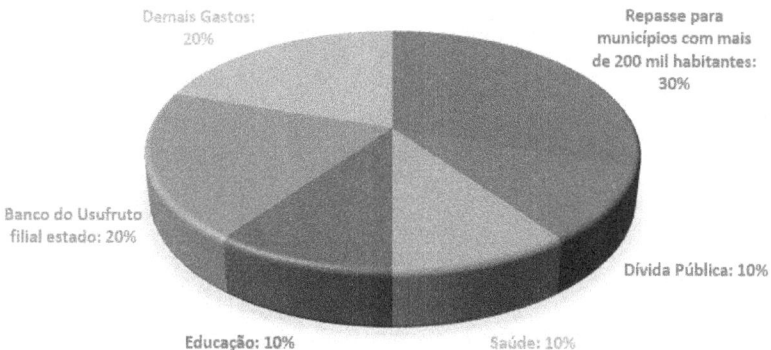

Demais Gastos: 20%

Repasse para municípios com mais de 200 mil habitantes: 30%

Banco do Usufruto filial estado: 20%

Dívida Pública: 10%

Educação: 10%

Saúde: 10%

Figura 9: Simulação da divisão do orçamento nos municípios brasileiros. Vejam que a maior fatia (30%) seria gasta de acordo com a vontade da maioria da população da cidade, através da convocação obrigatória de assembleias. Os municípios com menos de 200 mil habitantes teriam autonomia e competência para arrecadar todos os tributos, observadas as regras impostas pela reforma política. Quanto aos 142 municípios com mais de 200 mil habitantes, suas receitas orçamentárias seriam provenientes do recolhimento do IPTU, CIDA, ITBI e repasse do Estado.

7. Da Reforma Trabalhista e Supercapitalização dos Bancos

A reforma trabalhista é essencial por cinco motivos:

a) costura a reforma tributária;

b) permite conciliar interesses de empresários e trabalhadores;

c) oferece recursos para que governos possam negociar dívidas e políticas públicas voltadas à sociedade;

d) oferece margem de manobra razoável para que empregados e empresas possam crescer e se desenvolver de acordo com seus talentos;

e) resolve a questão da previdência social.

7.1 - Quais as principais mudanças nas relações trabalhistas previstas no usufrutuarismo?

— Redução da jornada de trabalho para quatro horas diárias e aumento no número de turnos de trabalho para três, o que ampliará a oferta de empregos e a produção econômica. As pessoas estarão livres para trabalhar quantos turnos quiserem, respeitada a jornada de 40 horas semanais. As empresas poderão contratar mais, devido à drástica redução dos encargos sociais, fruto da reforma tributária descrita no capítulo anterior.

— Além dos salários, os empresários pagarão a CPS trimestral e um plano de saúde provisório, até que o sistema de saúde pública alcance a excelência. Com a melhoria da Saúde Pública, o valor referente ao plano de saúde será depositado diretamente na conta do Tesouro Nacional (Banco do Usufruto) para integrar a provisão social.

— A Contribuição de Provisão Social (CPS) substitui todas as demais contribuições para a seguridade social: COFINS, PIS/PASEP, FGTS, INSS/PSS. Recolhida a cada três meses, todos contribuem, tanto pessoas físicas quanto jurídicas. As alíquotas para pessoas jurídicas serão proporcionais ao faturamento das empresas, e as de pessoas físicas, à renda.

— Em lugar do 13º salário, as empresas passarão a dividir 20% de seus lucros com os empregados, com a exceção de microempresários nos três primeiros anos de vida e empresas cujo lucro anual for inferior a 100 SMs; estas serão obrigadas a pagar o 13º e também o 14º salários, podendo efetuar o pagamento em três parcelas durante o ano ou integralmente, no final. O empregador deve pagar, no mínimo, um salário para o empregado que trabalhar somente um turno, ou seja, quatro horas diárias.

7.1.1 - Observações

Vejam os seguintes casos:

a) Um empregado, antes do novo sistema, trabalhava oito horas diárias recebendo um salário mínimo; o que ocorre se resolver optar por trabalhar apenas quatro horas?

Ele não terá prejuízo de sua remuneração. Apesar de haver diminuído a carga de trabalho, terá assegurado seu direito de receber um salário mínimo da época. Em compensação, alguém que hoje só trabalha quatro horas, ganhará em dobro, se escolher trabalhar oito horas.

b) Antes do usufrutuarismo, um empregado trabalhava oito horas diariamente, ganhando mais de um salário mínimo. E se ele resolver trabalhar apenas quatro?

Ele tampouco terá prejuízo, pois sua remuneração será calculada da seguinte forma: um salário mínimo + a metade dos valores que recebia trabalhando oito horas. É simples: reduziu seu tempo em 50%, então, o salário antigo também sofrerá 50% de redução. No entanto, esse decréscimo será compensado pelo acréscimo de um salário mínimo. Exemplo: João trabalha oito horas por dia e ganha R$3 mil. No usufrutuarismo, ele poderá reduzir sua jornada para quatro horas. Seu salário será calculado assim: R$1500 (metade da jornada antiga = metade do valor) + o salário mínimo.

7.2 - Descontos relativos aos encargos sociais no contracheque do trabalhador

Será descontada mensalmente do empregado uma quantia referente a 15% de seus rendimentos brutos, para fins de fundo de reserva e aposentadoria. Lembrem-se de que o salário do trabalhador no usufrutuarismo possui muito mais força e também poder de compra, tendo em vista a pulverização dos impostos sobre consumo. Essa quantia descontada não irá direto para os cofres públicos, como é hoje, mas será depositada numa conta poupança pessoal do trabalhador, podendo ser retirada após um período de carência. Só para frisar, ao ser contratado, o trabalhador deverá abrir duas contas bancárias: uma conta corrente para depósito de seu salário e outra conta poupança para depósito de sua reserva para aposentadoria.

7.2.1 – Correção da aposentadoria

Evidentemente, essa quantia, por mais que seja atualizada, será insuficiente para garantir a aposentadoria integral do trabalhador por longos anos: é onde entra o Estado do Usufruto para complementar a renda do aposentado. O Estado pagará a quantia que falta para que seus proventos se equiparem ao valor do salário dos colegas na ativa, de mesmo nível e categoria. O trabalhador se aposenta, mas seus rendimentos não são congelados e muito menos reduzidos.

Exemplo: João ganhava R$3 mil quando se aposentou, aos 70 anos. Durante o tempo em que trabalhou, poupou "compulsoriamente", mediante desconto de 15% de seu salário, o total de R$30 mil. É a quantia que possuía na sua conta poupança, à época da aposentadoria. Se dependesse somente desse dinheiro, caso mantivesse o mesmo padrão de vida, em dez meses João já teria consumido todo o recurso guardado. Mas o Banco do Usufruto acrescentará o tanto que for necessário (70%, 80% etc.) ao valor poupado, para que João possa viver com tranquilidade até o fim de sua vida. Hoje, acontece praticamente o contrário. O empregado se aposenta e perde quase 80% do valor e do poder de compra de sua antiga remuneração. Outra inversão importante do modelo atual é que João continuará com os descontos de 15% na folha de pagamento. Todavia, o valor descontado será destinado à conta de Provisão Social no Banco do Usufruto.

7.2.2 – Supercapitalização dos bancos

Hoje, 70,8% das pessoas ocupadas no Brasil, cerca de 68 milhões, são empregados, conforme dados do censo IBGE/2010. Ao diminuir a jornada de trabalho, aumentar o número de turnos e desonerar a carga tributária das empresas, a quantidade de empregos poderá dobrar ou mesmo triplicar.

Além disso, essas reformas darão ensejo a um crescimento vertiginoso do número de cadernetas de poupança. Se além dos empregados, também os autônomos, que correspondem a 20% da população ocupada, depositarem 15% de seus vencimentos em conta poupança especial, estes igualmente farão jus à complementação da aposentadoria pelo Banco do Usufruto, embora em porcentagem menor que a dos trabalhadores de empresas.

A mesma regra se aplicará a trabalhadores informais, que, caso queiram poupar 15% do que recebem, terão direito à complementação de mais 15% sobre o saldo de sua poupança especial, observado o período de carência para retirada.

Exemplo: transcorrido o período para saque, um trabalhador do mercado informal conseguiu juntar R$30 mil na sua conta poupança especial. Com a complementação do governo, via Banco do Usufruto, ele poderá sacar R$34,5 mil (R$30 mil + 15%). Só não poderão receber a complementação total, como os aposentados do mercado formal, para não haver um desestímulo à formalidade.

É importante ressaltar que toda essa repentina capitalização dos bancos constituirá a carta na manga do governo para exigir sua contrapartida. O governo Usufrutuarista ficará fortemente "armado" para negociar, junto aos bancos credores, as taxas de juros e, principalmente, o montante da dívida.

Caso seja interessante, o Governo poderá estipular que as contas poupança dos trabalhadores sejam abertas nos bancos de seus credores, ou até mesmo no próprio Banco do Usufruto. Na hipótese de o Banco do Usufruto também ficar supercapitalizado, o Governo poderá vender os títulos do Banco aos investidores nacionais, por preços bem competitivos. O pagamento aos credores será anual, e referente apenas aos juros. Esses títulos, como já estipulamos no capítulo anterior, terão um longo período de carência (30 anos). Fica a critério da equipe econômica resolver o que fará com tantas cartas na manga. Só não poderá desperdiçá-las.

7.3 - Remuneração

— Salário mínimo vinculado ao PIB per capita à razão de 5%. Como já especificado, se estivéssemos hoje no Estado do Usufruto, o salário mínimo seria de R$1120.

— O seguro desemprego somente será pago ao empregado demitido que:

a) se matricular em cursos de capacitação profissional a serem oferecidos gratuitamente pelo Estado a todos os desempregados, ou comprovarem exercício de trabalho voluntário em ONGs, escolas públicas ou postos de saúde, devidamente cadastrados nas prefeituras, com frequência mínima de três vezes por semana. O desempregado será orientado a fazer aquilo para o que possui aptidão: serviços de pintura, mecânica, cozinha, eletricista, contabilidade etc., uma forma de aproveitar a mão de obra ociosa e ajudar escolas, ONGs e postos de saúde a economizar nos gastos com execução de serviços; durante o trabalho voluntário, essas pessoas serão avaliadas, e conforme os resultados e frequência farão ou não jus ao seguro desemprego;

b) assistir a duas palestras por mês promovidas por instituições públicas ou escolas públicas;

c) mantiver 90% da frequência dos filhos menores na escola, comprovadas em boletim escolar.

7.4 - Carga horária

— Mães, pais e avós, que cuidam de crianças até 18 anos, podem optar por um regime de trabalho 8/40: trabalham oito horas num dia e descansam 40. Para fazerem jus a esse benefício, devem comprovar uma das opções abaixo:

a) a execução de trabalhos voluntários em ONGs

e postos de saúde próximos à sua residência, num mínimo de três vezes ao mês;

b) comparecimento a um mínimo de duas palestras educativas em escolas ou outras instituições públicas;

c) comprovar presença em duas reuniões mensais (individuais ou coletivas) com a supervisora da escola dos filhos, além de manter vacinações em dia e boletim de frequência da criança com 90% de comparecimento.

— A lei fixará a jornada de trabalho mínima e máxima diária (quatro e oito horas, respectivamente). Também estabelecerá a jornada semanal mínima e máxima 24 e 44 horas, respectivamente). Pais e pessoas que cuidam de menores, deficientes e idosos podem fazer a programação de sua jornada, de forma a cumprirem o estabelecido em lei. Porém, o interesse das empresas também deve ser respeitado, de forma que nunca fique um número de trabalhadores menor que x (a critério do empregador) em cada turno de trabalho. Os acordos quanto à carga horária devem ser feitos diretamente entre empregador e empregado.

— Passe livre e transporte gratuito para assalariados com renda de até 3 SMs, desempregados, idosos e deficientes.

Reforma Trabalhista - Simulação do Estado Do Usufruto		
	Empregado	**Empresa**
Duração da Jornada	Mínimo de 4 e máximo de 8 horas diárias. Semanal: 24 horas no mínimo e 44 horas no máximo.	Poderá funcionar quanto tempo quiser, desde que respeite as jornadas individuais dos trabalhadores.
Turnos de Trabalho	1 turno (mínimo); 2 turnos (máximo).	Poderá funcionar até com 6 turnos de 4 horas cada.
Folgas	Uma vez por semana (mínimo); férias remuneradas uma vez por ano.	
Salário	1) Jornada de 4 horas = salário mínimo ou mais. 2) Jornada de 8 horas = 2 salários mínimos ou mais. 3) Quem trabalhava 8 horas e ganhava o salário mínimo ou mais, e quiser continuar cumprindo a jornada de 8 horas, deverá ter acrescido à sua remuneração atual o valor de mais 1 salário mínimo. 4) Quem trabalhava 8 horas e ganhava mais que o mínimo, e resolver reduzir sua jornada para 4 horas, o valor de sua remuneração será calculado assim: metade da remuneração que se ganhava com a jornada de 8 horas + 1 salário mínimo. Dessa forma, não haverá redução no salário do trabalhador que quiser reduzir sua jornada e haverá um aumento para o que desejar trabalhar em dois turnos.	Pagará no mínimo um salário por jornada.

FGTS: deixa de existir da maneira que é atualmente, ou seja, como recolhimento obrigatório do empregador por empregado; é englobado na Contribuição Provisão Social (CPS), que será recolhida trimestralmente por toda empresa, independentemente do número de empregados que ela tiver, e também pelas pessoas físicas. O valor a ser recolhido corresponderá a uma porcentagem proporcional ao faturamento da empresa e à renda da pessoa física. Esse valor será depositado no Banco do Usufruto, para garantir a complementação da renda dos aposentados.	Não recolhe. O trabalhador poderá sacar sua provisão nas ocasiões abaixo: 1) Compra ou construção de um único imóvel próprio. 2) Aposentadoria por tempo de serviço ou invalidez, independentemente da doença. 3) Se desempregado, para abrir pequeno negócio em seu nome ou de filho menor. O valor sacado corresponderá ao salário que o empregado recebia à época da aposentadoria, ou por ocasião da perda de seu emprego, ou, no caso de ser retirado para compra de imóvel, ao último salário recebido antes de solicitar o saque da quantia. O cálculo será efetuado da seguinte forma: para cada ano trabalhado, um salário correspondente.	1) Empresas com lucros anuais menores que R$50 mil recolhem 2%. 2) Empresas com lucros anuais entre R$50 e R$100 mil recolhem 7%. 3) Empresas com lucros maiores que R$100 mil recolhem 12%.
Previdência Social: 85% financiada pelo Banco do Usufruto; 15% bancada pelo próprio empregado.	Recolhe 15% de seu salário bruto, que serão depositados em conta poupança pessoal, corrigida pela inflação anual, com carência e condições especiais para saque: 1) Aposentadoria por tempo de serviço e invalidez; 2) Se desempregado, por motivo de doença grave, incluindo aí doença de filhos, cônjuge e pais.	Não recolhe.

Cálculo da aposentadoria	Aposentado por tempo de serviço, idade e invalidez permanente receberá mensalmente os valores depositados na conta poupança pessoal, relativos aos 15% recolhidos durante a atividade laboral. O restante será inteirado pelo Banco do Usufruto até que se atinja o valor da remuneração que receberia na ativa.	Não recolhe. A contribuição das empresas para o Banco do Usufruto será, além da Contribuição de Provisão Social trimestral: porcentagens cobradas anualmente a título de imposto sobre lucro; porcentagens sobre movimentação bancária (CPMF) e demais impostos recolhidos a favor da união (sobre renda, importação e exportação, ITF, doações e transações imobiliárias, sobre fortunas).
Valor do salário mínimo	Receberá o correspondente a 5% do PIB per capita. O PIB per capita de 2012 foi de R$22.400. Logo, 5% equivale a R$1.120. No Brasil, em janeiro de 2013, o salário foi reajustado para R$678. Caso o usufrutuarismo fosse implantado hoje, todo trabalhador teria um aumento imediato de R$442 em seu salário, o que significa um reajuste de 65,19%.	Pagará ao trabalhador como salário mínimo o valor correspondente a 5% do PIB per capita brasileiro.
Plano de saúde privado	Não recolhe.	Empresa escolhe o plano de sua preferência e paga para seus empregados.
13º e 14º salários e participação nos lucros	Em vez do 13º, o empregado terá participação nos lucros a ser recebida no final de cada exercício. As empresas que fecharem o ano fiscal com prejuízo ou sem lucros e microempresas nos 3 primeiros anos deverão pagar o 13º e também o 14º salário aos seus empregados..	Empresas com lucros anuais maiores que 100 SMs deverão repartir 20% de seus lucros com os empregados.

Vale-transporte	Passe livre: empresas de ônibus e metrô não cobrariam passagem de assalariados, estudantes, idosos e deficientes.	Não paga. Passe livre para empregados.

Tabela 2: Resumo das principais reformas trabalhistas.

7.5 - Resumo geral dos encargos e impostos para empresas

7.5.1 - Microempresa nos 3 primeiros anos de vida

Não pagará imposto de renda (pessoas jurídica). Quanto às obrigações trabalhistas, ela pagará:

a) salário;
b) plano de saúde para o empregado;
c) 4% do faturamento a título de Contribuição para a Provisão Social, trimestral;
d) 13 e 14º salários;

7.5.1.1 - Outros tributos

a) ITF sobre transações bancárias;
b) IPTU do imóvel urbano;
c) ITR (se imóvel rural);
d) Não precisará pagar IPM, o que lhe permitirá guarnecer a empresa de bens e equipamentos durante três anos forma mais barata, pois não incidirão tributos sobre os bens. A empresa precisará estar devidamente registrada e, na hora da compra, apresentar a certidão de constituição ou um cartão eletrônico (dedo-duro) com o prazo de validade da isenção.

7.5.2 Empresas com lucros superiores a 100 SMs anuais e inferiores a 300 SMs

a) de 6% sobre o faturamento, trimestralmente, a título de contribuição para a provisão social;
b) salários;
c) plano de saúde para os empregados;
d) 20% dos lucros a serem divididos com os empregados.

7.5.2.1 - Outros tributos

Impostos de renda pessoa jurídica; ITF (Imposto sobre Transações Financeiras), IPM (Imposto sobre Patrimônio Móvel), IPTU (Imposto Predial Territorial Urbano) ou ITR (Imposto Territorial Rural) do imóvel; imposto sobre doação de imóvel, importação e exportação, se for o caso.

8. Reforma no código civil: conversão do direito de herança em direito de usufruto

"**H**erança é tudo aquilo que os mortos deixam para que os vivos se matem", diz um desses memes de autor não identificável na internet, compartilhado, justamente, quando eu debatia o assunto num grupo de participação democrática. O texto caiu ali como luva. Eu discutia não apenas o "malefício" emocional da herança, esse mal-estar que nos assola por estar disputando a carne de um morto. De fato, isso não me interessa, pois não é minha intenção fazer julgamentos morais e nem interferir na esfera íntima alheia. O que eu apresentava ao grupo era a "face social" e perversa do direito à herança.

As linhas do Código Civil formam a teia da propriedade privada, eternizando não o morto, mas a necessidade de acumular, de não dividir, de não compartilhar. A mão das iniquidades está ali, nas entrelinhas da legislação, tecendo e sufocando o capital ad eternum sem que ninguém perceba. Se o capitalismo, tal como é hoje, sobreviveu por tantos séculos, agradeça à aranha que o reproduz nas sombras: o Direito de Sucessão.

8.1 - Que reforma básica deverá ser efetuada no Código Civil para criarmos o novo sistema?

A mudança deve acontecer sobre o direito de herança

e de usufruto. Inicialmente, pensei em converter todo o direito de herança em direito de usufruto apenas. No entanto, depois de longos debates e reflexões, deduzi que a pequena propriedade poderia continuar se perpetuando eternamente sem problemas. Ela não produz desigualdades, ou seja, ela não coloca ninguém em vantagem para competir. A acumulação acontece em torno das grandes propriedades: são as grandes aranhas e não as pequenas as verdadeiras donas do poço de riquezas, conforme expliquei nos capítulos iniciais. No entanto, o excedente de riquezas nas mãos de alguns não é a chave misteriosa para as graves desigualdades sociais. Esse excedente só se torna problema quando serve para colocar em posição vantajosa alguém que, sem o socorro de terceiros, estaria na mesma raia de disputa de seu concorrente. É o caso dos herdeiros, que já começam a corrida com pontos à frente, quando sem a herança estariam equiparados aos demais.

Tal distorção gera intervenções do Estado, completamente desnecessárias num sistema usufrutuarista. Atualmente, tendo a obrigação de também socorrer os deserdados da fortuna para assim tentar emparelhar os concorrentes na pista de corrida, o Estado recorre a bolsas, cotas, uma infinidade de políticas públicas de cunho mais social. Afirmo, no entanto, que bastaria corrigir a distorção na origem, no Código Civil (direito de sucessão, usufruto, tipos de bens etc.), e a mão do Estado poderia se aquietar.

A melhor estratégia tampouco é atacar ou bater de frente com a grande propriedade, muito menos eliminar seus donos. A tática perfeita consiste em diluí-la, tentar o desmoronamento da represa pela parte subterrânea — secar o pus da ferida com homeopatia, desfazer-se das células adiposas sem cortar na carne o capital.

8.2 - Como se dá a conversão do direito de herança em usufruto?

Classificamos os patrimônios deixados em herança em dois tipos e dois subtipos:

a) Tipo I: Patrimônio móvel (carros, iates, animais, joias, objetos de arte, exceto ações)

a.1 - Patrimônio móvel cuja soma dos bens seja inferior a 500 SMs.

a.2 - Patrimônio móvel cuja soma dos bens, seja superior a 500 SMs.

b) Tipo II: Patrimônio imóvel (propriedades imóveis, empresas e ações)

b.1 - Patrimônio imóvel cuja soma dos bens seja inferior a 2000 SMs.

b.2 - Patrimônio imóvel cuja soma dos bens seja superior a 2000 SMs.

A conversão do direito de herança para o de usufruto será efetuada sobre os seguintes patrimônios:

Tipo I a.2: patrimônio móvel superior a 500 SMs.

Tipo II b.2: patrimônio imóvel cuja soma ultrapasse o valor de 2000 SMs.

Em seguida, classificamos as pessoas quatro categorias diferentes:

DPS = Dono do próprio suor;
DSA = Dono do suor alheio (do falecido);
USA = Usufrutuário do suor alheio (do falecido);
DSS = Dono do suor social.

Serão considerados DSA (donos do suor alheio) os herdeiros/ sucessores dos patrimônios tipo I. a.1 e tipo II. b.1.

Serão considerados USA (usufrutuários do suor alheio) os herdeiros/ sucessores dos patrimônios: tipo I. a.2 e tipo II. b.2.

Será considerado DPS (dono do próprio suor) qualquer pessoa que adquiriu bens móveis e imóveis durante a sua vida pelo próprio esforço.

Será considerado DSS qualquer pessoa que tenha adquirido bens do usufruto através dos leilões públicos.

Uma mesma pessoa pode estar incluída em uma ou mais dessas categorias. Você pode ser um simples DPS (dono do próprio suor), mas pode ser também, além disso, um DSA (dono do suor alheio) e um USA (usufrutuário do suor alheio).

8.3 - Por que classificar as categorias de herdeiros?

Essa classificação é importante porque, quando esses herdeiros morrerem, o novo Código Civil deverá deixar bem claro o que será dividido entre os sucessores, o que será usufruído e o que ficará disponível para leilão. Os cartórios de registros civis, os de patrimônios móveis e imóveis e a Receita Federal precisam identificar pessoas e patrimônios. Como a mudança prevê regulações no direito de herdar e usufruir, faz-se indispensável definir, identificar e separar herdeiros comuns de usufrutuários. Como eles vão transmitir os seus bens? É como desenhar a cadeia genética da propriedade privada.

8.4 - O que deixo para meus sucessores, num estado do usufruto?

8.4.1 - Você deixa para seu sucessor se tornar o futuro dono, ou seja, proprietário de fato

a) O conjunto de bens móveis, exceto ações, adquiridos com o próprio suor, até 500 SMs. Os sucessores têm o direito de se tornarem proprietários dos bens deixados por um falecido DPS (dono do próprio suor). Ao herdarem, eles serão classificados na categoria DSA (donos do suor alheio) de bens do tipo I. a.1 (patrimônio móvel inferior a 500 SMs).

b) O conjunto de bens imóveis, empresas e ações, adquiridos com o próprio suor, cuja soma seja inferior a 2000 SMs. Os sucessores têm o direito de se tornarem proprietários dos bens deixados por um DPS (dono do próprio suor). Ao herdarem, eles serão classificados como DSA (donos do suor alheio) de bens do tipo II. b.1 (patrimônio imóvel, incluindo empresas e ações, tudo com valor inferior a 2000 SMs). Essa categoria de sucessores — DSA do patrimônio tipo I. a.1 e do tipo II. b.1 — poderá tanto usar quanto vender os patrimônios herdados. Quanto à doação, também poderá fazê-la, mas respeitadas as regras impostas pelo novo Código Civil, que serão explicitadas mais adiante.

c) O patrimônio móvel (até 500 SMs) e imóvel (até 2000 SMs) que você herdou, ou seja, adquiriu com o suor alheio, tornando-se dono e não apenas usufrutuário. Aqui notamos uma sutil diferença: os sucessores terão direito de se tornarem proprietários dos bens deixados por DSA (dono do suor alheio), mas vejam que esta categoria se replica, os sucessores viram cópia categórica do falecido. Ao herdarem, serão classificados como herdeiros da categoria DSA, mas diferente, um DSA(2) de bens do tipo I. a.1 e/ou do tipo II. b.1, conforme for o caso.

Quando acontecer essa duplicação, isto é, se um sucessor se tornar DSA de categoria idêntica à do falecido e herdar os tipos de bens I. a.1 e/ou II. b.1, tal categoria de sucessor deverá receber uma identificação/ rubrica diferente no cartório de registro de bens móveis/ imóveis e na declaração de imposto de renda, para diferenciá-lo dos demais. Esses tipos de patrimônio (I. a.1 e II. b.1) de falecidos, tanto da categoria DSA (dono do suor alheio) como DPS (dono do próprio suor), que transformam os herdeiros nessas mesmas duas categorias (DSA e DPS), nunca serão convertidos em usufruto no futuro. Isso é muito importante!

8.4.2 - Você deixa para seu sucessor se tornar usufrutuário, e não proprietário de fato

a) Os bens móveis (exceto ações), adquiridos com o próprio suor, cuja soma seja superior a 500 SMs. Percebam como as coisas mudam de figura: nesse caso, existe um DPS (dono do próprio suor) transformando os sucessores em USA (usufrutuários do suor alheio). Tais sucessores serão classificados como herdeiros da categoria USA, de bens do tipo I. a.2 (patrimônio móvel de valor superior a 500 SMs).

b) Os bens imóveis, empresas e ações, adquiridos com o próprio suor, cuja soma seja superior a 2000 SMs. Aqui também temos um DPS (dono do próprio suor) transformando sucessores em USA (usufrutuários do suor alheio). Os sucessores serão classificados como herdeiros da categoria USA, de bens do tipo II. b.2 (patrimônio imóvel de valor superior a 2000 SMs).

8.4.3 – Você não deixa de herança e nem para o usufruto do sucessor

a) Os bens móveis e imóveis com valores superiores a 500 e 2000 SMs, respectivamente, dos quais você era apenas um usufrutuário. Chegamos ao ponto onde a cadeia de perpetuação da grande propriedade trava: se acima existe um ponto de mutação, um códon que reinicia o processo de gênese do sistema, aqui ele cessa. É zero. A acumulação tem seu prazo de validade definido. Uma pessoa da categoria USA (usufrutuário do suor alheio) não transmitirá mais para os sucessores o seu "gene" patrimonial. Os falecidos da categoria USA portadores de bens do tipo I. a.2 e II. b.2 não fazem sucessores. Em vez de replicar, o "gene" da acumulação de bens é interrompido, estanca. A bolha fura. O furo, porém, implicará no esvaziamento de um balão e no aumento de volume de oxigênio na atmosfera. Não significará a estagnação do sistema, porque se multiplicam as categorias acima, especialmente a dos DSA com pequenas propriedades.

Resumindo, a terceira geração, não será dona nem usufrutuária do patrimônio móvel superior a 500 SMs e nem do patrimônio imóvel que exceder 2000 SMs que já foram usufruídos uma vez. O direito de usufruir morre com o usufrutuário, não é repassado para a geração seguinte, com uma única exceção: se você tiver deixado menores, incapazes, deficientes ou pessoa muito carente, e o patrimônio fruto de suor não garantir a subsistência dos mesmos.

8.5. Qual o ponto de mutação do novo código que permitirá que as pessoas jurídicas cresçam, em termos econômicos?

Haverá um ponto de mutação no novo Código Civil. O usufrutuarismo deixa alguns recursos à disposição das pessoas jurídicas, para crescerem e não se acomodarem, principalmente os pequenos proprietários dos meios de produção.

Como assim? Meu filho, por exemplo, pode se tornar dono de uma pequena empresa ou de uma loja que lhe deixei de herança, cujo valor era inferior a 2000 SMs. Morri sem fazer esse patrimônio evoluir muito. Todavia, suponhamos que, ao herdá-la, meu filho conseguiu fazer esse empreendimento crescer tanto que passou a valer muito mais de 2000 SMs. Nesse caso, qualquer empresa que, adquirida pelo suor alheio, passe a valer muito mais depois, nas mãos do sucessor, não será convertida em usufruto. Passará de geração a geração. Confiram: uma loja herdada, no valor de 1800 SMs, triplicou de valor nas mãos do sucessor, de forma que quando este veio a falecer a loja já valia 5600 SMs. Se, com o tempo, esse tipo de pequeno empreendimento sofreu uma grande valorização, ultrapassando o valor de 2000 SMs, ele poderá ser repassado às outras gerações na condição de usufrutuárias da empresa.

Porém, se na geração seguinte, a loja não tiver crescido, ou ainda, se tiver diminuído de valor em comparação à geração anterior, mas continuar valendo mais de 2000 SMs, ela servirá apenas para usufruto dos herdeiros seguintes. Basta acompanhar o histórico da empresa: na minha época, valia 1800 SMs. Foi herdada pelo meu filho, que trabalhou tanto até fazê-la valer 5600 SMs. Por causa desse salto, a empresa pode quebrar a regra e ser usufruída por meu neto. No entanto, o rapaz, muito displicente, não deu continuidade às conquistas do pai. A loja só teve prejuízo, e passou a valer 2500 SMs. A geração seguinte não poderá usufruí-la, pois a que a precedeu fez despencar o valor do patrimônio. A loja será leiloada e qualquer um poderá adquiri-la, inclusive o parente distante que se sentir mais apto a tocar os negócios.

E se aquele meu neto foi tão displicente que a loja passou a valer não 2500 SMs, mas apenas 1000 SMs? De qualquer forma irá a leilão, pois o direito de usufruir da empresa pertence apenas à segunda geração, salvo se as demais trabalharam nela e contribuíram para mantê-la ou torná-la mais próspera. Vale ressaltar que isso serve apenas para o caso de empresas. Os demais bens móveis e imóveis continuam seguindo a regra geral.

O fato de resguardar do leilão uma empresa que só cresceu nas mãos dos usufrutuários deve ser visto como um prêmio, um estímulo à família que deseja realmente frutificar as sementes plantadas pelos pais, em vez de apenas colher os frutos. Não basta apenas ganhar o peixe, deve-se aprender a pescar.

Por isso, é mister que sejam bem especificados e marcados no usufrutuarismo: os tipos de patrimônio; as categorias dos donos; as categorias dos herdeiros; e a evolução das pequenas empresas. A Receita Federal e os cartórios precisam imprimir uma marca, criar rubricas de identificação para os bens deixados em herança, seus antigos proprietários e futuros herdeiros ou usufrutuários: bens para o usufruto recebem uma marca, bens de herança recebem outra e bens virgens (adquiridos pelo próprio suor) outra ainda, e assim por diante.

8.6 - Como a herança atravessa três gerações

Antônio morreu e deixou para seu filho Pedro um conjunto de bens móveis (joias, iate) avaliados em 100 SMs e de bens imóveis (casa e lotes) no valor total de 1300 SMs. Logo, o patrimônio móvel e o patrimônio imóvel serão herdados por Pedro, que passará à condição de dono do suor alheio (DSA) dos dois tipos de patrimônio. Por quê? A totalidade dos bens móveis foi inferior a 500 SMs e a de bens imóveis menor que 2000 SMs. Poderá usar ou vender à vontade os patrimônios herdados.

Pedro, além de herdar os dois tipos de patrimônio menos valiosos de Antônio, também adquiriu por esforço próprio, em vida, um patrimônio móvel avaliado em 800 SMs e um patrimônio imóvel avaliado em 3000 SMs. O que Joaquim, filho de Pedro, herdará? Ele ficará com os bens deixados por Pedro e adquiridos por este à custa do próprio suor. Como os patrimônios de Pedro, colhidos por esforço próprio, ultrapassam 2000 SMs, Joaquim será apenas usufrutuário desses últimos.

E se, por acaso, Antônio tivesse deixado 800 SMs em patrimônio móvel e 1000 SMs em patrimônio imóvel? Pedro seria apenas o usufrutuário dos bens móveis, porque o valor total deles ultrapassa 500 SMs e, nesse caso, essa parte da herança é convertida em usufruto. No entanto, seria o dono do patrimônio imóvel, porque o valor é menor que 2000 SMs e não precisa ser convertido em usufruto. Já o patrimônio móvel poderá ser usado, dele se extrair renda; poderá ser emprestado, mas não vendido. O patrimônio imóvel do qual se tornou dono poderá ser vendido ou usado como lhe aprouver.

A vida segue, e Pedro morreu na condição de usufrutuário do patrimônio móvel do pai. Além disso, Antônio também havia deixado para usufruto do pai falecido uma pequena empresa no valor 1000 SMs. Mas seu pai Pedro investiu tanto na empresa, que, no dia de sua morte, ela já valia 3000 SMs. Como era um homem muito empreendedor, Pedro ainda adquiriu por esforço próprio um patrimônio móvel avaliado em 500 SMs e um patrimônio imóvel avaliado em 1800 SMs. Nesse caso, o que seu filho Joaquim herdará e de qual patrimônio será apenas usufrutuário?

a) O patrimônio móvel do qual Pedro era usufrutuário será leiloado e a renda do leilão convertida em projetos sociais (conforme explicitado anteriormente), pois o direito de usufruir morre com a segunda geração. Joaquim, que como neto pertence à terceira, não terá direito a ele. O mesmo aconteceria se Pedro fosse também usufrutuário de patrimônio imóvel.

b) Em relação à empresa de 1000 SMs, que Pedro herdou de Antônio, da qual se tornou dono e fez com que crescesse consideravelmente, até chegar a valer 3000 SMs, Joaquim a herdará, apesar do valor estar acima do limite estipulado no novo Código Civil. Trata-se, aqui, daquele caso especial, no qual o legislador "dá uma recompensa ou reconhece o mérito" da pequena propriedade familiar em franco desenvolvimento. Porque o empreendimento, tal qual um broto novo, demonstrou vigor e vontade de crescer, e não faz sentido podá-lo ou transferi-lo para outro jardineiro. Credita-se a Joaquim a confiança de continuar fazendo a empresa prosperar.

c) Quanto aos patrimônios móvel e imóvel que Pedro adquiriu por esforço próprio, Joaquim também será o novo dono dele, tendo em vista que o móvel vale até 500 SMs e o imóvel menos de 2000 SMs.

Em outro cenário, Pedro morreu como usufrutuário de uma empresa deixada por Antônio no valor de 5000 SMs. Além disso, era usufrutuário também do patrimônio móvel de

Antônio, avaliado em 1000 SMs. Conseguiu ainda, por esforço próprio, juntar patrimônio móvel próprio no valor de 300 SMs e patrimônio imóvel no valor de 1000 SMs. O que caberá a Joaquim herdar e usufruir?

a) O patrimônio usufruído por Pedro não fica para usufruto de Joaquim. Será objeto de hasta pública. Note-se que a figura do usufrutuário só existe em relação a patrimônio móvel e imóvel cujos valores excedem 500 e 2000 SMs, respectivamente. Os bens deixados para usufruto de alguém nunca são herdados ou usufruídos pelas gerações seguintes, salvo a exceção já explicitada acima (menores, incapazes etc.). Porém, no caso de empreendimento comercial ou industrial, se Joaquim trabalhou com o pai na empresa e com seu concurso a empresa cresceu consideravelmente, Joaquim poderá requerer o direito de continuar o usufruto do pai. Desde que prove sua contribuição ou trabalho junto ao pai e mostre as curvas de crescimento da empresa durante o período em que participou dela, poderá continuar usufruindo da empresa do avô, tal qual seu pai Pedro.

b) Em relação aos patrimônios móvel e imóvel, adquiridos por esforço próprio de Pedro, Joaquim será o dono deles, tendo em vista os valores dos mesmos.

8.7 - Como fica a cobrança de impostos sobre a herança?

Herdeiros pagam impostos (ITDMC) proporcionais ao valor do patrimônio adquirido, na condição de donos do suor alheio conforme a Tabela 2. Usufrutuários não pagam imposto sobre herança, mesmo porque não se tornam herdeiros, donos, mas apenas usufrutuários dos bens.

8.7.1 - O que significa essa conversão em termos práticos?

Os "sucessores" de patrimônios milionários terão o direito de usufruir dos bens móveis e imóveis deixados pelo de cujus. Usufrutuários podem usar, emprestar, arrendar, auferir lucros com o uso e até mesmo doar os bens por testamento a instituições assistenciais ou de fins culturais, sem fins lucrativos, religiosas ou partidárias. Só não podem vender esse patrimônio adquirido por herança.

Uma vez tendo sido usufruído, ou seja, com a morte do usufrutuário, os patrimônios móvel e imóvel acima de 500 e 2000 SMs, respectivamente, serão oferecidos em hasta pública, para quem der o melhor lance. A renda do leilão será revertida em projetos sociais selecionados pela comunidade local, com vistas a melhorar a qualidade de vida das pessoas carentes.

Daí a importância do voto 100% distrital e da autonomia para arrecadar nos pequenos municípios, e também o estímulo à participação popular, pontos defendidos nas reformas política e tributária do usufrutuarismo.

As consequências práticas dessas medidas serão: diminuição da bolha de bens excedentes na sociedade, sem prejudicar proprietários; a redistribuição das riquezas, sem empobrecer os ricos; a constante reciclagem da economia, sem deixar que os pobres continuem pobres.

8.8 - Como fica, no usufrutuarismo, o direito de adquirir propriedades e a desapropriação?

O direito de adquirir propriedades e se desfazer delas permanece inalterado durante a vida de seus proprietários. Por exemplo, Antônio poderá comprar quantos bens quiser para si e também para seu filho Pedro, para sua mulher, para quem desejar. O que comprar no nome deles será deles. Exatamente como acontece hoje.

8.8.1 - Não haverá desapropriação imediata das grandes propriedades e patrimônios valiosos?

Não haverá desapropriação em momento algum, mesmo porque você desapropria proprietários, não pessoas com a expectativa de um dia se tornarem proprietárias de algo para cuja obtenção sequer trabalharam. O que acontecerá em relação à grande propriedade é que, na terceira geração, depois de falecidos os usufrutuários, essas propriedades e bens de valor elevado entram no mercado de concorrência pública. Só não ficarão disponíveis para leilão, enfatizo, os bens de usufrutuários que, ao falecer, tenham deixado menores, incapazes ou deficientes sob sua guarda.

Porém, adquirida a maioridade ou cessada a incapacidade, esses bens serão destinados ao leilão. Portanto, o sistema usufrutuarista não elimina o direito à propriedade privada, fruto da economia capitalista. Apenas lhe dá uma história de vida diferente da que existe atualmente. Na terceira safra, os frutos maiores e mais suculentos são colocados no mercado, para que todos possam adquiri-los. Por outro lado, os pequenos proprietários ficarão protegidos, o direito ao usufruto não os afetará e tampouco ao patrimônio da maior parte da classe média.

Quem, hoje, possui vários bens com valores superiores a 500 e 2000 SMs? Que porcentagem da população? Uma minoria, apenas. Vale ressaltar ainda que os que possuem um patrimônio considerado bastante razoável para os dias atuais também não serão expropriados, nem deixarão filhos e esposa a descoberto.

Se assim o desejarem, os usufrutuários podem usar seus bens para se tornarem ricos através do próprio esforço. O grande proprietário estará ensinando os seus a pescar, em vez de simplesmente lhes dar o peixe morto para que dividam entre si.

8.9 - Quais as consequências das mudanças no plano social?

Essa simples conversão do direito de herança em direito de usufruto, incidindo sobre patrimônios móveis superiores a 500 SMs e imóveis que excedam que 2000 SMs, proporcionará a criação, de forma amena, de um Estado cada vez mais rico para todos. Acredito que a alteração no Código Civil é a chave para transmutar o sistema atual num modelo dinâmico de produção e repartição de riquezas, muito diferente da sistemática do capitalismo e do socialismo conhecidos, uma alternativa, um remédio para os males sociais, e extraído do próprio veneno.

8.10 - Se o usufrutuarismo fosse implantado hoje, quando a mutação do capitalismo ficaria visível?

Com as reformas política, tributária e trabalhista aqui discutidas, a economia e sociedade já sentiriam o ar renovado, um oxigênio diferente circulando na atmosfera, proporcionando alívio em muitos setores e alterando a paisagem social com a mesma força que a revolução industrial.

Assistiríamos a um novo esplendor na Terra, digo, no planeta, porque o Brasil estaria para as mudanças como a Inglaterra esteve para a Revolução Industrial. Rapidamente, o novo modelo alastrar-se-ia. No entanto, a configuração final do sistema, ou seja, a formação completa do sistema, o momento de fartura de frutos, prontos para serem divididos entre todos, sem esgotar os recursos ou estagnar a economia, deveria ocorrer daqui a duas gerações.

Hoje, romperíamos as paredes subterrâneas do poço; e o nível da água cresceria, cresceria, até o transbordamento final, que ocorreria na 3ª geração — um processo parecido à gestação, formação do embrião, crescimento do feto e, finalmente, o parto. Daí para frente, não haveria mais poço, apenas um rio caudaloso de riquezas, cujo destino seria o de se transformar em oceano.

Se eu morresse hoje numa sociedade usufrutuarista, deixando fortuna, essa fortuna só cairia no mercado de leilões, provavelmente, quando meus netos já fossem maiores de idade. Antes disso, meus filhos teriam a oportunidade de extrair o sumo necessário para sobreviver, e progredir mais do que eu. No modelo capitalista atual, se eu fosse milionária e morresse hoje, meus netos dificilmente se apropriariam de minha herança. Concorreriam à herança não só eles, mas suas esposas, talvez meus sobrinhos e suas mulheres e ex-mulheres, os filhos dos meus ex-maridos e por aí vai... O espólio, em geral, ganha um impressionante volume de terceiros interessados e interesseiros. Isso, quando ninguém morre no meio da ação de inventário...

Enfim, pelo menos na classe média, raramente encontramos um neto feliz porque herdou algo dos avós. A maioria ou não tem nada para herdar ou, do que teria, nada sobrou de substancial para alegrá-lo.

8.11 - Como a comunidade local, as pessoas de um bairro, saberão que existem bens disponíveis deixados pelos usufrutuários e como farão para dividi-los?

Quanto à administração dos bens pela comunidade, não será difícil. Assim que um usufrutuário vier a falecer, o sistema informatizado do cartório civil comunica aos sistemas informatizados do cartório de imóveis e à Receita Federal a ocorrência do óbito. Informa também aos demais cartórios e à Receita Federal se o falecido deixou menores, incapazes e dependentes. Caso tenha filhos nessa situação, os bens não vão a leilão, ficam para usufruto dos menores e incapazes.

Evidentemente, o cartório de bens e imóveis já terá registrado o fato de que Pedro era um usufrutuarista: seu pai Antônio, ao falecer, lhe deixou bens para o usufruto. A Receita

Federal, por sua vez, já terá nos seus sistemas o registro da vida patrimonial de todos os contribuintes.

Os proprietários deverão ter rubrica própria, diferente da rubrica dos usufrutuários. Os bens de usufruto e de propriedade já devem estar listados e bem definidos nas declarações de renda, principalmente porque, com a reforma tributária prevista no usufrutuarismo, dificilmente algum bem ficará oculto.

O cartório de bens e imóveis verifica se não há penhora ou cobrança sobre os bens usufruídos por Pedro e, junto com a Receita Federal, remetem para o sistema da prefeitura uma lista de "bens valiosos" deixados pelo usufrutuarista. Essa lista ou relatório será sempre disponibilizada à comunidade. Os leilões são marcados e amplamente divulgados. Sugiro que tenha uns dois leilões por ano.

Na lista, devem constar: o nome do usufrutuarista falecido, no caso, Pedro; o tipo e descrição dos bens; a localização; o valor monetário do bem; a incidência ou não de ônus e o valor das dívidas e ônus, quando houver. Tudo que o Estado precisará é de um sistema moderno e inteligente de integração e comunicação de dados entre cartórios de todo o país, Receita Federal e prefeituras. Um banco de dados único casará todas essas informações.

8.12 – Como e quando serão marcados os leilões e como as pessoas farão para eleger o melhor projeto social para aplicar sua renda?

De posse da listagem e relatório fornecidos online pelos cartórios e Receita Federal, a prefeitura, em datas pré-definidas e duas vezes ao ano, convocará a população para ciência do leilão. Os moradores dos bairros e regiões da cidade onde os bens se localizam podem se reunir em assembleias ou mesmo fazer uma votação, nos sites da prefeituras ou em urnas físicas, para eleger os melhores projetos apresentados pelas organizações sociais não governamentais, que ficarão com a renda arrecadada nas hastas públicas para aplicá-la junto à comunidade de baixa renda daquele bairro/ região.

Antes de se escolher qualquer projeto, algumas normas devem ser obedecidas:

a) terá prioridade, como beneficiário do projeto, o parente mais próximo do falecido que se encontra desempregado ou em situação de carência;

b) na ausência de parente desempregado ou na miséria, os destinatários da renda dos leilões de bens e beneficiários dos projetos serão as pessoas de baixa renda do bairro; o ideal é que toda prefeitura tenha um cadastro dessas pessoas, sempre atualizado.

c) as prefeituras devem ter um banco de projetos sociais assinados por ONGs e instituições sem fins lucrativos, políticos ou religiosos, que poderão ser aproveitados e concorrer à votação.

d) as prefeituras devem encarregar um gestor público e um grupo de conselheiros e sociólogos para conduzir e orientar as assembleias em suas decisões e apresentar um quadro de propostas e projetos viáveis para serem votados; aos gestores e conselheiros públicos, funcionários concursados das prefeituras, caberá argumentar sobre as sugestões apresentadas, observando-se sempre o princípio da sensatez e sustentabilidade das propostas; caberá também ao gestor providenciar capacitação profissional e orientar as famílias carentes beneficiadas pelas decisões.

e) A população interessada deve eleger os projetos que melhor atendam aos interesses sociais de sua comunidade, priorizando o atendimento às pessoas de baixa renda, e que contribuam para gerar emprego, renda, escolaridade, capacitação e consciência ecológica.

8.13 - Qual a importância dos gestores e administradores públicos durante as assembleias de votação para escolha dos projetos?

Como podem observar, será de suma importância no usufrutuarismo o papel de administradores e gestores públicos como apoio à comunidade. Seria bom que eles comparecessem às assembleias de com o estudo dos casos já preparado. Explicassem ou tornassem público, sempre em linguagem acessível e simples, o conteúdo dos projetos. A votação e a palavra final serão das pessoas do bairro.

8.14 - Quais os benefícios a médio e longo prazo?

Com o passar do tempo, não haverá mais famílias pobres e miseráveis morando em bairro nenhum. Caberá aos agentes públicos da prefeitura, ao povo, aos órgãos de controle e ao judiciário monitorarem as ações das ONGs e a aplicação dos recursos nos projetos, exigindo-lhes prestação de contas e submetendo-as aos tribunais de contas, conselhos municipais, conselhos de classe, sindicatos etc. Quanto mais transparente e divulgado, melhor. O Banco do Usufruto municipal — lembram-se do gráfico dos orçamentos lá no alto? — poderá usar suas reservas para capacitar profissionalmente os moradores e pessoas desempregadas.

Por isso, digo, as reformas são todas casadas e foram minuciosamente estudadas para uma servir de apoio à outra.

8.15 - O estado do usufruto é um estado de proprietários?

Sim, é um contrato social onde todos se tornam proprietários. Esse contrato não extingue a propriedade privada e nem impede que as pessoas acumulem fortunas em vida. A intenção é fazer com todos usufruam, não só dos bens, mas dos prazeres e dos talentos, enfim, que todos possam transformar a vida em puro gozo. Que trabalhem não só para sobreviver, mas também naquilo que gostam, tenham tempo para cuidar da família, criar os filhos, desenvolver aptidões artísticas e intelectuais, que usem e abusem das coisas boas enquanto estão vivos.

A única diferença entre a propriedade privada no capitalismo atual e no usufrutuarismo é que neste último a posse das grandes propriedades deixa de ser eterna e passa a ter um prazo de validade — um prazo bem longo, diga-se de passagem. Mas o fato de conferir a elas um tempo de existência não significa que morrerão ou deixarão de existir para sempre.

Não se tornam bens do Estado. Ganharão roupas novas, uma nova função, novos donos. Por isso, conceituo o usufrutuarismo como um transcapitalismo — a passagem de uma condição para outra. As grandes propriedades podem se transformar em qualquer coisa, até mesmo em outra propriedade tão ou mais lucrativa.

A acumulação se dilui, as paredes internas do poço cedem e ele se transforma em rio. A água corre para todos. O efeito disso é a circulação da riqueza, energias fluindo. Não é a "pobreza" dos ricos, mas o enriquecimento dos "pobres". E quanto mais ricos os pobres ficam, mais a economia cresce, o mercado aquece e os milionários enriquecem.

8.16 - O estado fica com alguma coisa, assume o controle da propriedade?

Não, o Estado participa apenas como uma espécie de árbitro. Os cartórios de registro civil, de bens e imóveis e a Receita Federal comunicam às prefeituras a ocorrência dos fatos geradores: morte de alguém, bens destinados à herança ou usufruto, valores, terceiros envolvidos (menores, incapazes, idosos, deficientes). As prefeituras emitem os relatórios, "marcam os jogos", fazem um calendário de leilões; organiza e cadastra projetos sociais de entidades não governamentais com perfil mais eficiente; fazem também um calendário para apresentação e votação desses projetos e pronto.

O papel do Estado será colocar em funcionamento um sistema de dados inteligente, uma rede bem integrada e informatizada. Nada complicado: coleta, informa, cruza dados, publica relatórios. As pessoas comunicam aos cartórios os nascimentos, casamentos e óbitos. Ao realizar suas transações de compra, venda ou doações de bens, os contribuintes pagam impostos e registram automaticamente esses bens junto à Receita.

Acho que nos falta apenas esse sistema informatizado integrando cartórios, Receita e prefeituras, uma rede tecnológica de grande serventia. No caso das prefeituras, que dependerão da Receita Federal para liberar o produto de sua arrecadação, o ideal é que esse sistema integrado já fosse criado imediatamente. Sugiro que os próprios cartórios se unam para financiar esse sistema informatizado integralizado o mais rápido possível.

8.17 - Como ficam as dívidas, os passivos deixados pelo de cujus?

Os herdeiros, usufrutuários ou futuros proprietários "herdam" as dívidas, que acompanham os bens imóveis, principalmente. No caso de imóveis financiados existem seguros que liquidam o débito do financiamento quando do falecimento da pessoa que os financiou. Quando houver outros credores, observaremos os mesmo critérios de hoje:

a) Bens que servirem de moradia aos herdeiros ou usufrutuários ou como única fonte de renda não podem ser penhorados;

b) O credor poderá tomar para si todos os bens necessários ao pagamento das dívidas deixadas pelo de cujus, não importa nas mãos de quem estejam os bens;

c) Dívidas não cobradas judicialmente prescrevem no prazo de cinco anos;

d) Se bens do usufruto, carregados de ônus, forem disponibilizados para o leilão, o credor terá o direito de receber pelo pagamento da dívida quando o bem for arrematado.

Enfim, em relação aos credores, nada melhora nem piora no usufrutuarismo.

8.18 - Como fica a questão da reforma agrária no usufrutuarismo?

Qualquer propriedade, urbana ou rural, será aproveitada pelos usufrutuários da forma que lhes for conveniente enquanto estiver em suas mãos. Somente mais tarde, com a morte do usufrutuário, ela poderá ser colocada no mercado.

Se, antes disso, o Estado decidir pela reforma agrária, então, sugiro que no lugar de desapropriações conceda à comunidade a ser assentada não a posse, mas o usufruto do latifúndio. Que além do usufruto sejam dados os insumos, adubos, maquinários e treinamento às novas famílias para lidar com a agricultura de forma sustentável. O fornecimento deverá ser realizado mediante empréstimo ou cartão de crédito com limites razoáveis e específicos, apenas para compra de materiais referentes ao agronegócio. Depois de dois anos, assim que as terras se tornarem produtivas e as famílias começarem a lucrar e colher os frutos de seus esforços, elas poderão pagar/ devolver ao Estado o empréstimo ou crédito fornecido. A família assentada poderá assim, com o decorrer do tempo, até mesmo comprar a terra e se tornar a proprietária de seu quinhão.

8.19 - O que acontece se um bem acima de 500 SMs for doado em vida a um filho?

Esse tipo de doação obedecerá às seguintes regras:

a) Não poderá ser feita por maior de 60 anos, incapaz ou deficiente;

b) A doação será sempre sem reserva de usufruto;

c) A doação deverá ser feita apenas para uma única pessoa ou instituição assistencial, educativa, sem fins políticos, lucrativos ou religiosos;

d) O beneficiado fica impedido de vender o bem para o doador, pelo prazo de 10 anos;

e) Sobre a doação será cobrado um imposto de no mínimo 35% do valor do bem.

Isso considerado, será melhor para um pai comprar novos imóveis para o filho do que proceder à doação. O código civil usufrutuarista cria essas restrições com o fim de impedir que burlem o sistema. Se eu, por exemplo, ainda em vida, quiser passar minha fazenda para um filho, terei de fazer uma manobra complicada e arriscada: alguém comprará minha fazenda, eu compro o mesmo imóvel de volta, mas somente depois de um prazo estipulado por lei posso dá-lo de presentear ao meu filho. De qualquer forma, como a doação não poderá mais ser com reserva de usufruto, ficarei sem o imóvel. Nessa manobra, sairei perdendo, deixarei de ser proprietária, ou me tornarei uma espécie de proprietária-suicida.

O importante é que, durante o processo, a bolha da acumulação fura em algum lugar. Além do mais, comprar de lá e vender de cá é uma atividade que gera impostos e mais impostos, e acaba repartindo o bem com o Estado por vias indiretas. Por isso, é importante também que as propriedades sejam taxadas com alíquotas proporcionais ao seu valor. Quanto mais valiosas, maior o percentual de imposto, conforme tabela de tributos neste livro.

Por outro lado, aquilo que eu comprar para um filho será dele sem restrição. Ele se torna o proprietário.

8.20 - Como a legislação regulará a herança e o usufruto?

As respostas para esta questão são de suma importância, pois aqui residem as tais estratégias neonapoleônicas. O legislador precisará ser muito inteligente para proteger o usufrutuarismo; deverá pensar em tudo para que o sistema não seja burlado. Em linhas gerais, fica estabelecido que:

— Será considerado herança o conjunto total de bens deixado por um morto;
— A herança será composta por três tipos de patrimônio: móvel, imóvel e de usufruto;

a) Patrimônio móvel de herança é o conjunto de bens como: animais de raça, joias, automóveis, aviões, iates, obras de arte, dinheiro em conta corrente, aplicações, poupanças cuja soma de valores não ultrapasse 500 SMs;

b) Patrimônio imóvel de herança é o conjunto de bens como: propriedades urbanas e rurais, empresas e ações cujos valores somados não ultrapassem 2000 SMs;

c) Patrimônio de usufruto é o conjunto de bens móveis e imóveis deixados de herança, cujo valor apurado seja superior a 500 SMs para o patrimônio móvel e a 2000 SMs para o patrimônio imóvel.

— Herdeiro de patrimônio móvel é o sucessor legal que se tornar dono do patrimônio móvel deixado pelo de cujus; herdeiro do patrimônio imóvel é o sucessor do patrimônio imóvel deixado pelo de cujus; herdeiros se tornam donos dos patrimônios adquiridos por herança, podendo usar e vender;

— Usufrutuários não se tornam donos do patrimônio de usufruto; portanto, podem usá-lo, alugá-lo, auferir renda, arrendá-lo, mas não podem vendê-lo;

— Passam a existir quatro categorias de pessoas em relação ao patrimônio: os donos do próprio suor, os donos do suor alheio, os usufrutuários do suor alheio e os donos do suor social;

a) Donos do próprio suor são proprietários do patrimônio móvel, imóvel que construíram; quando morrem, transformam seus sucessores em futuros donos do patrimônio móvel e do imóvel e/ou em usufrutuários;

b) Donos do suor alheio são os futuros proprietários do patrimônio móvel e imóvel deixado por um falecido;

c) Usufrutuários do suor alheio são os futuros usufrutuários do patrimônio de usufruto deixado por um falecido;

d) Donos dos suor social são pessoas da sociedade que adquiriram através de leilão patrimônio deixado por usufrutuários.

— O de cujus, os herdeiros e os usufrutuários podem ser simultaneamente: donos do próprio suor e donos do suor alheio; donos do próprio suor e usufrutuários do suor alheio; donos do próprio suor + donos dos suor alheio + usufrutuários do suor alheio; somente donos do suor alheio; somente usufrutuários do suor alheio.

a) Donos do próprio suor e donos do suor alheio podem transmitir patrimônios para outras gerações;

b) Usufrutuários do suor alheio não transmitem patrimônio de usufruto para outras gerações; o direito de usufruir morre com o usufrutuário, salvo se, na ocasião de sua morte, houver deixado menores, incapazes, deficientes ou parentes com carência financeira, e os bens deixados em herança não forem suficientes para lhes garantir a sobrevivência.

— Sucessores legais na ordem de preferência: 1) filhos menores, incapazes, deficientes e a pessoa que conviveu com o de cujus nos últimos 10 anos (não importa se cônjuge, companheiro, irmão, sobrinho, amigo, filho maior), sendo que 60% do valor será para os filhos e 40% para o companheiro dos últimos dez anos; 2) na ausência daqueles, tornam-se proprietários da herança os filhos maiores (em igual proporção) e os pais (se houver); 3) os netos; 4) instituição social sem fins lucrativos, religiosos ou políticos e/ou pessoa física indicada no testamento; 5) na ausência de todos esses, os bens serão disponibilizados para leilão.

— Os herdeiros, na condição de novos proprietários, pagarão o imposto ITCM, conforme alíquota progressiva simulada na Tabela 2; quanto mais valioso o patrimônio, maior a alíquota a ser cobrada.

— A parte móvel da herança, ou seja, o patrimônio composto pelos bens móveis cujo valor apurado exceder 500 SMs, será convertida em direito de usufruto; os herdeiros não se tornam proprietários, mas usufrutuários dos bens até o fim de seus dias, quando esses bens serão disponibilizados para o mercado, se tornando objeto de hasta pública.

— A preferência ao usufruto segue a mesma ordem do patrimônio herdado; os usufrutuários não pagarão imposto.

— O espólio composto de bens imóveis, empresas e ações, cujo valor for inferior a 2000 SMs será dividido entre os herdeiros, que se tornam seus proprietários legais; a preferência seguirá a ordem já explicitada, sempre privilegiando filhos menores, incapazes, deficientes e, na ausência desses, a pessoa que conviveu com o de cujus nos últimos dez anos; havendo concorrência entre os herdeiros, o patrimônio será assim dividido: 60% do valor total para os filhos menores, incapazes e deficientes e 40% para a pessoa que fez companhia ao de cujus nos últimos dez anos; sobre esse patrimônio incide o ITMC, proporcional ao valor do patrimônio.

— O espólio composto de bens imóveis, empresas e ações, cujo valor for superior a 2000 SMs será convertido em bens para usufruto apenas; os herdeiros tornam-se usufrutuários; a preferência seguirá a ordem explicitada nos itens anteriores, sempre privilegiando filhos menores, incapazes, deficientes e, na ausência desses, a pessoa que conviveu com o de cujus nos últimos dez anos; havendo concorrência, o patrimônio será assim dividido: 60% do valor total para os filhos menores, incapazes e deficientes e 40% para a pessoa que fez companhia ao de cujus nos últimos dez anos.

— Com a morte dos usufrutuários cessa o direito de usufruto e os bens serão leiloados, podendo ser arrematados por qualquer interessado.

Sobre o patrimônio destinado à herança incidirá o ITCM. Sobre o patrimônio destinado ao usufruto não incidirá imposto.

— Idosos, maiores de 60 anos, incapazes e deficientes ficam impedidos de doar em vida seus bens imóveis, empresas e ações.

— Os proprietários de bens imóveis, empresas e ações cujo valor unitário exceder 500 SMs não poderão doar esses bens em vida com reserva de usufruto; toda

doação realizada em vida será feita sem reserva de usufruto, ou seja, o proprietário doará o imóvel, mas não
poderá mais usufruí-lo, ficará sem propriedade; fica eli-
minado do Código Civil o instituto da doação com reserva de usufruto, exceto se a doação for para entidade
assistencial, educacional ou cultural sem fins lucrativos,
religiosos ou políticos.

— Havendo doação em vida, mesmo sem a reserva de usufruto, o doador só poderá efetuar a doação de
um bem por vez, e para uma única pessoa física; se tiver
três casas e quiser doá-las, deverá encontrar três beneficiários distintos e doar uma casa para cada um, tudo
sem reserva de usufruto; os beneficiados serão os novos
proprietários do imóvel, empresa ou conjunto de ações
doados, mas, uma vez o bem doado, os beneficiários não
poderão vendê-lo de volta ao doador pelo prazo mínimo
de 10 anos, a contar da data da doação.

— Sobre as doações de imóveis, empresas e ações
feitas por pessoas vivas, incidirá o imposto de doação,
conforme tabela de alíquotas; o valor do imposto deverá
ser alto, no mínimo 40% do valor do bem doado, o que é
também uma forma de diluir a a gordura da riqueza acumulada; o melhor, tanto para o proprietário quanto para
o sistema usufrutuarista, é que não ocorram doações; a
intenção é realmente dificultar artifícios que permitam
às grandes riquezas permanecerem na rede da acumulação, sem circular no sistema: como fez Bonaparte, devemos pensar em tudo.

— A única doação com reserva de usufruto permitida em vida será aquela efetuada a organizações não
governamentais filantrópicas, culturais e de assistência
social sem fins religiosos, políticos ou lucrativos, caso
em que o imposto de doação pode ser bem menor ou
mesmo inexistir.

— Os testamentos indicando beneficiários da herança ou usufruto só serão levados em conta caso não haja

herdeiros e usufrutuários na linha de sucessão, conforme estabelecido, nesta ordem: filhos menores, incapazes, deficientes, pessoa que conviveu com o de cujus nos últimos dez anos, filhos maiores, pais e netos; o direito de usufruir só é repassado uma vez, de pai para filho, e cessa com a morte do usufrutuário; findo o período de usufruto, os bens serão leiloados, e a renda auferida será destinada a projetos sociais elaborados por organizações não governamentais sem fins lucrativos, que priorizam sempre o atendimento às comunidades carentes, de forma a gerar emprego, renda e sustentabilidade para o projeto.

— Havendo o sistema informatizado único integrando todos os cartórios de registro do país, a Receita Federal e prefeituras, a repartição da herança, divisão dos bens, indicação dos herdeiros e usufrutuários não seria feita pelo judiciário, mas no próprio cartório; somente no caso de terceiros interessados requererem os direitos é que a justiça seria acionada e o procedimento de repartição da herança suspenso até a decisão final, caso em que os cartórios seriam solicitados a enviar para a vara da justiça onde a ação se iniciou todos os dados referentes ao falecido: seus bens móveis, imóveis, seus herdeiros legítimos na linha de sucessão, inclusive o nome da pessoa que lhe fez companhia nos últimos dez anos.

9. Revolução industrial sustentável: o lucro que vem do lixo

Se alguma indústria está fadada a se entupir de lucros no futuro, é a indústria do lixo. Primeiro, porque a matéria-prima é abundante. Segundo, porque a mão de obra para retirá-la do meio ambiente ainda é barata. Quem poderia imaginar, em 1788, que os esfarrapados artesãos dos arredores de Paris se transformariam nos executivos de hoje? Mas foi isso mesmo o que aconteceu. Os empresários modernos, em seus jatinhos particulares, são os capitalistas de um futuro que começou em oficinas escuras e fétidas da França e Inglaterra. Da revolução das ideias para a revolução industrial, foi um pulo. Portanto, o exército silencioso de catadores de produtos recicláveis podem se tornar não apenas sobreviventes do amanhã, mas grandes empresários.

O usufrutuarismo precisa investir pesado na indústria de tratamento de resíduos. Muitos mecanismos podem ser empreendidos. Eis alguns:

9.1 - Usar e abusar da logística reversa

— Fazer com que toda administração pública passe a contratar para grandes obras e serviços públicos de vulto somente empresas que trabalhem com a logística reversa, ou seja, recolham os resíduos que produziram e lhes dê uma destinação de reaproveitamento. Um dos critérios de escolha nos processo de licitação estaria relacionado ao nível de sustentabilidade da empresa. Seriam estabelecidos critérios tipo "ISO" relativos ao grau de sustentabilidade: empresas que usam materiais recicláveis, que mantém usinas de reciclagem e cooperativas de coletores de resíduos, que investem em projetos ambientais etc. ganhariam um ISO nº 5; outras que não investem tanto, o ISO nº 4 e assim por diante. Todas poderiam concorrer, mas seriam escolhidas as que oferecem melhor preço e possuem ISO mais elevado. Qualquer que fosse vencedora da licitação estaria obrigada a usar nas obras e serviços contratados pelo menos 50% de materiais recicláveis.

— A criação do imposto previsto na reforma tributária, os royalties sobre a intervenção ambiental, facilitará muito a implantação da lógica reversa: as empresas pagam tanto pelas toneladas retiradas do meio ambiente quanto pelas toneladas de resíduos, embalagens e produtos descartáveis produzidos. Resíduos não são apenas o lixo e o gás carbônico, despejados nas caçambas e no ar; sobre estes incidirão impostos diretos, por tonelada. E em relação ao lixo futuro, as embalagens, os produtos descartáveis? Aqui, o esquema de cobrança será outro. O imposto existe, mas somente será cobrado sobre a quantidade de material que não retornar à empresa. Um exemplo: dos fabricantes de celulares, por exemplo, será cobrado o imposto de intervenção ambiental sobre o lixo que produzirem, mas será cobrado também o mesmo imposto sobre o bem residual que venham a produzir; se venderem 500 celulares em um ano, o imposto de intervenção ambiental será de R$5 por aparelho vendido, e, teoricamente deverão pagar ao fisco, no final do exercício, R$2500. Porém, se conseguirem fazer com que os 500 aparelhos retornem à origem, não pagarão nada; se apenas 100 aparelhos retornarem, terão o desconto de

R$500, quanto maior o retorno, menor o imposto, até chegar a zero.

— Pelo mecanismo da lógica reversa, toda empresa que produziu embalagens, carros, celulares, material descartável ou de vida breve, deverá retirá-lo do meio ambiente. Como isso poderia ser feito? Como os fabricantes de leite, por exemplo, conseguirão recolher as milhares de embalagens usadas diariamente pelos consumidores? Os comerciantes desejam ver os clientes saírem das lojas com sacolas cheias de mercadorias, mas vê-los voltando com lixo, nem pensar! Os distribuidores tampouco desejam abarrotar seus caminhões com lixo para levá-lo de volta às empresas, e nem mesmo as empresas gostariam de se entulhar com o lixo que produziram. A não ser que todos ganhem com isso, a não ser que os fabricantes de celulares, as indústrias de laticínios e todas que possuam atividades afins se unam e mantenham usinas de reciclagem e destinação dos resíduos, ou mantenham cooperativas dos coletores e recicladores daqueles produtos específicos, como discutimos no próximo item.

— Em vez de as prefeituras manterem e sustentarem lixões, esse trabalho ficaria a cargo da iniciativa privada. Não haveria um lixão geral, mas pequenas indústrias especializadas, um consórcio de empresas formadas pelos coletores de produtos descartáveis e recicláveis. Assim teríamos, numa determinada cidade, usinas específicas para tratar o alumínio; outras para trabalhar o ferro; outras o vidro, o plástico, artigos eletrônicos; outras o papel; outras a matéria orgânica; outras destinadas ao lixo hospitalar e assim por diante. Como as empresas serão obrigadas a retirar do meio ambiente o lixo que produziram, conforme explicado acima, elas deverão se unir para a manutenção das usinas de coleta e reciclagem: os fabricantes de celulares, por exemplo, mantêm uma única cooperativa para coletar apenas para os celulares; os fabricantes de embalagens de plástico se unem para manter e financiar associações ou cooperativas de coletores especializados em recolher embalagens de plástico, contabilizá-las para as empresas e reaproveitá-las; um conjunto de cinco fabricantes de adubo pode manter uma usina de coleta e processamento de lixo orgânico; e até os hospitais fariam um consórcio para a manutenção de usinas especializadas em lixo hospitalar.

Assim, teríamos espalhadas pela cidade dezenas ou até centenas de indústrias de lixo sendo sustentadas e mantidas pelas próprias empresas "poluidoras". Os trabalhadores dessas usinas receberiam maior capacitação, condições decentes de trabalho, vans, caminhonetes para recolher o material reciclável, uniformes, melhores salários. As empresas também lucrariam, pois o consórcio as ajudaria a dividir despesas com as usinas e seria imensa a economia com a reutilização do material. A cidade ficaria limpa, as prefeituras não gastariam tanto para dar destino ao lixo; os lixões seriam muito reduzidos e não precisariam mais retratar o horror humano que vemos hoje: homens, mulheres, crianças, ratos e urubus disputando restos.

As empresas também poderiam criar incentivos para que os consumidores entregassem os materiais nas usinas ou nas lojas e supermercados. Empresas com o mesmo interesse e fabricantes dos mesmos produtos trabalhando em consórcio, dividindo entre si as despesas de manutenção das usinas de coleta e reciclagem e, ao mesmo tempo, ampliando seus lucros: seria o começo de uma grande revolução industrial sustentável.

— O próprio consumidor poderia ser estimulado a colaborar com a lógica reversa: cada produto devolvido contaria como bônus para a compra de um novo ou lhe concederia um sistema de pontuação. Quando as cooperativas e usinas de reciclagem estiverem funcionando a todo vapor, poderão criar o "disque lixo", e o coletor virá recolher o material em domicílio.

9.2 - Política gerencial do lixo urbano

— Condomínios serão transformados em "organizações privadas de impacto social". E o que isso significa? Haverá uma legislação específica que todos os condomínios deverão obedecer, sob pena de cobrança de uma taxa condominial pública. Todo condomínio deverá ter, além do síndico para assuntos gerais, um síndico ambiental. Caberá ao síndico ambiental promover e estimular a coleta seletiva no condomínio, e, para isso, deverá equipar o conjunto com lixeiras especiais, estabelecer dias de coleta seletiva, conveniar-se com cooperativas e usinas de lixo para que recolham o material e deixar a cargo da prefeitura somente a coleta de material imprestável.

Os condomínios mais populares contarão com a ajuda da prefeitura para providenciar treinamento do síndico ambiental e promover palestras sobre a importância da reciclagem, esclarecendo ainda sobre a cobrança da taxa caso não haja colaboração dos condôminos. Para não pagar a taxa, o síndico ambiental deverá apresentar à prefeitura o recibo de entrega do material reciclável fornecido pelas cooperativas, onde deverá constar a quantidade e a frequência da coleta.

Os condomínios que apresentarem e comprovarem soluções sustentáveis para reduzir ou reaproveitar o lixo poderão requerer desconto do IPTU, mediante duas vistorias anuais por fiscais da prefeitura.

— As prefeituras manterão calendário com dias de coleta normal e dias de coleta seletiva, realizada em caminhões especiais. A entrega do material reciclável será feita diretamente nas cooperativas e usinas de reciclagem conveniadas ou cadastradas na prefeitura.

— No caso de cidades muito pequenas, as empresas fabricantes de produtos descartáveis poderiam manter suas usinas em cidades-polos de cada região. Caminhões de refrigerantes e produtos de supermercado, por ocasão da distribuição em cidades pequenas, poderiam recolher as embalagens e levá-las para essas usinas.

Caberá aos fabricantes escolher a melhor maneira de recolher o material ou pensar em novas formas de embalar seus produtos. As prefeituras das cidadezinhas também poderão se unir para criar uma usina compartilhada de reciclagem, podendo, inclusive, estabelecer parcerias com as empresas fabricantes: as prefeituras coletam o lixo de forma seletiva e as empresas o recolhem. Em contrapartida, essas empresas poderiam oferecer o caminhão de coleta de seletiva, empregar coletores de material reciclável ou até mesmo financiar a usina de lixo das prefeituras.

9.3 - Sistema punitivo mais rigoroso

— Dar autonomia a guardas municipais, polícia militar, agentes de saúde e fiscais ambientais voluntários credenciados pela prefeitura, com uso de crachás de identificação, para notificar pessoas que forem flagradas poluindo, sujando ruas, parques, rios e mares, depredando o patrimônio público, estacionando em vagas de deficientes e idosos. O fiscal se apresentará ao "infrator", solicitará a identidade e os dados, que serão anotados e enviados para o site da prefeitura via celular. Caso o cidadão se recuse a fornecer os dados, o fiscal poderá acionar a polícia.

10. A REFORMA DO ENSINO

"Eu amo ficar na internet e detesto estudar", foi a frase, dita com sinceridade por um estudante de escola particular, que me fez repensar minha participação nas redes sociais. Logo eu, que sempre me considerei reservada, quase problemática, à beira da fobia social... Mas, curtir, comentar, compartilhar... É só começar! Quem frequenta, sabe. As redes sociais viciam.

Críticas ferozes, principalmente aos jovens assíduos na web, proliferam nas rodas sociais. Até por instinto percebemos que eles "passam horas lustrando a própria imagem". "Muitos não sobrevivem sem o olhar e o comentário dos outros", "parecem um exército de 'Carlitos' virtuais", "são iludidos, têm mil amigos, sendo 990 zumbis, uma dezena de conhecidos e, desta dezena, apenas cinco realmente chegados e fiéis". Até aqui não vejo muita diferença entre a vida nas redes e o mundo real. Quem não depende de atenção? Quem não é vaidoso, quem desconhece o valor do ombro de um "único Zé", quem não deseja ter "amigos à beça"?

Duvidar da inteligência e da capacidade de discernimento dos milhões de jovens que dominam as redes e ferramentas da internet é um erro grave de pais e educadores. O modo de operar dos jovens nas redes foi minha grande descoberta, um momento de iluminação. Bastava eu postar um recado para meus filhos e todos liam, todos discutiam, todos participavam! E não me rejeitaram, não me mandaram "procurar minha turma". Ao contrário, fui acolhida de forma tão delicada, gentil e desarmada, que até me envergonhei... Quando, na idade deles, eu daria aos meus pais permissão de participar dos meus grupinhos de amigos? Nunca!

Os jovens nas redes virtuais fazem coisas que nós, "sábios adultos", demoramos muito, talvez nunca aprenderemos a fazer. Eles curtem, comentam, compartilham. E tudo publicamente, de forma enxuta e transparente. Os de minha geração e os mais velhos, em vez de curtir, aprenderam a reprimir ou a "curtir no escurinho". Nada de comentar abertamente, manifestar nossa opinião. Ao contrário, praticávamos a fofoca, a maneira mais cruel de comentar a vida alheia.

Esses jovens nos ensinam a arte de compartilhar, ah, essa grande arte das redes sociais, exercida sem sacrifícios nem torturas revolucionárias... Os de minha época cresceram ignorando-a. Compartilhar? Utopia. Aprendemos a competir, agarrar o que é nosso com unhas e dentes. Dividir significava tomar, usurpar, e tínhamos medo. Quantos conflitos, armados ou não, surgiram em torno dessa ação, que esses meninos e meninas resolvem com um simples "clique"?

Acabou? Não. A rede é cheia de maravilhas. E talvez a mais importante, e também a mais invisível aos olhos adultos, foi trazida por essa mocidade. Ela consiste na maneira peculiar de transmitirem seus valores morais, sua ética, seu descontentamento, suas alegrias e tristezas. Coisas aparentemente simples, mas que só aprendi a revelar sem medo depois de longos anos no divã da analista... Nada mais de diários secretos, guardados a sete chaves: os sentimentos e aventuras estão ali expostos. Nós jamais poderemos lhes jogar no rosto que desconhecíamos o que faziam.

Entre os amigos das redes não há "sermões da montanha", como os que eu ouvia de meus pais. Não existe a gritaria tão frequente numa vida em família, quando pretendemos colocar algo na cabeça de alguém. Não há o estresse de ensinar e nem o de aprender, tão comuns nas escolas. Não existe uma ideologia repassada à custa de sofrimento, renúncia, fanatismo. Tudo é comunicado de forma honesta, e, principalmente, leve e divertida. E exatamente o que sobra na rede virtual, falta no mundo das relações físicas.

Sei que me dirão que "os conteúdos são banais, levianos, até idiotas. Eles não passam nada a não ser fotos de cachorrinhos e bebês, slides de autoajuda e de ajuda do alto, opiniões sobre partidas de futebol e uma orquestra confusa de gostos musicais". Enganam-se. Passam muito mais do que isso, passam a leveza de ser, a leveza de ensinar, a leveza de aprender. O mundo virtual é divertido, descompromissado. E, no entanto, mantém todos presos.

Essa fórmula os jovens estão passando e nós, os velhos, pais e educadores, não estamos vendo. "São superficiais, vagabundos, dedicam-se mais ao mundo virtual do que às obrigações domésticas e escolares". Ora, se queremos que melhorem o conteúdo, então não os obriguemos a sair das redes. É nosso, de pais e educadores, o dever de entrar no mundo deles, atualizar nossa forma de compartilhar o conhecimento, tornar a família e a escola tão atraentes quanto as redes virtuais. A juventude já começou a construir o mundo novo — talvez o mesmo mundo com o qual se sonhava na faculdade e que nós, por conta de uma soberba cega, teimamos em ignorar.

Por que pais e professores não se juntam a esses meninos na linda tarefa de tecer redes invisíveis? Seria uma ótima oportunidade para novos e velhos trocarem experiências, sem tapas no rosto e murros na mesa. Ao escutar o novo, o velho rejuvenesce. Ao ouvir o velho, o novo amadurece. Hoje, muito mais do que ontem, temos a ferramenta para "adicionar" o mundo deles, e contamos com a vontade deles para sermos incluídos.

A vida escolar de hoje está para a vida nas redes sociais como a carroça está para uma nave espacial. Como podemos cobrar dos jovens afeição e dedicação aos estudos? Longe da sedução tecnológica e do jeito divertido da vida virtual, os métodos de ensino patinam na mesmice e no tédio. Os melhores momentos na escola são fora das salas de aula, nos intervalos, na entrada e na saída, quando os alunos estão felizes. Reunidos, em turmas, ensinam a verdadeira pedagogia. Sem presunção, demonstram ao vivo e em cores o prazer de curtir, comentar e compartilhar suas experiências.

Com uma rede de ensino arcaica, pesada e sem graça, será impossível evitar que os jovens continuem amando a internet e detestando estudar. Quanto aos professores, desvalorizados, mal pagos e desestimulados, também estão precisando aprender uma maneira de fazer do ensino uma diversão, uma arte, e não uma tortura.

10.1 - Propostas

— Escolas-cangurus: deixar a gestão das escolas a cargo da comunidade e não mais do Estado. As escolas se transformam em organizações sociais mistas financiadas pelo Governo, com uma legislação federal específica para regular o funcionamento de todas. E o que seria uma organização social mista? São organizações proibidas de remunerar seus dirigentes, sob qualquer pretexto, mas que podem exercer atividades comerciais extracurriculares lucrativas, desde que a renda ou lucros auferidos sejam revertidos para crescimento da própria organização. As atividades extracurriculares devem obrigatoriamente ser relacionadas à capacitação profissional, atividades de lazer, cultura, esportes e entretenimento.

As atividades curriculares normais seriam gratuitas para a comunidade. As atividades extracurriculares (dança, música, informática, artes, aulas de reforço, cursos preparatórios de concursos públicos etc.) funcionariam no sistema misto: seriam gratuitas para os alunos matriculados na escola e pagas a preço de mercado por pessoas de fora, qualquer interessado que não fosse aluno regular da escola-canguru.

A escola poderia ainda realizar feiras livres abertas ao público em geral; explorar em suas dependências restaurantes populares, lanchonetes, sorveterias; montar salas de cinema e exibição de filmes, organizar shows artísticos e promover festas para arrecadar fundos. A escola será obrigada a demonstrar para o governo federal onde e como aplicou o dinheiro.

— Em obediência à lei federal específica, as escolas funcionarão como OSCIPs, tendo cada uma liberdade para criar seu próprio estatuto. Os trabalhadores da escola, diretores, disciplinadores, serventes, conselheiros fiscais, atendentes de secretaria serão eleitos através de assembleia com os moradores do bairro. Apenas os professores serão contratados, como são os da rede privada de ensino. Serão selecionados mediante provas de conhecimentos e análise do currículo. Os pais e parentes dos alunos podem se candidatar à eleição dos demais cargos. Caso nenhum dos pais ou parentes se candidate, a escola-canguru poderá selecionar outras pessoas, conforme apresentação de currículos e títulos ou, a seu critério, através de concursos e provas. Os funcionários, que serão remunerados pela OSCIP, serão contratados pelo regime celetista e poderão ser demitidos livremente, conforme decisão da escola e avaliação dos alunos. Assim como ocorre nos sindicatos, os dirigentes poderão obter licença do trabalho para se dedicarem às atividades da escola.

— As escolas-cangurus sofrerão inspeção e correição do Governo no mínimo uma vez por ano, em data não previamente definida, nos termos da proposta de reforma da fiscalização fiscal.

— Seria ideal que a escola-canguru promovesse junto à comunidade uma pesquisa caça-talentos, convocando voluntários dispostos a compartilhar com as crianças suas aptidões, um tecladista, um pintor, um escritor. As escolas deveriam também oferecer cursos de capacitação (como chef-aprendiz, marceneiro-aprendiz, eletricistas), podendo os instrutores ser voluntários ou remunerados. Deveria haver pelo menos uma atividade geradora de emprego e renda, como, por exemplo, fábrica de pico-lés, fábrica de pães e doces, venda de frango assado nos finais de semana, oficina de conserto de computadores, confecção de roupas etc. As oficinas de capacitação poderiam, inclusive, fabricar produtos para comercializá--los em feiras ou supermercados vizinhos. Também esses cursos seriam pagos pelo público em geral e gratuitos para os alunos e pais de alunos que prestassem serviços voluntários.

— Tanto voluntários quanto aprendizes receberiam um certificado de participação nos cursos e oficinas extracurriculares que lhes permitiria entrar com alguns pontos de vantagem em provas de concursos públicos.

— Haveria festas dos aniversariantes do mês, palestras culturais, concursos de desenhos e redações com temas abordando a problemática familiar (alcoolismo, drogas, gravidez na adolescência, carreira profissional); reuniões e debates orientados por psicólogos e pessoas ligadas à área do direito seriam regulares e constantes, um vez por mês, pelo menos. Pais que participassem das reuniões para debater problemática familiar acumulariam uma carteira de pontos que lhes permitiria descontos no IPTU.

Bibliografia

ANTUNES, Maria Thereza Pompa. Capital Intelectual. 1. ed. São Paulo: Editora Atlas, 2000.

ARENDT, Hannah. A Condição Humana. São Paulo: Editora Universidade de São Paulo,1981.

ARISTÓTELES. Metafísica (livro 1 e livro 2); Ética e Nicômaco; Poética. Seleção de textos de José Américo Motta Pessanha. São Paulo: Abril Cultural, 1984.

BAUMAN, Zygmunt. A Modernidade Líquida. Tradução Plínio Dentzien. Rio de Janeiro: Jorge Zahar, 2001.

BOBBIO, Norberto. Igualdade e Liberdade. 3. ed. Rio de Janeiro: Ediouro, 1997.

BOTTOMORE, Tom. Dicionário do Pensamento Marxista. Organizador da edição brasileira: Antônio Monteiro Guimarães. Rio de Janeiro: Jorge Zahar, 2001.

CASTELLS, Manuel. A Sociedade em Rede: a era da informação – economia, sociedade e cultura. Tradução: Roneide Venâncio Majer. São Paulo: Paz e Terra, 2008.

CHAUÍ, Marilena. Filosofia. Série Novo Ensino Médio, volume I. 1. ed. São Paulo: Editora Ática, 2005.

DAWKINS, Richard. O gene egoísta. Tradução de Rejane Rubino. São Paulo: Companhia das Letras, 2007.

DOMINGUES, José Maurício. Sociologia e Modernidade. 3. ed. Revista e atualizada. Rio de Janeiro: Civilização Brasileira, 2005.

DURKHEIM, Emile. Da Divisão do Trabalho Social; as regras do método sociológico. Seleção de textos de José Arthur Giannotti; tradução de Carlos Alberto Ribeiro de Moura. 2. ed. São Paulo: Abril Cultural, 1983.

ELIAS, Norbert. A Sociedade dos Indivíduos. Tradução Vera Ribeiro. Rio de Janeiro: Jorge Zahar Ed., 1994.

FRIEDMAN, Milton. Capitalismo e Liberdade. Com a colaboração de Rose D. Friedman; apresentação de Miguel Colasuonno; tradução de Luciana Carli. São Paulo: Abril Cultural, 1984.

FUNDAÇÃO GETÚLIO VARGAS. Educação Corporativa: Desenvolvendo e Gerenciando Competências. Organizado por Fátima Bayma. São Paulo: Pearson Prentice Hall, 2004.

FURTADO, Celso. Cap. IV - A teoria do empresário. In: Teoria e Política do Desenvolvimento Econômico. Apresentação de José Sérgio Rocha de Castro Gonçalves. São Paulo: Abril Cultural, 1983.

GALBRAITH, John Kenneth. A Era da Incerteza – história das ideias econômicas e suas consequências. Tradução de F. R. Nickelson Pellegrini. Brasília: Ed. Universidade de Brasília, 1979.

GASPAR, Madu. Sambaqui; arqueologia do litoral brasileiro. Rio de Janeiro: Jorge Zahar, 2000.

GIDDENS, Anthony. As Consequências da Modernidade. Tradução de Raul Fiker. São Paulo: Editora UNESP, 1991.

HEGEL, Georg Wilhelm Friedrich. Fenomenologia do Espírito. Tradução Henrique Cláudio de Lima Vaz, Orlando Vitorino e Antônio Pinto de Carvalho. 3. ed. São Paulo: Abril Cultural, 1985.

HOBSBAWN, Eric J. A era das revoluções. Tradução

Maria Tereza Lopes Teixeira e Marcos Penchel. 18. ed. São Paulo: Martins Fontes, 2000.

LOCKE, John. Carta Acerca da Tolerância; Segundo tratado sobre o governo; Ensaio acerca do entendimento humano. Tradução de Anuar Aiex e E. Jacy Monteiro. 3. ed. São Paulo: Abril Cultural, 1983.

MALTHUS, Thomas Robert. Capítulos V, VI e VII. In: Princípios de Economia Política: e considerações sobre sua aplicação prática; ensaio sobre a população. Notas aos princípios de Economia Política de Malthus/David Ricardo. Apresentação de Ernane Galvêas. Tradução de Régis de Castro Andrade, Dinah de Abreu Azevedo e Antônio Alves Cury. São Paulo: Abril Cultural, 1983.

MARX, Karl. Manuscritos Econômico-Filosóficos e Outros Textos Escolhidos. Seleção de textos de José Arthur Giannotti. Coleção Os Pensadores. 3 ed. São Paulo: Abril Cultural, 1985.

_____. O Capital - Crítica da Economia Política, Livro Primeiro: O Processo de Produção do Capital. Volume I. 25. ed. Tradução de Reginaldo Sant'Anna. Rio de Janeiro: Civilização Brasileira, 2008.

MASI, Domenico de. A Sociedade Pós-Industrial. 4. ed. São Paulo: Editora SENAC, 2003.

MILL, John Stuart. Princípios de Economia Política: com algumas de suas aplicações à filosofia social. Introdução de W. J. Ashley. Apresentação de Raul Ekerman. Tradução de João Baraúna. São Paulo: Abril Cultural, 1983.

MORENTE, Manuel Garcia. Fundamentos da Filosofia – Lições Preliminares (1930). Tradução e prólogo de Guillermo de la Cruz Coronado. 8. ed. São Paulo: Mestre Jou, 1980.

NEGRA, Carlos Alberto Serra; NEGRA, Elizabete Marinho Serra. Manual de Trabalho monográficos de Graduação, Especialização, Mestrado e Doutorado – Totalmente Atualizado de Acordo com As Normas da ABNT: NBR 6023/AGO. 2002 – NBR 10520/JUL. 2002 – NBR 14724/DEZ.2005. 3. ed. São Paulo: Editora Atlas, 2007.

RICARDO, David. Princípios de economia política e tributação. Tradução Conceição Jardim Maria do Carmo Cary, Eduardo Lúcio Nogueira, Rolf Kuntz. 3. ed. São Paulo: Abril Cultural, 1984.

SENNETT, Richard. A Corrosão do Caráter – consequências pessoais do trabalho no novo capitalismo. Tradução de Marcos Santarrita. 12. ed. Rio de Janeiro: Editora Record, 2007.

SEVERINO, Antônio Joaquim. Metodologia do Trabalho Científico. 23. ed. Revista e atualizada. São Paulo: Cortez Editora, 2008.

SMITH, Adam. Investigação sobre a natureza e as causas da riqueza das nações/Adam Smith. Princípios da Economia Política e Tributação/ David Ricardo. Tradução Conceição Jardim Maria do Carmo Cari. São Paulo: Abril Cultural, 1984.

STEWART, Thomas A. A Riqueza do Conhecimento: o capital intelectual e nova organização. Tradução de Afonso Celso da Cunha Serra. Rio de Janeiro: Campus, 2002.

LÉVI-STRAUSS, Claude. A noção de estrutura em etnologia; Raça e história; Totemismo hoje. Tradução de Eduardo P. Graeff et al. 2. ed. São Paulo: Abril Cultural, 1985.

TOCQUEVILLE, Alexis de. Democracia e Sociedade, Livro II. Seleção de textos de Francisco C. Weffort. Tradução de Leônidas Gontijo de Carvalho et al. 3. ed. São Paulo: Abril Cultural, 1985.

TOFFLER, Alvin. A Terceira Onda – A morte do industrialismo e o nascimento de uma nova civilização. Tradução João Távora. 28. ed. Rio de Janeiro: Editora Record, 2005.

WATSON, James D.; BERRY, Andrew. DNA, o Segredo da Vida. Tradução de Carlos Afonso Malferrari. São Paulo: Companhia das Letras, 2005.

WEBER, Max. A ética protestante e o espírito do capitalismo (capítulos II e V). In: Textos Selecionados. Tradução de Maurício Tragtenberg, 3. ed. São Paulo: Abril Cultural, 1985.

Webgrafia

A ECONOMIA BRASILEIRA HOJE. Disponível em http://www.economiabr.com.br/economia_hoje.htm, último acesso em 8/12/13.

AFONSO, José Roberto R. Carga tributária (628). Publicado em dez/2012. Disponível em http://www.joserobertoafonso.com. br/index.php?option=com_acymailing&ctrl=archive&task=view&mailid=461&key=dacdcbdcdb7cab03e30d6c1394338f2b&subid=817-d02e6d9d481f3c74cf9c1de98ea4d897&Itemid=17, último acesso em 8/12/13.

AGÊNCIA SENADO. Cristovam defende suas propostas para a reforma política. Publicado em 20/05/11. Disponível em http://www.senado.gov.br/noticias/Especiais/reformapolitica/noticias/cristovam-defende-suas-propostas-para-a-reforma--politica.aspx, último acesso em 8/12/13.

ALVERGA, Carlos Frederico Rubino Polari. A intervenção do Estado na economia por meio das políticas fiscal e monetária – Uma abordagem keynesiana. Publicado em 12/2010. Atualizado em 04/2011. Disponível em http://jus.com. br/artigos/17920/a-intervencao-do-estado-na-economia-por--meio-das-politicas-fiscal-e-monetaria-uma-abordagem-keynesiana, último acesso em 7/12/13.

ANDRIOLI, Antonio Inácio. A ideologia da "liberdade" liberal. Publicado em outubro de 2005. Arrecadação x Gastos públicos. Disponível em http://f.i.uol.com.br/folha/especial/images/13241354.gif, último acesso em 7/12/13.

ASSIS, Roberta Maria Corrêa. Reforma trabalhista: caminhos e descaminhos. Disponível em http://www12.senado.gov.br/publicacoes/estudos-legislativos/tipos-de-estudos/outras-publicacoes/agenda-legislativa/capitulo-26-reforma-trabalhista-caminhos-e-descaminhos, último acesso em 8/12/13.

AZEVEDO, Eurico de Andrade. Organizações Sociais. Disponível em http://www.pge.sp.gov.br/centrodeestudos/revistaspge/revista5/5rev6.htm, último acesso em 14/12/13.

BANKER, Gilvânia. Contrabando, descaminho e sonegação estão na mira do fisco. Publicado impresso em 28/9/11. Disponível em http://jcrs.uol.com.br/site/noticia.php?codn=74157, último aceso em 7/12/13.

BARBEIRO, Heródoto. Curral eleitoral. Publicado em 22/9/13. Disponível em http://noticias.r7.com/blogs/herodoto--barbeiro/2013/09/02/curral-eleitoral/, último acesso em 7/12/13.

BARROS, Bruno O. Infográfico: colocando na balança Lula vs FHC. Disponível em http://ilustrebob.com.br/2010/10/lula-vs-fhc/, último acesso em 7/12/13.

BASTIAT, Frédéric. A Lei. 3. ed. São Paulo: Instituto Ludwig Von Mises Brasil, 2010. Disponível em http://www.libertarianismo.org/livros/alfb.pdf, último acesso em 7/12/13.

BETT, Ianko. Da construção da "individualidade" ao "indivíduo sitiado": Uma crítica baumanniana ao elogio do hibridismo cultural. Revista Brasileira de História & Ciências Sociais Vol. 3 N° 6, Dezembro de 2011. Disponível em http://www.rbhcs.com/index_arquivos/Artigo.Daconstrucaodaindividualidadeaoindividuositiado.pdf, último acesso em 14/12/13.

BIASON, Rita. Breve história da corrupção no Brasil. Publicado em 07/10/2013. Disponível em http://www.contra-corrupcao.org/2013/10/breve-historia-da-corrupcao-no-brasil.html,último acesso em 14/12/13.

BIRNFELD, Marco Antonio. Quem paga a conta do "horário eleitoral gratuito"? Publicado em 17/07/12. Disponível em http://www.espacovital.com.br/consulta/noticia_ler.php?id=27626, último acesso em 8/12/13.

BOEHME, Gerhard Erich. A realidade brasileira. Publicado em 11/11/13. Disponível em http://robertolbarricelli1.wordpress.com/2013/11/11/a-realidade-brasileira/, último acesso em 7/12/13.

BOUDENS, Emile. Terceiro setor: Legislação. Publicado em fevereiro de 2000. Disponível em http://www.sebrae.com.br/uf/amapa/abra-seu-negocio/uma-ong-ou-uma-oscip/lei_do_terceiro_setor.pdf, último acesso em 8/12/13.

BRAGA, Rodrigo Thiago. "A condição humana" de Hannah Arendt. Disponível em http://www.mundodosfilosofos.com.br/a-condicao-humana-hannah-arendtt.htm, último acesso em 8/12/13.

BRANCO, José Tomaz Castelo. Liberalismo. Dicionário de Filosofia e Política - Instituto de Filosofia. Disponível em http://www.ifl.pt/private/admin/ficheiros/uploads/cedfd-937336190429f0d7038ef0df05f.pdf, último acesso em 8/12/13.

BRASIL em 4 décadas. texto para discussão. Disponível em http://repositorio.ipea.gov.br/bitstream/11058/1663/1/TD_1500.pdf, último acesso em 7/12/13.

BRITO, Fernando. Pobre custa muito caro para o Brasil. Publicado em 1º/11/13. Disponível em http://costandersoncosta.wordpress.com/2013/11/01/pobre-custa-muito-caro-para-o-brasil/, último acesso em 7/12/13.

CALIXTO, Dodô. Mapa da desigualdade em 2013: 0,7% da população detém 41% da riqueza mundial, em 17/10/13. Disponível em http://operamundi.uol.com.br/conteudo/reportagens/31831/mapa+da+desigualdade+em+2013+07%25+da+populacao+detem+41%25+da+riqueza+mundial.shtml, último acesso em 6/12/13.

Carga Tributária - Brasil - 1947-2010, Fatos e Dados. Publicado em 30/6/11. Disponível em http://brasilfatosedados.wordpress.com/, último acesso em 6/12/13.

CAROS AMIGOS. ANO XIII - Nº 148 - JULHO 2006. Dívida Pública: entrevista com Maria Lúcia Fattorelli. Disponível em http://issuu.com/carosamigos/docs/148finalleitor, último acesso em 7/12/13.

CARTÃO CIDADÃO. Disponível em http://www.caixa.gov.br/fgts/cartao_cidadao.asp, último acesso em 8/12/13.

CARVALHO, Fábio. Brasil é o 2º entre os 14 países que mais sonega impostos no mundo, 11/11/13. Disponível em http://180graus.com/noticias/brasil-e-segundo-entre-14-paises-que-mais-sonega-impostos-no-mundo, último acesso em 6/12/13.

CASAROTTO, João Pedro. A dívida dos estados com a união. Publicado em junho de 2008. Disponível em http://www.febrafite.org.br/documento/publicacoes/2242.pdf, último acesso em 8/12/13.

CASTRO, Thainá Lima Bittencourt de Castro. O direito à propriedade em face da função social: indivíduo x sociedade. Disponível em http://www.ambito-juridico.com.br/site/?n_link=revista_artigos_leitura&artigo_id=10766&revista_caderno=7, último acesso em 7/12/13.

CENSO 2010. Uma família plural, complexa e diversa. Entrevista especial com José Eustáquio Diniz Alves e Suzana Cavenaghi. Disponível em http://www.ihu.unisinos.br/

entrevistas/515013-censo-2010-uma-famlia-plural-complexa-
-e-diversa, último acesso em 8/12/13.

CENSO 2010/IBGE. Disponível em http://www.cen-
so2010.ibge.gov.br/sinopse/, último acesso em 8/12/13.

CENSO 2010/IBGE. Produto interno Bruto dos municípios - 2003 a 2006. Disponível em http://www.ibge.gov.br/
home/estatistica/populacao/censo2010/trabalho_e_rendimen-
to/default.shtm, último acesso em 8/12/13.

CENSO Demográfico 2010/IBGE, trabalho e rendimen-
to disponível em ftp://ftp.ibge.gov.br/Censos/Censo_Demogra-
fico_2010/Trabalho_e_Rendimento/censo_trabalho_e_rendi-
mento.pdf, último acesso 6/12/13.

CENSO IBGE/2010 – notícias: Censo 2010: mulheres são
mais instruídas que homens e ampliam nível de ocupação. Publicado em 19/12/12. Disponível em http://censo2010.ibge.gov.br/
noticias-censo?view=noticia&id=3&idnoticia=2296&busca=1,
último acesso em 7/12/13.

CINTRA, Rodrigo Suzuki. Liberalismo e Natureza - a
propriedade em John Locke. Notícia sobre o livro. Disponível em
http://blogatelie.wordpress.com/releases/liberalismo-e-natureza-
-%E2%80%93-a-propriedade-em-john-locke-rodrigo-suzuki-
-cintra/, último acesso 6/12/13.

COELHO, Diogo Ramos. Exportar é o que importa. Publicado em 29/11/13. Disponível em http://ordemlivre.org/posts/
exportar-e-o-que-importa, último acesso em 7/12/13.

_____. Os investimentos são a resposta para o cresci-
mento econômico? Publicado em 26/11/13. Disponível em http://
ordemlivre.org/posts/os-investimentos-sao-a-resposta-para-o-
-crescimento-economico, último acesso 7/12/13.

COMPRAS NET. Critérios de sustentabilidade são in-
corporados às licitações do governo federal. Publicado em

25/01/2010. Disponível em http://www.comprasnet.gov.br/noti-cias/noticias1.asp?id_noticia=297, último acesso em 14/12/13.

CONGRESSO brasileiro é o que mais pesa no bolso da população na comparação com os Parlamentos de onze países. Disponível em http://www.transparencia.org.br/docs/parlamentos.pdf, último acesso em 8/12/13.

COSTA, Achyles Barcelos da. O desenvolvimento econômico na visão de Joseph Schumpeter. Ano 4, número 47, 2006. Disponível em http://www.dmwebstudio.com.br/magali_de_macedo/wp-content/uploads/2009/08/schumpeter_por_costa.pdf, último acesso em 8/12/13.

COSTA, Cássia Celina Paulo Moreira da. O direito à propriedade. Curso de Direito da Universidade Estácio de Sá. Artigo de n. 13 em Revista. Disponível em: http://www.estacio.br/graduacao/direito/revista/revista4/artigo13.htm, último acesso em 13/12/13.

COSTA, Fernando Nogueira. A escola austríaca: liberdade para explorar. Publicado em 20/5/11. Disponível em http://fernandonogueiracosta.wordpress.com/2011/05/20/escola-austriaca-liberdade-para-explorar/, último acesso em 7/12/13.

_____. O perfil da nova classe média. Publicado em http://fernandonogueiracosta.wordpress.com/2011/08/11/perfil--da-nova-classe-media/, último acesso em 8/12/13.

_____. PNAD. Publicado em 28/9/13. Disponível em http://fernandonogueiracosta.wordpress.com/2013/09/28/pnad-2013/, último acesso em 8/12/13.

COSTA, Taiz Marrão Batista da. O estado da natureza em Locke. Disponível em https://www.academia.edu/672793/Estado_de_Natureza_em_Locke, acesso em 8/12/13.

CUGINI, Pe. Paolo. Síntese de A condição Humana, de

Hannah Arendt – 10. Ed. Rio de Janeiro: Editora Forense, 2008. Disponível em http://blogdafaculdade.blogspot.com.br/2012/12/hannah-arendt-condicao-humana.html, último acesso 6/12/13.

DAWKINS, Richard. O gene egoísta (1976). Disponível em http://www.projetovemser.com.br/blog/wp-includes/downloads/Richard%20Dawkins%20-%20O%20Gene%20Ego%EDsta.pdf, último acesso em 7/12/13.

DIVON, Beatriz. Sonegação de impostos pode chegar a R$4115 bilhões em 2013. Publicado em 5/6/13. Disponível em http://exame.abril.com.br/economia/noticias/sonegacao-de-impostos-pode-chegar-a-r-415-bilhoes-em-2013, último acesso em 7/12/13.

DOMICIANO, Cássia Alessandra. A educação infantil via programa bolsa creche: o caso do município de Hortolândia. Disponível em http://www.scielo.br/scielo.php?pid=S0102-46982011000300012&script=sci_arttext, último acesso em 8/12/13.

DOUGLAS. Os países mais e menos corruptos do mundo. Publicado em 18/2/13. Disponível em http://jusweek.wordpress.com/2013/02/18/os-paises-mais-e-menos-corruptos-do-mundo/, último acesso em 7/12/13.

DUARTE, Carlos Eduardo Cardoso. O direito sucessório no novo Código Civil. Disponível em http://uj.novaprolink.com.br/doutrina/1492/o_direito_sucessorio_no_novo_codigo_civil, último acesso em 7/12/13.

ESCOLA de Frankfurt rumo aos 90 anos. Publicado em 18/6/13. Disponível em http://www.ihu.unisinos.br/noticias/510517-escola-de-frankfurt-rumo-aos-90-anos, último acesso em 8/12/13.

EUZÉBIO, Gilson Luiz. Processos de combate à corrupção movimentam o Judiciário. Publicado em 11/11/11. Disponível em http://www.cnj.jus.br/noticias/cnj/16883:processos-de-

-corrupcao-improbidade-e-lavagem-de-dinheiro-movimentam-
-judiciario, último acesso em 8/12/13.

EXAME: 124 pessoas mais ricas do Brasil correspondem a 12,3% do PIB. Publicado em 9/9/13. Disponível em http://exame.abril.com.br/economia/noticias/124-pessoas-mais-ri-cas-do-brasil-correspondem-a-12-3-do-pib, último acesso em 7/12/13.

EXAME: 283 municípios geraram 70% da renda do Brasil, em 2010. Publicado em 12/12/12. Disponível em http://exame.abril.com.br/economia/noticias/283-municipios-geraram-70-
-da-renda-do-brasil-em-2010, último acesso em 7/12/13.

FARINELI, Jéssica Ramos. Posse, detenção e propriedade. Disponível em http://www.infoescola.com/direito/posse-deten-cao-e-propriedade/, último acesso em 8/12/13.

FATTORELLI, Maria Lúcia. Dívida consumirá mais de um trilhão em 2014. Publicado em 27/9/13. Disponível em http://www.auditoriacidada.org.br/wp-content/uploads/2013/09/Arti-go-Orcamento-2014.pdf, último acesso em 7/12/13.

FEITOSA, Isabela Britto. A função social da propriedade no sistema jurídico brasileiro. Publicado em 11/6/2011. Dispo-nível em http://www.jurisway.org.br/v2/dhall.asp?id_dh=6047/, último acesso em 14/12/13.

FERRARI, Beatriz; GUERRA, Carolina. Sonegação im-põe pesado custo aos bons pagadores. Publicado em 11/9/11. Disponível em http://veja.abril.com.br/noticia/economia/sone-gacao-impoe-pesado-custo-aos-bons-pagadores, último acesso em 8/12/13.

FIESP. Questões para discussão. Publicado em março de 2010. Disponível em http://www.fiesp.com.br/wp-content/uploads/2012/05/custo-economico-da-corrupcao-final.pdf, últi-mo acesso em 8/12/13.

FILGUEIRAS, Fernando. A tolerância à corrupção no Brasil: uma antinomia entre normas morais e prática social. Opinião Pública, vol. 15, nº 2, Campinas. Novembro/2009. Disponível em http://www.scielo.br/scielo.php?pid=S0104-62762009000200005&script=sci_arttext, último acesso em 8/12/13.

FRAUDES E CORRUPÇÃO NO SETOR PÚBLICO. Medidas para prevenção e combate. Disponível em http://www.fraudes.org/showpage1.asp?pg=176, último acesso em 8/12/13.

FREITAS, Altair. O capitalismo: a força de uma ideia e a ilusão de uma realidade. Publicado em 26/8/12. Disponível em http://palavrasaotempo.blogspot.com.br/2012/08/capitalismo-forca-de-uma-ideia-e-ilusao.html, último acesso em 7/12/13.

FURTADO, Bernardo Alves. Heterogeneidades em Receitas Orçamentárias, Eficiência e seus Determinantes: evidências para municípios brasileiros. V Prêmio SOF. Monografias 2012. Disponível em http://www.esaf.fazenda.gov.br/premios/premios-1/premios/vii-premio-sof-de-monografias/monografias-premiadas, último acesso em 14/12/13.

G1: População Brasileira ultrapassa marca de 200 milhões, diz IBGE. Publicado em 29/8/13. Disponível em http://g1.globo.com/brasil/noticia/2013/08/populacao-brasileira-ultrapassa-marca-de-200-milhoes-diz-ibge.html, último acesso em 7/12/13.

GAGLIANONE, Isabela. Clastres, a sociedade contra o estado, 13/8/12, disponível em http://30porcento.com.br/blog/clastres-a-sociedade-contra-o-estado/, último acesso em 6/12/13.

GLOBO TV: Quem mais sonega no Brasil são as empresas, aponta Thaís Herédia. Publicado em 25/9/13. Disponível em http://globotv.globo.com/globo-news/jornal-globo-news/v/quem-mais-sonega-no-brasil-sao-as-empresas-aponta-thais-heredia/2846668/, último acesso 7/12/13.

GOMES, Antônia Helena Teixeira. Tributação e sonegação fiscal: um estudo do comportamento do Estado ante a sonegação fiscal. Fortaleza, 2006. Disponível em http://www.dominiopublico.gov.br/download/teste/arqs/cp041431.pdf, último acesso em 8/12/13.

GONÇALVES, Reinaldo. Balanço crítico da economia brasileira no governo do Partido dos Trabalhadores. Publicado 12/5/13. Disponível em http://www.ie.ufrj.br/hpp/intranet/pdfs/r_goncalves_balanco_critico_12_05_2013.pdf, último acesso em 8/12/13.

GOVERNMENT SPENDING, disponível em http://en.wikipedia.org/wiki/Government_spending, último acesso em 7/12/13.

GOVERNO BRASIL: Resumo Geral, disponível em http://governobrasil.blogspot.com.br/p/resumo-geral.html, último acesso em 7/12/13.

GUIA TRABALHISTA. Empregado rural faz jus à participação nos lucros? Disponível em http://www.guiatrabalhista.com.br/tematicas/rural_participacaolucros.htm, último acesso em 8/12/13.

HAKIME, Raphael. De cada R$ 10, brasileiro desembolsa R$ 4 para pagar tributos, revela pesquisa. Publicado em 06/11/11. Disponível em http://www.fiepr.org.br/sombradoimposto/News14468content155893.shtml, último acesso em 8/12/13.

HENKES, Ricardo Augusto. Rousseau e o direito de propriedade. Publicado em outubro de 2008. Disponível em http://www.espacoacademico.com.br/089/89henkes.htm, último acesso em 14/12/13.

HOFFMANN, Maria Barroso; IGLESIAS, Marcelo Piedrafita; GARNELO, Luíza; OLIVEIRA, João Pacheco; LIMA, Antônio Carlos de Souza. Questão Indígena. Disponível em http://laced.etc.br/site/arquivos/QuestaoIndigena.pdf, último acesso 7/12/13.

HOLSTON, James. Legalizando o ilegal: propriedade e usurpação no Brasil. Disponível em http://www.anpocs.org.br/portal/publicacoes/rbcs_00_21/rbcs21_07.htm, último acesso em 7/12/13.

IBGE. Censo demográfico 2010 - primeiros resultados. Disponível em http://www.ibge.gov.br/home/presidencia/noticias/imprensa/ppts/0000000237.pdf, último acesso em 8/12/13.

_____. PIB MUNICIPIOS 2006. Disponível em http://www.ibge.gov.br/home/estatistica/economia/pibmunicipios/2006/pibmunic2006.pdf, último acesso 8/12/13.

_____. Séries históricas e estatísticas - produto interno bruto. Disponível em http://seriesestatisticas.ibge.gov.br/series.aspx?vcodigo=SCN52&t=produto-interno-bruto-brvalores-correntes, último acesso em 7/12/13.

_____. Séries históricas e estatísticas. Disponível em http://seriesestatisticas.ibge.gov.br/lista_tema.aspx?op=1&no=1, último acesso em 7/12/13.

_____. Síntese e indicadores sociais 2010. Disponível emhttp://www.ibge.gov.br/home/estatistica/populacao/condicaodevida/indicadoresminimos/sinteseindicsociais2010/SIS_2010.pdf, último acesso em 8/12/13.

IDEC; CONTRAF. Como se defender dos abusos dos bancos? Disponível em http://www.guiadosbancosresponsaveis.org.br/pdf-mude-banco/guia_bancos_e_voce.pdf, último acesso em 8/12/13.

IMUNIDADE parlamentar. Disponível em http://pt.wikipedia.org/wiki/Imunidade_parlamentar, último acesso em 7/12/13.

INAF BRASIL 2011. Indicador de alfabetismo funcional. Principais resultados. Disponível em http://www.ipm.org.br/download/informe_resultados_inaf2011_versao%20final_12072012b.pdf, último acesso em 8/12/13.

INFRAESTRUTURA Urbana. Plano Nacional de Resíduos Sólidos. Disponível em http://www.terraplenagemjm.com.br/materias-terraplanagem-demolicao/142-plano-nacional-de-residuos-solidos.html, último acesso em 8/12/13.

INTERESSE NACIONAL: Revista Ano 6, Nº 23, outubro a dezembro/13. Disponível em http://interessenacional.uol.com.br/, último acesso em 7/12/13.

IPEADATA. Disponível em http://www.ipeadata.gov.br, último acesso em 8/12/13.

JONESY. Norberto Bobbio e o conceito de liberdade, 3/8/10, disponível em http://1e2e3e4.wordpress.com/2010/08/03/norberto-bobbio-e-o-conceito-de-liberdade/, último acesso em 6/12/13.

JORGENSEN, Ole Hagen; APOSTOLOU, Apostolos. Brazil's bank spread in international context: from macro to micro drivers. Research Working Paper, WPS6611, vol. 1. De 13/9/2001. Disponível em http://documents.worldbank.org/curated/en/2013/09/18274331/brazils-bank-spread-international-context-macro-micro-drivers, último acesso em 7/12/13.

JUNGMANN, Mariana. Senado aprova em primeiro turno texto base do orçamento impositivo, em 5/11/13. Disponível em http://agenciabrasil.ebc.com.br/noticia/2013-11-05/senado-aprova-em-primeiro-turno-texto-base-do-orcamento-impositivo#.UnmN_FKov1Q.facebook, último acesso em 6/12/13.

JUNIOR, Antonio Gasparetto. Revolução Bolivariana. Disponível em http://www.infoescola.com/historia/revolucao-bolivariana/, último acesso em 14/12/13.

JUNIOR, João Baptista Risi; NOGUEIRA, Roberto Passos. As condições de saúde no Brasil. Disponível em http://www.fiocruz.br/editora/media/04-CSPB02.pdf, último acesso em 8/12/13.

JUSBRASIL. Lei da Reforma Bancária - Lei 4595/64. Disponível em http://presrepublica.jusbrasil.com.br/legislacao/109151/lei-da-reforma-bancaria-lei-4595-64, último acesso em 7/12/13.

KHAIR, Amir. Privatizar ou estatizar? Publicado em 02/10/2012. Disponível em http://www.diplomatique.org.br/artigo.php?id=1266, último acesso em 14/12/13.

KIRIHATA, Juliana. Brasileiro gasta 40% dos ganhos com impostos e taxas. Publicado 8/7/2010. Disponível em http://economia.ig.com.br/financas/impostoderenda/brasileiro-gasta-40-dos-ganhos-com-impostos-e-taxas/n1237696460708.html, último acesso em 7/12/13.

KRUGMAN, Paul. Paul Krugman critica liberalismo da Escola Austríaca. Disponível em http://republicadigital.blogspot.com.br/2012/10/paul-krugman-critica-liberalismo-da.html, último acesso em 8/12/13.

KRUSE, Marcos. O significado da reforma trabalhista. Publicado em 5/2004. Disponível em http://jus.com.br/artigos/5184/o-significado-da-reforma-trabalhista, último acesso em 7/12/13.

KUSHNIR, Ivan. Produto Interno Bruto (PIB) do Brasil, 1970-2011. Disponível em http://pt.kushnirs.org/macroeconomia/gdp/gdp_brazil.html, último acesso em 7/12/13.

LEBOUTTE, Alexandre. Partidos seguem "lógica de mercado", afirma Silvana Krause. Publicado em 28/10/13, Jornal do Comércio. Disponível em http://jcrs.uol.com.br/site/noticia.php?codn=138308, último acesso em 7/12/13.

LEI DE RESPONSABILIDADE FISCAL. Brasília, 2005. Disponível em http://www2.senado.leg.br/bdsf/bitstream/handle/id/70313/738485.pdf?sequence=2, último acesso em 8/12/13.

LINKS E INFORMAÇÕES SOBRE CORRUPÇÃO. Disponível em http://www.fraudes.org/showpage1.asp?pg=192, último acesso em 8/12/13.

MAFFESSONI, Adriano. Histórico da Saúde Pública no Brasil. Publicado em 06/02/13. Disponível em http://www.slideshare.net/maffessoni83/histrico-da-sade-publica-no-brasil, último acesso em 8/12/13.

MAIA, Samantha. Sustentabilidade: quem paga a reciclagem? Publicado em 15/11/13. Disponível em http://www.cartacapital.com.br/revista/774/quem-paga-a-reciclagem-5951.html.

MANUAL de estatísticas fiscais publicadas pelo Departamento Econômico do Banco Central. Disponível em http://www.bcb.gov.br/ftp/infecon/Estatisticasfiscais.pdf, último acesso em 8/12/13.

MARTINS, Alejandra. O segredo da Islândia, o melhor país para ser mulher. Publicado em 10/11/13. Disponível em http://www.bbc.co.uk/portuguese/noticias/2013/11/131108_islandia_mulher_fl.shtml, último acesso em 8/12/13.

MARTINS, Victor; AMORIM, Diego; MANSUR, Carolina. Brasil joga R$1 trilhão no lixo por ano com corrupção, descaso e incompetência. Publicada em 25/8/13. Disponível em http://www.em.com.br/app/noticia/economia/2013/08/25/internas_economia,439540/brasil-joga-r-1-trilhao-no-lixo-por-ano-com-corrupcao-descaso-e-incompetencia.shtml, último acesso em 8/12/13.

MARX, Karl. Introdução à contribuição para a crítica da economia política (1859). Texto disponível em http://www.

marxists.org/portugues/marx/1859/contcriteconpoli/introdu-cao.htm, último acesso em 14/12/13.

MATTOS, Laura Valladão de. A posição de J. S. Mill em relação ao Estado: os casos das sociedades 'civilizadas' e das sociedades "atrasadas". Publicado em Economia e Sociedade, Campinas, v. 17, n. 1 (32), p. 135-155, abr. 2008. Disponível em http://www.scielo.br/pdf/ecos/v17n1/a06v17n1.pdf, último acesso em 8/12/13.

MEISSNER, Gabriel Mallet. Infográfico: quanto custa a corrupção. Publicado em 13/11/12. Disponível em http://entremundos.com.br/revista/infografico-quanto-custa-a-corrupcao, último acesso 7/12/13.

MENEZES, Mauro de Azevedo. Constituição e Reforma Trabalhista no Brasil: Interpretação na Perspectiva dos Direitos Fundamentais Publicado em 2002. Disponível em http://www.liber.ufpe.br/teses/arquivo/20050224125544.pdf, último acesso em 14/12/13.

MILLET, Damien; MUNEVAR, Daniel; TOUSSAINT, Éric. Os Números da Dívida 2012 - Comitê para anulação da Dívida do Terceiro Mundo. Disponível em http://cadtm.org/IMG/pdf/osnumerosdadivida_2012.pdf, último acesso em 6/12/13.

MILLS, Wright. A Elite e o Poder. Disponível em http://xatooo.blogspot.com.br/2008/01/wright-mills-elite-e-o-poder.html, último acesso em 8/12/13.

MONCAU, Gabriela. Entrevista com Maria Lúcia Fattorelli. Publicado na revista Caros Amigos – janeiro de 2013. Disponível em http://www.ihu.unisinos.br/noticias/517281-divida-publica-consome-metade-do-orcamento, último acesso em 14/12/13.

MONITOR DAS FRAUDES. Disponível em http://www.fraudes.org/busca_lex.asp, último acesso em 8/12/13.

MOROMURA, Marina. Quantos países existem atualmente. Disponível em http://mundoestranho.abril.com.br/materia/quantos-paises-existem-atualmente, último acesso em 7/12/13.

NASCIMENTO, Ana Carolina de Barros. Direito de Usufruto. Texto disponível em http://www.uinternacional.pt/arma/APPS/DirRealAgra/Usufruto/AnaCarolinadeBarrosNascimento.html, último acesso em 06/09/2008.

NASCIMENTO, Mariângela M. Reflexões Acerca do Espaço Público em Hannah Arendt, Revista Ética & Filosofia Política (volume 8, Número 1, junho/2005). Disponível em http://www.eticaefilosofia.ufjf.br/8_1_mariangela.html, último acesso em 11/02/2009.

NETO-ANUATTI, Francisco; FILHO-BAROSSI, Milton; CARVALHO, Antônio Gledson; MACEDO, Roberto. Os Efeitos da Privatização sobre o Desempenho Econômico e Financeiro das Empresas Privatizadas. Rio de Janeiro, 2005. Disponível em http://bibliotecadigital.fgv.br/ojs/index.php/rbe/article/view/898/536, último acesso em 6/12/13.

NILBERTE. Direitos e Garantias Fundamentais. Publicado em 22/9/13. Disponível em http://pt.slideshare.net/Nilberte/direitos-e-garantias-fundamentais-parte-1, último acesso em 7/12/13.

NUNES, Allan Titonelli. Sonegação alcança 10% do PIB, diz estudo do Sinprofaz. Publicado em 05/06/2013. Disponível em http://www.conjur.com.br/2013-jun-05/allan-titonelli-sonegacao-alcanca-10-pib-estudo-sinprofaz, último acesso em 14/12/13.

O CIDADÃO. O alto preço da sonegação de ICMS no Brasil. Edição 7. Publicado em 8/9/12. Disponível em http://ocidadaorj.com.br/site/2012/09/o-alto-preco-da-sonegacao-de-icms-no-brasil/#axzz2l3dtwvY9, último acesso em 7/12/13.

OLIVEIRA, Adriano; JÚNIOR, Carlos Antônio Gadelha

de Araújo; ROMÃO, Mauricio Costa. As pesquisas das pesquisas – A opinião do eleitor sobre as pesquisas eleitorais. Disponível em http://www.teoriaepesquisa.ufscar.br/index.php/tp/article/viewFile/264/195, último acesso em 8/12/13.

OLIVEIRA, Euclides de. A Reforma do Código Civil. Repercussões na Administração Pública e no Controle Externo. Publicado em 07 de abril de 2003. Disponível em http://www.tcm.sp.gov.br/legislacao/doutrina/07a11_04_03/4euclides_oliveira1.htm, último acesso em 8/12/13.

OLIVEIRA, Guilherme. Direito de herança. Edição Ludmila Gusman. Publicado 17/10/16. Disponível em http://www.acessa.com/consumidor/arquivo/seusdireitos/2006/10/17-heranca/, último acesso em 8/12/13.

OLIVEIRA, Kelly. Com receita total de 2.276 trilhões, orçamento é publicado no diário oficial, em 5/4/13, disponível em http://agenciabrasil.ebc.com.br/noticia/2013-04-05/com-receita-total-de-r-2276-trilhoes-orcamento-e-publicado-no- 201/IBGEdiario-oficial, último acesso 6/12/13.

ORAIR, Rodrigo Octávio; GOBETTI, Sérgio Wulf; LEAL, Ésio Moreira; SILVA, Wesley de Jesus. Carga tributária brasileira: estimação e análise dos determinantes da evolução recente - 2002-2012.Rio de Janeiro, out/2013. Disponível em http://www.ipea.gov.br/portal/images/stories/PDFs/TDs/td_1875.pdf, último acesso em 8/12/13.

ORÇAMENTO FEDERAL 2014. Disponível em http://www.orcamentofederal.gov.br/orcamentos-anuais/orcamento-2014/Revista_OFAT_2014_WEB.pdf, último acesso em 8/12/13.

ORÇAMENTO FEDERAL ao alcance de todos. Disponível em http://www.orcamentofederal.gov.br/orcamentos-anuais/orcamento-2012-1/ploa-2012/Orc_Alc_Todos_27092011_web.pdf, último acesso em 8/12/13.

OSORSKI, Marli. Painel prestação de contas partidárias, em 1º EnPratica, 27/10/13, disponível em http://apps2.tre-mt.jus.br/subsite/EnPratica/palestras/contas_partidarias/contas_partidarias.swf, último acesso em 6/12/13.

PELLEGRINI, Josué Alfredo. Indicadores da dívida pública e política fiscal recente. Publicado em out/2013. Disponível em http://www12.senado.gov.br/publicacoes/estudos--legislativos/tipos-de-estudos/textos-para-discussao/td-140--indicadores-de-divida-publica-e-politica-fiscal-recente, último acesso em 8/12/13.

PEREIRA, Daniel Dias. Contabilidade governamental: a dívida ativa da União à luz da Portaria STN 564, de 27/10/04. Publicada em 2006. Disponível em http://portal2.tcu.gov.br/portal/pls/portal/docs/2054972.PDF, último acesso em 7/12/13.

PEREIRA, Luiz Carlos Bresser. A reforma do Estado nos anos 90: lógica e mecanismos de controle. Publicado em Cadernos Mare da Reforma do Estado, em 1997. Disponível em http://www.planejamento.gov.br/secretarias/upload/Arquivos/publicacao/seges/PUB_Seges_Mare_caderno01.pdf, último acesso em 14/12/13.

PÉREZ, Jaime, Bárbara; Amadeo, Javier. O conceito de liberdade nas teorias políticas de Kant, Hegel e Marx. In: Filosofia política moderna. De Hobbes a Marx Boron, Atilio A. CLACSO, Consejo Latinoamericano de Ciencias Sociales; DCP-FFLCH, Departamento de Ciências Políticas, Faculdade de Filosofia Letras e Ciências Humanas, USP, Universidade de São Paulo, 2006. Disponível em http://biblioteca.clacso.edu.ar/ar/libros/secret/filopolmpt/19_jaime.pdf, último acesso em 7/12/13.

PINTO, Maria do Céu Pitanga. A dimensão constitucional do direito de herança: aspectos processuais do inventário e partilha. Vitória, 2006. Disponível em http://www.dominiopublico.gov.br/download/teste/arqs/cp075377.pdf, último acesso em 8/12/13.

PIO, Diego. As diferenças entre o capitalismo e o socialismo. Publicado em 13/6/2008. Disponível em http://www.artigonal.com/gestao-artigos/as-diferencas-entre-o-capitalismo-e-o-socialismo-448501.html, último acesso em 8/12/13.

PIS E COFINS - aspectos gerais. Disponível em http://www.portaltributario.com.br/guia/pis_cofins.html,   último acesso em 8/12/13.

PORTAL TSO. Captação de recursos. Disponível em http://www.terceirosetoronline.com.br/captacao-de-recursos/, último acesso em 8/12/13.

PORTELLA, Klinger. Renda per Capita do Brasileiro ultrapassa US$ 10 mil em 2010. Publicado em 3/3/2011. Disponível em http://economia.ig.com.br/renda-per-capita-do-brasileiro-ultrapassa-us-10-mil-em-2010/n1238128647129.html, último acesso em 7/12/13.

POVOS INDÍGENAS NO BRASIL. Demarcações nos seis últimos governos. Atualizado em 25/4/13. Disponível em http://pib.socioambiental.org/pt/c/0/1/2/demarcacoes-nos-últimos-governos, último acesso em 7/12/13.

PRODUTO INTERNO BRUTO (PIB) DO BRASIL 1970-2011. Disponível em http://pt.kushnirs.org/macroeconomia/gdp/gdp_brazil.html#p1_1, último acesso em 7/12/13.

PROJETOS de Lei. Disponível em http://www.votenaweb.com.br/, último acesso 7/12/13.

REFORMA Política Republicana. Publicada em junho de 2011. Disponível em http://www.cristovam.org.br/portal2/phocadownload/reforma_politica_republicana_abr2011.pdf, último acesso em 14/12/13.

RELATÓRIO de Desenvolvimento Humano, PNUD/ 2013. Disponível em http://www.un.cv/files/HDR2013%20Report%20Portuguese.pdf, último acesso 6/12/13.

RESPONSABILIDADE FISCAL: Empresas sonegam impostos e colocam Brasil em 2º lugar no ranking mundial, publicada em 11/11/13. Disponível em http://compartilheaverdade.com.br/site/empresas-sonegam-impostos-e-colocam-brasil--em-2o-lugar-no-ranking-mundial/, último acesso em 7/12/13.

ROCHA, Maria Eduarda da Mota. A nova retórica do grande capital: a publicidade brasileira entre o neoliberalismo e a democratização. Disponível em http://revistacmc.espm.br/index.php/revistacmc/article/view/13/0, último acesso em 7/12/13.

RODRIGUES, Lúcia. No Brasil, quem paga impostos são os pobres. Disponível em http://psol50sp.org.br/blog/2009/09/30/no-brasil-quem-paga-impostos-so-os-pobres/, último acesso em 7/12/13.

RODRIGUES, Luis de Sousa. A teoria ética utilitarista de Mill. Publicado em 06/03/12. Disponível em http://www.slideshare.net/LRSR1/a-teoria-tica-utilitarista-de-mill--11894807,último acesso em 8/12/13.

SANTIAGO, Adriana. Imposto sobre grandes fortunas aguarda aprovação há 20 anos. Publicado em 19/8/13. Disponível em http://site.adital.com.br/site/noticia.php?lang=PT&cod=77093, último acesso em 7/12/13.

SANTOS, Boaventura de Sousa. Reinventar a democracia: entre o pré-contratualismo e o pós-contratualismo. Abril de 1998. Disponível em https://estudogeral.sib.uc.pt/bitstream/10316/11002/1/Reinventar%20a%20Democracia.pdf, último acesso em 14/12/13.

SANTOS, Djalma. Código Genético. Publicado em 15 de novembro de 2010. Disponível em http://djalmasantos.wordpress.com/2010/11/15/codigo-genetico/, último acesso em 7/12/13.

SANTOS, Wanderley Guilherme dos. Paradoxos do nosso liberalismo. Publicado em 12/12/98. Disponível em http://resenhasbrasil.blogspot.com.br/2008/10/paradoxos-do-nosso--liberalismo.html, último acesso em 7/12/13.

SCHWARZMAN, Simon. Bolsa família: mitos e realidades. *Revista Interesse Nacional*, publicado em dez/2009. Disponível em http://www.schwartzman.org.br/simon/bolsa09.pdf.

SIMI, Luiz. Público não é o mesmo que estatal. Publicado em 9/10/2005. Disponível em http://livre-pensamento.blogspot.com.br/2005/10/pblico-no-o-mesmo-que-estatal.html, último acesso em 7/12/13.

SIMPÓSIO DE EXCELÊNCIA EM GESTÃO E TECNOLOGIA -SEGeT'2005. Brasil: as "muralhas" que dificultam o país do futuro (a utopia do crescimento factível sustentável). Disponível em http://www.aedb.br/seget/artigos05/371_Artigo%20Seget%20versao%20final.pdf, último acesso em 7/12/13.

SINDIFISCO. Análise da Arrecadação Federal. Disponível em http://www.sindifisconacional.org.br/index.php?option=com_content&view=category&layout=blog&id=180&Itemid=248, último acesso em 8/12/13.

SOTO, Jesús Huerta. Liberalismo clássico versus anarco--capitalismo. Publicado em 6/9/12. Disponível em http://mises.org.pt/posts/artigos/liberalismo-classico-versus-anarco-capitalismo/, último acesso em 7/12/13.

SOUSA, Maria da Conceição Sampaio de; PIANTO, Maria Eduarda Tannuri; SANTOS, Carlos Antônio dos. Imposto de importação e evasão fiscal: uma investigação do caso brasileiro. Publicado em Rev. Bras. Econ. vol. 62 no.1 Rio de Janeiro Jan./Mar. 2008. Disponível em http://www.scielo.br/

scielo.php?script=sci_arttext&pid=S0034-71402008000100004, último acesso em 8/12/13.

SPECK, Bruno Wilhem. O financiamento político e a corrupção no Brasil. Disponível em https://www.academia. edu/3556070/Bruno_Wilhelm_Speck_O_financiamento_ politico_e_a_corrupcao_no_Brasil, último acesso em 7/12/13.

STF. Audiência pública: Dados revelam distorções criadas pelo regime de financiamento privado de campanhas. Publicado em 24/06/13. Disponível em http://www.stf.jus.br/portal/cms/verNoticiaDetalhe.asp?idConteudo=242075&caixaBusca=N, último acesso em 8/12/13.

STF. Regime de bens e divisão da herança: dúvidas jurídicas no fim do casamento. Publicado em 28/10/12. Disponível em http://www.stj.gov.br/portal_stj/publicacao/engine.wsp?tmp.area=398&tmp.texto=107528, último acesso em 8/12/13.

TEIXEIRA, Paulo Henrique. Sequestro do lucro! Disponível em http://www.portaltributario.com.br/artigos/sequestro.htm, último acesso em 8/12/13.

TELECO E OPERADORAS. Estatísticas do Brasil – Geral. Publicado em 04/10/13. Disponível em http://www.teleco.com.br/estatis.asp, último acesso em 8/12/13.

TRANSPARÊNCIA BRASIL. DADOS FINANCIAMENTOS DE CAMPANHA POLÍTICA. Disponível em http://www.asclaras.org.br/@index.php, último acesso em 8/12/13.

TRIBUTOS FEDERAIS. Disponível em http://www.portaltributario.com.br/tributario/tributosfederais.htm, último acesso em 8/12/13.

UBIERGO, Alex Segura. The puzzle of Brazil's high interest rates. Fevereiro de 2012. Disponível em http://www.imf.org/external/pubs/ft/wp/2012/wp1262.pdf, último acesso em 8/12/13.

UOL NOTÍCIAS. Cresce trabalho formal e Brasil já tem 32,4 milhões com carteira assinada. Publicada em 89/13. Disponível em http://noticias.uol.com.br/especiais/pnad/2010/ ultimas-noticias/2010/09/08/cresce-trabalho-formal-e-brasil-ja-tem-324-milhoes-com-carteira-assinada.jhtm, último acesso em 7/12/13.

UOL. São Paulo. Seis municípios concentram 25% da geração de renda do país, aponta IBGE. Publicado em 12/12/12. Disponível em http://economia.uol.com.br/noticias/redacao/2012/12/12/seis-municipios-concentram-25-da-geracao-de-renda-do-pais-aponta-ibge.htm, último acesso em 7/12/13.

USINA DE RECICLAGEM: particularidades da atividade. Disponível em http://www.igf.com.br/aprende/novonegocio/ Neg_Resp.aspx?id=121, último acesso em 8/12/13.

VALLEY, Márcio. A espantosa distribuição da riqueza mundial. Publicado em 21/10/13, em Nassif Online. Disponível em http://jornalggn.com.br/blog/marcio-valley/a-espantosa-distribuicao-da-riqueza-mundial, último acesso em 7/12/13.

VASCONCELLOS, Jorge; EUZÉBIO, Gilson Luiz. Justiça condena 205 por corrupção, lavagem e improbidade em 2012. Publicado em 15/04/2013. Disponível em http://www.cnj.jus. br/noticias/cnj/24270-justica-condena-205-por-corrupcao-lavagem-e-improbidade-em-2012, último acesso em 14/12/13.

VIANNA, Túlio Lima. Alguns humanos têm mais direitos do que os outros. Publicado em 15/07/2005. Disponível em http://www.conjur.com.br/2005-jul-15/alguns_humanos_direitos_outros, último acesso em 14/12/13.

VILLELA, Fábio Renato. Filosofia Moderna e Contemporânea - BERLIN, Isaiah - A Liberdade Positiva e a Liberdade Negativa. Publicado em 29/5/12. Disponível em http://www.recantodasletras.com.br/ensaios/3696574, último acesso em 14/12/13.

VOX ECONOMIA. Brasil é o segundo maior sonegador

de impostos do mundo. Publicado em 11/11/13. Disponível em http://noticias.voxbr.com/economia/brasil-e-o-segundo-maior--sonegador-de-impostos-do-mundo/, último acesso em 7/12/13.

ZANELLA, Diego Carlos; OLIVEIRA, Liliana Souza de. Liberdade e Moralidade em Kant. Disponível em http://coral.ufsm.br/gpforma/2senafe/PDF/004e2.pdf, último acesso em 7/12/13.

ZANLUCA, Júlio César. Dicas de economia tributária. Disponível em http://www.portaltributario.com.br/dicas.htm, último acesso em 8/12/13.

Outras consultas e pesquisas

BACOCCINA, Denize; QUEIROZ, Guilherme. Candidatos na TV, quem paga é você. Disponível em http://www.istoedinheiro.com.br/noticias/30927_CANDIDATOS+NA+TEVE+QUEM+PAGA+E+VOCE, último acesso em 14/12/13.

BRASIL, Escândalos Sem Fim. Disponível em http://www.youtube.com/watch?v=MM7NixbVwrA, último acesso em 14/12/13.

COMO iniciar uma revolução. Documentário disponível em https://www.youtube.com/watch?v=91kVIU3hKcU&list=PL98xXnCND6FqYHrooPfcXDY55Uw0OE3Ok, último acesso em 14/12/13.

http://www.auditoriacidada.org.br/, último acesso em 8/12/13.

http://www.corruptometro.org/, último acesso em 8/12/13.

http://www.jb.com.br/economia/noticias/2013/06/05/sonegacao-de-impostos-no-brasil-chega-a-r-415-bilhoes-por--ano/, último acesso em 14/12/13.

http://www.jb.com.br/economia/noticias/2013/10/31/governo-estuda-mudancas-no-seguro-desemprego/, último acesso em 14/12/13.

http://www.jurometro.com.br/, último acesso em 8/12/13.

http://www.mises.org.br/, último acesso em 8/12/13.

http://www.planalto.gov.br/ccivil_03/constituicao/constituicao.htm, último acesso em 14/12/13.

http://www.planalto.gov.br/ccivil_03/leis/l10101.htm, último acesso em 14/12/13.

http://www.planejamento.gov.br/secretarias/upload/Arquivos/sof/ploa2013/Volume_4_Tomo_I.pdf, último acesso em 14/12/13.

http://www.portaldatransparencia.gov.br/manual/, último acesso em 14/12/13.

http://www.portaldatransparencia.gov.br/manual/ConsultasBasicas/3.2PesquisarReceitasOrigem.pdf, último acesso em 14/12/13.

http://www.portaldatransparencia.gov.br/receitas/consulta.asp?Exercicio=2011, último acesso em 14/12/13.

http://www.portaltributario.com.br/, último acesso em 8/12/13.

http://www.quantocustaobrasil.com.br/artigos/, último acesso em 14/12/13.

http://www.redebrasilatual.com.br/educacao/2013/08/, último acesso em 14/12/13.

http://www.rededemocratica.org/, último acesso em 14/12/13.

http://www.sonegometro.com/, último acesso 8/12/13.

http://www1.folha.uol.com.br/folha/cotidiano/ul-t95u77642.shtml, último acesso em 14/12/13.

http://www1.folha.uol.com.br/infograficos/2013/09/31613--da-onde-vem-e-para-onde-vai-o-dinheiro-publico.shtml, último acesso em 14/12/13.

http://www3.tesouro.fazenda.gov.br/estados_municipios/index.asp, último acesso em 14/12/13.

http://www3.tesouro.gov.br/estados_municipios/download/Graficos_Acima_Linha.pdf, último acesso em 14/12/13.

http://www3.tesouro.gov.br/hp/downloads/contas_publicas/2006/relatorio_gestao_volumeI.pdf, último acesso em 14/12/13.

https://www.tesouro.fazenda.gov.br/siafi, último acesso em 14/12/13.

MANUAL de demonstrativos fiscais. Disponível em http://www3.tesouro.fazenda.gov.br/legislacao/download/contabilidade/MDF_VolumeIII_3edicao.pdf, último acesso em 14/12/13.

MARQUES, Sebastião Fabiano Pinto. Ranking de corrupção global 2012: os 10 países mais honestos e os 10 países mais corruptos do planeta. Disponível em http://www.matutando.com/ranking-da-corrupcao-global-2012-os-10-paises--mais-honestos-e-os-10-paises-mais-corruptos-do-planeta/, último acesso em 14/12/13.

NICACIO, Adriana. Alfândega liberal. Disponível em http://www.istoe.com.br/reportagens/paginar/92966_ALFANDEGA+LIBERAL/9, último acesso em 14/12/13.
PATU, Gustavo. Governos estaduais devem R$ 114,5 bilhões ao Tesouro.

PASSOS, Antônio de Pádua Ferreira; CAVALCANTE, Priscila de Souza Castro. O orçamento e a dívida pública federal, Parte 2, capítulo 4. Disponível em http://www3.tesouro.gov.br/divida_publica/downloads/Parte%202_4.pdf, último acesso em 14/12/13.

PATU, Gustavo. Gasto dispara e contas do governo têm o maior rombo desde o real. Disponível em http://www1.folha.uol.com.br/mercado/2013/11/1365280-gasto-dispara-e-contas--do-governo-tem-o-maior-rombo-desde-o-real.shtml, último acesso em 14/12/13.

PEDRAS, Guilherme Binato Villela. História da dívida pública no Brasil. de 1964 até os dias de hoje. Parte 1, capítulo II. Disponível em http://www3.tesouro.gov.br/divida_publica/downloads/Parte%201_2.pdf, último acesso em 14/12/13.

SAIBA mais: direito de herança. Disponível em http://www.youtube.com/watch?v=ICjxMdaEVok, último acesso em 14/12/13.

UNIÃO é credora de 75% das dívidas dos estados. Disponível em http://www1.folha.uol.com.br/fsp/brasil/fc09079905.htm, último acesso em 14/12/13.

Esta obra foi composta em Minion Pro 12/14.
Impressa com miolo em offset 75g e capa em cartão 250g, por
Createspace/ Amazon.